에듀윌과 함께 시작하면,
당신도 합격할 수 있습니다!

대학 진학 후 진로를 고민하다 1년 만에
서울시 행정직 9급, 7급에 모두 합격한 대학생

다니던 직장을 그만두고
어릴 적 꿈이었던 경찰공무원에 합격한 30세 퇴직자

용기를 내 계리직공무원에 도전해
4개월 만에 합격한 40대 주부

직장생활과 병행하며 7개월간 공부해
국가공무원 세무직에 당당히 합격한 51세 직장인까지

누구나 합격할 수 있습니다.
시작하겠다는 '다짐' 하나면 충분합니다.

마지막 페이지를 덮으면,

에듀윌과 함께
공무원 합격이 시작됩니다.

우리는 평생을 함께할 에듀윌 동문입니다

공인중개사 최다 합격자 배출 공식 인증
(KRI 한국기록원 / 2016, 2017, 2019년 인증, 2022년 현재까지 업계 최고 기록)

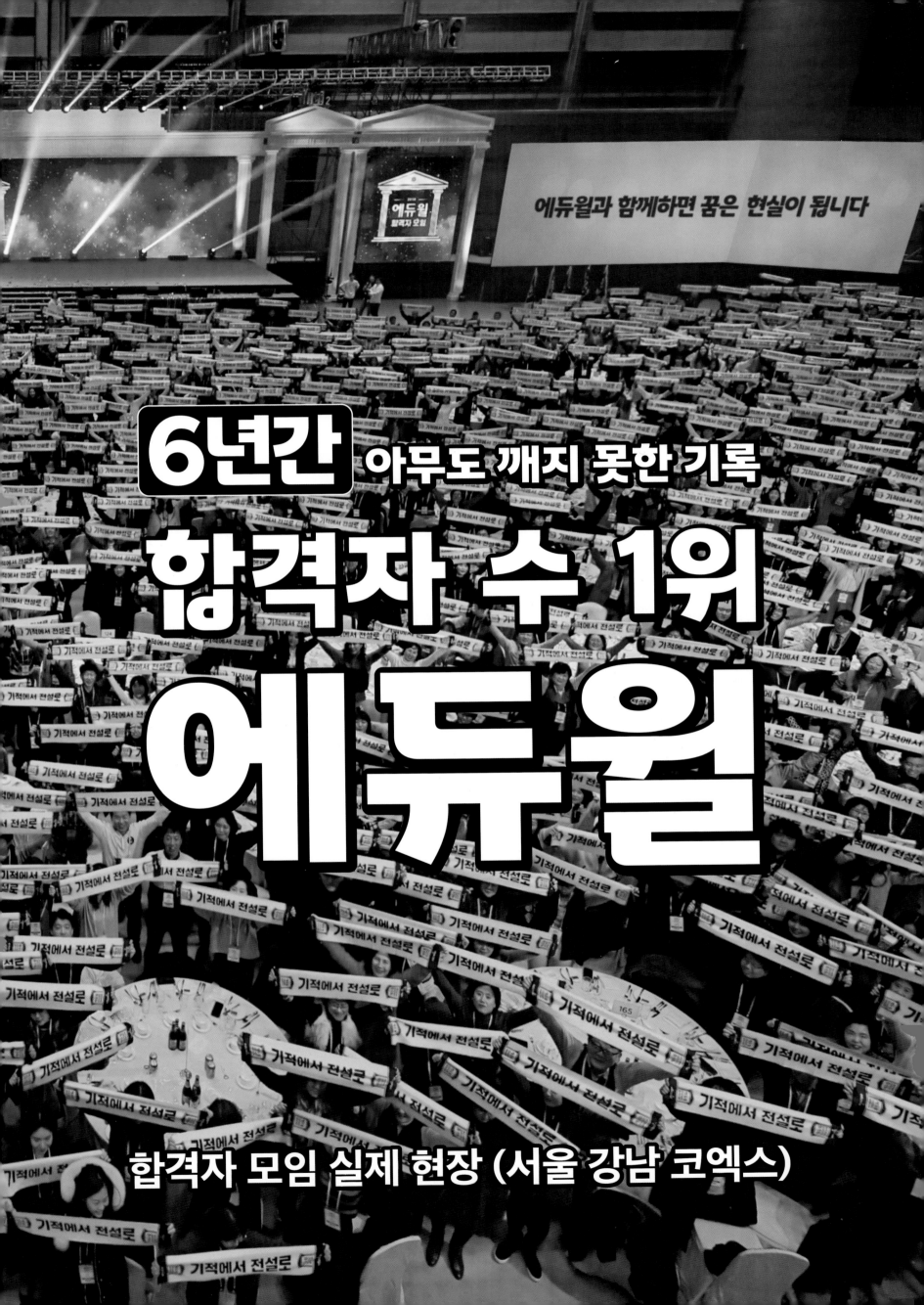

6년간 아무도 깨지 못한 기록

합격자 수 1위 에듀윌

공인중개사 최다 합격자 배출 공식 인증 (KRI 한국기록원 / 2016, 2017, 2019년 인증, 2022년 현재까지 업계 최고 기록)

에듀윌을 선택한 이유는 분명합니다

합격자 수 수직 상승

1,495%

명품 강의 만족도

99%

베스트셀러 1위

38 개월 (3년 2개월)

4년 연속 소방공무원 교육

1위

에듀윌 소방공무원을 선택하면 합격은 현실이 됩니다.

합격자 수 1,495%[*] 수직 상승!
매년 놀라운 성장

에듀윌 공무원은 '합격자 수'라는 확실한 결과로 증명하며
지금도 기록을 만들어 가고 있습니다.

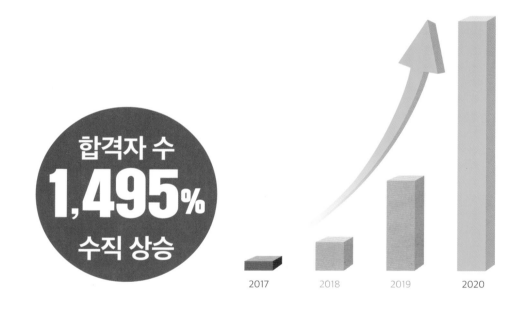

합격자 수
1,495%
수직 상승

2017　2018　2019　2020

합격자 수를 폭발적으로 증가시킨 독한 소방 평생패스

합격 시 0원 최대 100% 환급	+	합격할 때까지 전 강좌 무제한 수강	+	전문 학습매니저의 1:1 코칭 시스템

※ 환급내용은 상품페이지 참고. 상품은 변경될 수 있음.

상품
페이지

* 2017/2020 공무원 온라인 과정 환급자 수 비교

누적 판매량 200만 부* 돌파!
38개월* 베스트셀러 1위 교재

합격비법이 담겨있는 교재!
합격의 차이를 직접 경험해 보세요

베스트셀러 1위 에듀윌 공무원 교재 라인업

| 9급공무원 | 7급공무원 | 경찰공무원 | 소방공무원 | 계리직공무원 | 군무원 |

2022 과목개편 완벽대비
소방 합격 명품 교수진

소방학원 1위* 에듀윌 소방
강의 만족도 99%*

* 2022 대한민국 브랜드만족도 소방학원 교육 1위 (한경비즈니스)
* 소방공무원 대표 교수진 2020년 12월 강의 만족도 평균

회원 가입하고
100% 무료 혜택 받기

가입 즉시, 공무원 공부에 필요한 모든 걸 드립니다!

혜택 1 **초시생을 위한 합격교과서 제공**

※ 에듀윌 홈페이지 ···→ 직렬 사이트 선택
　···→ 합격교과서 무료배포 선택 ···→ 신청하기

혜택 2 **초보 수험생 필수 기초강의 제공**

※ 에듀윌 홈페이지 ···→ 직렬 사이트 선택 ···→ 상단 '처음오셨나요' 메뉴 선택
　···→ 쌩기초 특강 신청 후 '나의 강의실'에서 확인 (7일 수강 가능)

혜택 3 **전 과목 기출문제 해설강의 제공**

※ 에듀윌 홈페이지 ···→ 직렬 사이트 선택
　···→ 상단 '학습자료' 메뉴 선택 ···→ 기출문제 해설특강
　　(최신 3개년 주요 직렬 기출문제 해설강의 제공)

합격의 시작은 잘 만든 입문서로부터

에듀윌 소방 합격교과서

무료배포
선착순 100명

무료배포
이벤트

* 배송비 별도 / 비매품

1초 합격예측
모바일 성적분석표

1초 안에 '클릭' 한 번으로 성적을 확인하실 수 있습니다!

활용 GUIDE

실시간 성적분석 방법!

STEP 1	STEP 2	STEP 3
QR 코드 스캔	▶ 모바일 OMR 입력	▶ 자동채점 & 성적분석표 확인

STEP 1

QR 코드 스캔

- 교재의 QR 코드를 모바일로 스캔 후 에듀윌 회원 로그인
- QR 코드 하단의 바로가기 주소로도 접속 가능

STEP 2

모바일 OMR 입력

- 회차 확인 후 '응시하기' 클릭
- 모바일 OMR에 답안 입력
- 문제풀이 시간까지 측정 가능

STEP 3

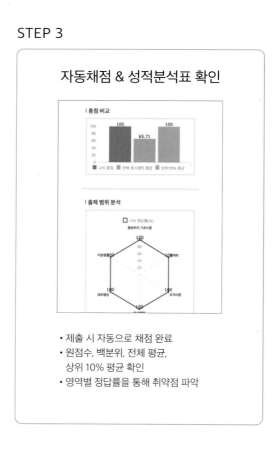

자동채점 & 성적분석표 확인

- 제출 시 자동으로 채점 완료
- 원점수, 백분위, 전체 평균, 상위 10% 평균 확인
- 영역별 정답률을 통해 취약점 파악

※ 본 서비스는 에듀윌 공무원 교재(연도별, 회차별 문항이 수록된 교재)를 구입하는 분에게 제공됨.

시작하라.

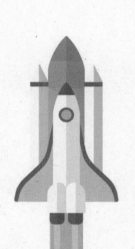

그 자체가 천재성이고,
힘이며, 마력이다.

– 요한 볼프강 폰 괴테(Johann Wolfgang von Goethe)

2022
에듀윌 소방공무원
실전동형 모의고사 10회

한국사

eduwill

에듀윌이
다 드립니다!

단 기
합격팩

전 회차
무료 해설강의

소방직 전문 교수님의
전 회차 해설강의 무료제공

1초 합격예측!
모바일 성적분석표

응시생들과의 비교를 통해
객관적 실력 진단과 취약점 파악 가능

기출재구성
모의고사

최빈출 문제만 선별하여
재구성한 모의고사 2회분 제공

실전
OMR 카드

잘라서 활용 가능한
OMR 카드 제공

저자의 말

"순수한 진심과 치열한 열정은 결국 통하기 마련이다."

이 글을 읽고 있다면 아마도 시험 예정일이 얼마 남지 않은 시점일 것입니다. 하루 하루 지나는 현실이 두렵고 고통스러워지는 시점이기도 할 것입니다. 저 역시 교재 출간일을 앞두고 두려움과 고통의 시간을 느낍니다. 혹시라도 잘못된 내용은 없을까, 부족한 부분은 없을까 하는 고민으로 밤을 지새우기도 하였습니다.

이런 두려움이 생길 때마다 제가 되새기는 문장이 있습니다. '순수한 진심과 치열한 열정은 결국 통하기 마련이다.'
간절히 합격을 원하는 마음은 여러분의 순수한 진심일 것입니다. 간혹 누군가 '그게 쉽게 될 것 같니? 다른 거 해봐'라며 이야기했을지 모릅니다. 하지만 여러분은 그런 비아냥과 어려움 속에서도 포기하지 않았고, 진실된 마음으로 치열한 수험 생활의 고난을 기꺼이 감내하여 여기까지 왔습니다. 실패하는 사람들이 현명하게 포기할 때, 성공하는 사람들은 미련하게 참아냅니다. 네, 지금 여러분은 순수한 진심과 치열한 열정이라는 무기를 양손에 들고 묵묵하게 성공으로 나아가는 중입니다.

인생에서 원하는 결과는 절대로 한 순간에 주어지지 않습니다. 우리는 비범한 능력을 갖고 태어난 영웅도, 전지전능한 신도 아닙니다. 어떤 과정도 순탄하게 흘러가지 않습니다. 과정의 어려움과 성장의 고통은 인생의 당연한 법칙입니다. 그러나 그 법칙은 순수한 진심과 치열한 열정을 이길 수 없습니다. 성장통은 행복의 과정이기 때문이죠. 이는 저 역시 마찬가지 입니다. 여러분과 마찬가지로 저도 진심과 열정을 다할 생각입니다.

기쁨과 설렘으로 가득한 내일의 행복 제2막이 우리를 목 빠지게 기다리고 있습니다. 그 곳에 서있는 내일의 나는 말합니다.
'지금 너의 길이 옳아, 한결같이 너의 길을 걸어.'
그를 만나면 이렇게 답하려 합니다.
'그래, 네 말이 맞았구나.'

저자 임 진 석

구성과 특징

문제편

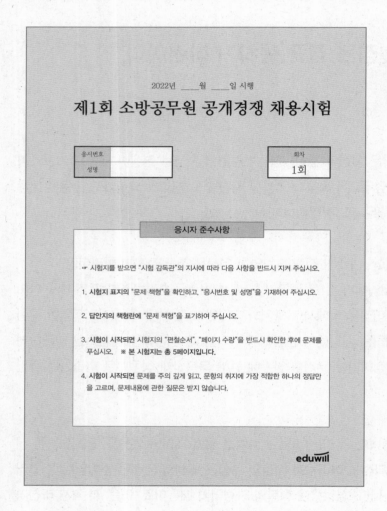

실제 시험지와 크기, 종이, 서체 동일!

실제 시험과 동일한 환경을 구현하여 시험에 응시하는 것 같은 실전 감각을 키울 수 있습니다.

회차별로 잘라서 활용 가능!

회차별로 표지를 수록하여 잘라서 활용할 수 있도록 하였습니다.

소방 시험 출제경향 완벽 반영!

최신 3회차 기출문제와 1:1 유형 매칭을 통해 소방 시험의 출제경향을 제대로 반영한 소방다운 문제만을 수록하였습니다.

무료제공 1초 합격예측 서비스

QR 코드 스캔 후 정답을 입력하면 자동으로 채점이 가능합니다. 성적결과분석으로 취약 영역 파악은 물론, 다른 수험생들과의 성적 비교도 가능합니다.

해설편

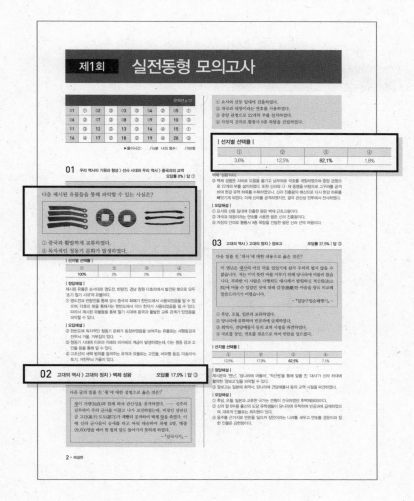

별책부록

문제편 문제 한 번 더 수록!

문제편에서 풀었던 문제를 한 번 더 수록하여 자동으로 2회독이 가능합니다. 또한 해설의 이해를 도와 효율적으로 학습할 수 있습니다.

전 문항 개념 연계 카테고리 수록 및 상세해설

전 문항 연계학습이 가능하도록 개념 카테고리를 수록하였고, 오답까지 상세한 해설을 수록하였습니다.

문항별 오답률 & 선지별 선택률 제시

문항별 오답률 및 오답률이 높은 TOP 3 문항을 표시하여 고난도 문제 위주로 복습할 수 있으며, 선지별 선택률을 통해 실제 수험생들과 비교해볼 수 있습니다.

기출재구성 모의고사로 확실한 마무리!

기출은 마지막까지 중요하다! 7개년 기출문제 중 반드시 풀어봐야 하는 최빈출 문제를 재구성한 모의고사 2회분을 수록하여 기출문제로 확실히 마무리할 수 있습니다.

CONTENTS

차례

[별책부록] 기출재구성 모의고사

- 에듀윌이 다 드립니다! 단기 합격팩
- 저자의 말
- 구성과 특징
- 무료 해설강의

무료 해설강의

수강 방법

영어

한국사

행정법총론

소방학개론+소방관계법규

1 에듀윌 도서몰(book.eduwill.net) ▶ 동영상 강의실 ▶ 공무원 ▶ 소방공무원 실전동형 모의고사 해설 검색
　　※ 에듀윌 회원 가입 후 이용 가능

2 유튜브(www.youtube.com) ▶ 에듀윌 공무원 ▶ 소방공무원 실전동형 모의고사 해설 검색
　　※ 순차적 업로드 예정

3 네이버 카페 닥공사(cafe.naver.com/kts9719), 소방꿈(cafe.naver.com/gsdccompany), 다음 카페 소사모(cafe.daum.net/im119)
　　※ 순차적 업로드 예정

활용 TIP

아직은 불안해!
확실한 마무리 학습이 필요하다면?

1번부터 20번까지 모든 문항의 해설강의를 수강하여
아는 문제도 다시 한 번 꼼꼼히,
확실하게 짚고 넘어간다!

시간이 없다!
빠르게 마무리 하고 싶다면?

맞힌 문제는 과감하게 스킵하고
틀린 문제와 찍은 문제의 해설강의만 수강하여
취약한 내용만 빠르게 복습한다!

제1회 소방공무원 공개경쟁 채용시험

응시번호	
성명	

회차
1회

응시자 준수사항

☞ 시험지를 받으면 "시험 감독관"의 지시에 따라 다음 사항을 반드시 지켜 주십시오.

1. **시험지 표지의** "문제 책형"을 확인하고, "응시번호 및 성명"을 기재하여 주십시오.

2. **답안지의 책형란에** "문제 책형"을 표기하여 주십시오.

3. **시험이 시작되면** 시험지의 "편철순서", "페이지 수량"을 반드시 확인한 후에 문제를 푸십시오. ※ **본 시험지는 총 5페이지입니다.**

4. **시험이 시작되면** 문제를 주의 깊게 읽고, 문항의 취지에 가장 적합한 하나의 정답만을 고르며, 문제내용에 관한 질문은 받지 않습니다.

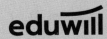

【 한국사 】

1. 다음 제시된 유물들을 통해 파악할 수 있는 사실은?

① 중국과 활발하게 교류하였다.
② 독자적인 청동기 문화가 발생하였다.
③ 지배와 피지배의 계급 사회가 출현하였다.
④ 당시 고조선의 세력 범위를 알 수 있다.

2. 다음 글의 밑줄 친 '왕'에 대한 설명으로 옳은 것은?

> 왕이 가량(加良)과 함께 와서 관산성을 공격하였다. ……
> 신주의 김무력이 주의 군사를 이끌고 나가 교전하였는
> 데, 비장인 삼년산군 고간(高干) 도도(都刀)가 재빨리 공
> 격하여 백제 왕을 죽였다. 이때 신라 군사들이 승세를 타
> 고 싸워 대승하여 좌평 4명, 병졸 29,600명을 베어 한 필
> 의 말도 돌아가지 못하게 하였다.
> － 『삼국사기』 －

① 요서와 산둥 일대에 진출하였다.
② 개국과 대창이라는 연호를 사용하였다.
③ 중앙 관청으로 22개의 부를 설치하였다.
④ 자장의 건의로 황룡사 9층 목탑을 건립하였다.

3. 다음 밑줄 친 '대사'에 대한 내용으로 옳은 것은?

> 이 엔닌은 대사의 어진 덕을 입었기에 삼가 우러러 뵙지
> 않을 수 없습니다. 저는 이미 뜻한 바를 이루기 위해 당
> 나라에 머물러 왔습니다. 부족한 이 사람은 다행히도 대
> 사께서 발원하신 적산원(赤山院)에 머물 수 있었던 것에
> 대해 감경(感慶)한 마음을 달리 비교해 말씀드리기가 어
> 렵습니다.
> － 『입당구법순례행기』 －

① 후당, 오월, 일본과 교류하였다.
② 당나라에 유학하며 빈공과에 급제하였다.
③ 회역사, 견당매물사 등의 교역 사절을 파견하였다.
④ 국호를 장안, 연호를 경운으로 하여 반란을 일으켰다.

4. 다음 (가)~(라) 국가의 일본 문화 전파 내용으로 가장 옳지 않은 것은?

> (가) 담징, 혜자, 혜관 등이 활약하며 문화를 전파하였다.
> (나) 5경 박사인 단양이와 고안무가 유학을 전파하였다.
> (다) 철을 수출하였고 토기 제작 기술에 영향을 주었다.
> (라) 축제술에 영향을 주어 '한인의 연못'이라는 이름이
> 생겼다.

① (가) － 벽화 제작 기법
② (나) － 불교 삼론종 전파
③ (다) － 스에키 토기에 영향
④ (라) － 조선술의 전수

5. 다음 시무책을 받아들인 왕 대에 있었던 일을 〈보기〉에서 고른 것은?

> 제7조 국왕이 백성을 다스림은 집집마다 가서 날마다
>   일을 보는 것이 아닙니다. …… 청컨대 외관을
>   두소서.
> 제20조 불교는 수신(修身)의 근본이요, 유교를 행하는
>   것은 치국(治國)의 근원입니다. 수신은 내생의
>   복을 구하는 것이며, 치국은 금일의 임무입니다.

〈보기〉
ㄱ. 거란의 1차 침입이 발생하였다.
ㄴ. 과거제를 정비하여 문치주의를 확립하였다.
ㄷ. 지방관을 파견하고 9주 5소경 체제를 정비하였다.
ㄹ. 백관의 공복을 제정하였다.

① ㄱ, ㄴ   ② ㄱ, ㄹ
③ ㄴ, ㄷ   ④ ㄴ, ㄹ

6. 제시문의 (가)에 대한 설명으로 옳은 것은?

> 원종 11년에 개경으로 환도할 기일을 정하여 게시하였는데, [(가)]은/는 이에 따르지 않았다. 배중손 등이 봉기하여 군사들에게 병기를 나누어 주고, 왕족인 승화후 온을 왕으로 삼아 관부를 설치하고, 관원을 임명하였다.

① 철령 이북의 지역을 수복하였다.
② 좌별초, 우별초, 신기군으로 구성되었다.
③ 일본에 국서를 보내어 연대하고자 하였다.
④ 포수, 사수, 살수 등 삼수병으로 조직되었다.

7. 다음 빈칸 시기에 발생한 사실로 옳은 것은?

> (가) 여진의 추장들은 땅을 돌려달라고 떼를 쓰면서 해마다 와서 분쟁을 벌였다. …… 이에 왕은 신하들을 모아 의논한 후에 그들의 요구에 따라 9성을 돌려주었다.
> (나) [   ]
> (다) 대부분의 신하들은 사대를 할 수 없다고 주장하였다. 이자겸과 척준경이 말하였다. '…… 작은 나라가 큰 나라를 섬기는 것은 선왕의 법도이다. 마땅히 먼저 사신을 보내어 예를 닦는 것이 옳다.' 왕이 이 건의를 받아들였다.
> (라) [   ]
> (마) 저고여가 돌아가는 길에 압록강 부근에서 피살되는 사건이 일어나자 살리타가 대군을 이끌고 침입하였다.

① (나) - 김부식이 『삼국사기』를 편찬하였다.
② (나) - 국경에 천리장성을 축조하였다.
③ (라) - 김사미와 효심의 난이 발생하였다.
④ (라) - 정동행성이 설치되었다.

8. 다음 밑줄 친 '이 시기'에 해당하는 사실로 가장 옳은 것은?

> 이 시기부터 왕실의 왕자, 공주들이 국왕과 왕후를 부를 때 '마마'라는 말이 사용되었고, 왕실에서는 왕의 식사를 부르는 표현인 '수라'라는 말도 쓰기 시작하였다. 또한 식생활로서는 증류주의 한 종류인 소주, 소의 뼈를 삶아 끓여 낸 설렁탕 등이 유행하기 시작한 것도 이 시기부터이다.

① 사학 12도가 융성하였다.
② 의천이 해동 천태종을 창시하였다.
③ 실천적 성격의 성리학이 수용되었다.
④ 만적이 신분 해방 운동을 내세워 난을 일으켰다.

9. 다음 〈표〉는 조선 후기 신분 계층의 비중 변화를 나타낸 것이다. 당시 (가)~(다) 신분의 비율 변화에 대한 탐구 활동으로 옳은 것을 〈보기〉에서 모두 고른 것은?

시기	(가)	(나)	(다)	합계
1729년	26.29%	59.78%	13.93%	100%
1765년	40.98%	57.01%	2.01%	100%
1804년	53.47%	45.61%	0.92%	100%
1867년	65.48%	33.96%	0.56%	100%

〈보기〉

ㄱ. (가) - 족보의 구매와 위조의 사례를 조사해 본다.
ㄴ. (나) - 이들이 형성한 동족 마을의 모습을 조사해 본다.
ㄷ. (다) - 노비 세습 방식이 일천즉천으로 변화한 배경을 조사해 본다.
ㄹ. (다) - 당시 정부의 재정 상황이 이들의 비중 변화에 끼친 영향을 분석해 본다.

① ㄱ, ㄴ
② ㄱ, ㄹ
③ ㄴ, ㄷ
④ ㄴ, ㄹ

10. 다음 제시문의 (가), (나) 사이 시기에 시행된 토지 제도에 대한 설명으로 옳은 것은?

> (가) 수전자(受田者)가 죽은 뒤, 그 처가 자식을 가지고 수신(守信)하는 경우에는 남편의 과전 모두를 물려 받고, 자식이 없이 수신하는 경우에는 반만 받으며, 수신하지 않는 경우에는 주지 않는다. 부모가 모두 죽고 자식들이 어리면 마땅히 휼양하여야 하니 아버지의 과전 모두를 물려받고, 20세가 되면 본인의 과등(科等)에 따라 받는다.
>
> (나) (대왕대비가) 전지하기를, "사람들이 직전(職田)이 폐단이 있다고 많이 말하기에 대신에게 의논하니, 모두 말하기를, '…… 조정 관원이 그 세(稅)를 지나치게 거두어 백성들이 심히 괴롭게 여긴다 한다."하였다. 한명회 등이 아뢰기를, "직전의 세는 관에서 거두어 관에서 주면(官收官給) 이런 폐단이 없을 것입니다." 하였다.

① 해당 지역의 조세와 역 징발권을 부여하였다.
② 국가에서 직접 세금을 거두어 관리에게 지급하였다.
③ 현직 관리에게만 수조권을 지급하고 수신전과 휼양전도 폐지하였다.
④ 인품과 관품에 따라 전지와 시지를 지급하였다.

11. 다음과 같은 건의를 한 인물에 대한 설명으로 옳은 것은?

> 지방에선 감사·수령이, 한양에서는 홍문관·육경·대간이 천거한 뒤, 그 인재들을 한데 모아 왕이 직접 면담하여 시험한다면, 많은 인재를 얻을 수 있습니다. 이는 한 나라에 시행했던 현량방정과와 같은 것입니다. 과거 시험의 문제점은, 글재주만 있는 자만 선발되기에 그 사람의 행실을 알 수 없다는 것입니다. 반면, 천거제는 행실 등도 모두 감안한 뒤 뽑는 것이므로 이상적입니다.

① 명종에게 백운동 서원의 사액을 건의하였다.
② 강화학파를 형성하여 양명학 연구에 힘썼다.
③ 『소학』 보급을 통해 유교 윤리를 확산시키려 하였다.
④ 길재의 학통을 이어받고 김굉필 등의 제자들을 길렀다.

12. 제시문의 (가)와 관련된 내용으로 옳은 것은?

> 프랑스가 약탈해 간 ⬚(가)⬚ 의 반환 문제는 1992년 주불 한국 대사관이 반환을 요청하면서 논의되기 시작했다. 1993년 김영삼 대통령과 미테랑 대통령 간의 정상 회담에서 반환의 원칙이 합의되었으나 프랑스 정부 측에서 ⬚(가)⬚ 을/를 반환하는 대신 국내에 소장 중인 비슷한 가치를 지닌 우리 문화재를 프랑스에 내줄 것을 요구하여 합의는 무산되었다. 이후 시간이 흘러 2010년 G20 정상 회의에서 한국과 프랑스 양국은 ⬚(가)⬚ 을/를 5년 단위 갱신이 가능한 임대 형식으로 대여하기로 합의하며 마침내 2011년에 모두 국내로 반환되었다.

① 금속 활자로 인쇄한 기록물을 알아본다.
② 양헌수와 한성근의 활약상을 조사한다.
③ 제너럴셔먼호 사건의 영향을 파악한다.
④ 혜초의 인도 순례의 발자취를 탐구해 본다.

13. 다음 제시된 사건이 발생한 시기를 (가)~(라)에서 옳게 고른 것은?

> 당시 조선 조정은 조선에 파병된 청군과 일본군에게 철수할 것을 요구했으나, 일본은 조선의 철군 요구를 무시하고 조선 땅에 계속 군대를 주둔하였다. 이어 일본군은 무력으로 경복궁을 점령하고 고종에게 청과 맺은 모든 조약을 파기하게 하도록 압력을 가하였다.

	(가)	(나)	(다)	(라)	
고부 봉기 발생	황토현 전투		전주성 점령	논산 집결	우금치 전투

① (가)
② (나)
③ (다)
④ (라)

14. 제시문의 원칙에 따라 출범한 조직에 대한 설명으로 옳지 않은 것은?

> 제1조 대한민국은 민주 공화제로 함
> 제2조 대한민국은 임시 정부가 임시 의정원의 결의에 의하야 차를 통치함
> 제3조 대한민국의 인민은 남녀 귀천 급 빈부의 계급이 무하고 일체 평등임
> 제4조 대한민국의 인민은 신교·언론·저작·출판·결사·집회·신서·주소 이전·신체 급 소유의 자유를 향유함

① 언론 활동을 위한 〈독립신문〉을 간행하였다.
② 미국에 구미 위원부를 두어 외교 활동을 전개하였다.
③ 국내와의 연락을 위해 연통제와 교통국을 운영하였다.
④ 군무부를 통해 1920년대 만주의 독립군 활동을 총괄하였다.

16. (가)~(라)의 사건들을 발생 순서대로 옳게 나열한 것은?

> (가) 중국 우한에서 조선 민족 전선 연맹 산하의 부대가 창설되었다.
> (나) 대한 독립 군단이 러시아 적색군의 공격을 받아 피해를 입었다.
> (다) 조선 혁명군이 중국 의용군과 연대하여 흥경성 전투를 전개하였다.
> (라) 조선 의용대의 병력 일부가 충칭의 한국광복군으로 합류하였다.

① (가) - (나) - (다) - (라)
② (가) - (나) - (라) - (다)
③ (나) - (가) - (다) - (라)
④ (나) - (다) - (가) - (라)

15. 다음의 제도가 시행되던 시기에 대한 설명으로 옳은 것은?

> 제1조 국가 총동원이란 전시에 국방 목적을 달성하기 위해 국가의 전력을 가장 유효하게 발휘하도록 인적 및 물적 자원을 운용하는 것을 말한다.
> 제4조 정부는 전시에 국가 총동원상 필요할 때는 칙령이 정하는 바에 따라 제국 신민을 징용하여 총동원 업무에 종사하게 할 수 있다. 단, 병역법의 적용을 방해하지 않는다.
> 제8조 정부는 전시에 국가 총동원상 필요할 때는 칙령이 정하는 바에 따라 물자의 생산·수리·배급·양도·기타의 처분, 사용·소비·소지 및 이동에 관하여 필요한 명령을 내릴 수 있다.

① 초등 교육 기관의 명칭을 국민학교로 바꾸었다.
② 회사령이 제정되고 한국인의 회사 설립이 어려워졌다.
③ 안정적인 미곡 생산을 위해 산미 증식 계획을 진행하였다.
④ 토지의 소유권과 가격에 대한 대대적인 조사를 진행하였다.

17. 다음의 개혁이 시행된 시대적 배경으로 옳은 것은?

> 제1조 국내의 육군을 친위와 진위 2종으로 나눈다.
> 제2조 친위는 경성에 주둔하여 왕성 수비를 전적으로 맡는다.
> 제3조 진위는 부(府) 혹은 군(郡)의 중요한 지방에 주둔하여 지방 진무와 변경 수비를 전적으로 맡는다.

① 김홍집·박영효 연립 내각의 출현
② 삼국 간섭 이후 세력을 만회하려는 일본
③ 개혁 추진 기구인 군국기무처의 설치
④ 자주 국권 확립을 위한 독립 협회의 노력

18. 다음 (가)~(라)를 내용으로 하는 헌법이 적용되던 시기에 일어난 사건을 바르게 연결한 것은?

> (가) 대통령의 임기는 7년이며 중임할 수 없다.
> (나) 대통령과 부통령의 임기는 4년으로 하며, 1차 중임할 수 있다. 단, 이 헌법 공포 당시의 대통령에 대하여 중임 제한을 적용하지 아니한다.
> (다) 6년 임기의 대통령은 통일 주체 국민 회의에서 선출된다.

① (가) – 수출 100억 불을 달성하였다.
② (나) – 민주당이 '못살겠다 갈아보자'라는 구호를 내걸었다.
③ (다) – 노동자 전태일이 분신하는 사건이 발생하였다.
④ (나) – (가) – (다)의 순으로 개헌이 이루어졌다.

19. 다음 (가), (나)의 합의 사이에 발생한 사실로 옳지 <u>않은</u> 것은?

> (가) 첫째, 통일은 외세에 의존하거나 외세의 간섭을 받음이 없이 자주적으로 해결하여야 한다. 둘째, 통일은 서로 상대방을 반대하는 무력 행사에 의거하지 않고 평화적 방법으로 실현해야 한다.
> (나) 남과 북은 서로 상대방의 체제를 인정하고 존중한다. 남과 북은 상대방에 대하여 무력을 사용하지 않으며 상대방을 무력으로 침략하지 아니한다.

① 우리 정부가 7·7 선언을 발표하였다.
② 남북한이 UN에 동시 가입하였다.
③ 분단 이후 최초로 남북의 이산가족이 고향에 방문하였다.
④ 남북이 정상 회담에 합의하여 평양에서 최초 회담이 개최되었다.

20. 다음은 정부 수립에 대한 두 가지 상반된 주장이다. (가)와 (나)를 주장한 인물에 대한 설명으로 옳은 것은?

> (가) 이제 무기한 휴회된 미·소 공동 위원회가 재개될 기색도 보이지 않으며, 통일 정부를 고대하나 여의케 되지 않으니, 남한만이라도 임시 정부, 혹은 위원회 같은 것을 조직하여 38도 이북에서 소련이 철회하도록 세계 여론에 호소해야 할 것이다.
> (나) 나는 통일된 조국을 세우려다가 38도선을 베고 쓰러질지언정 일신의 구차한 안일을 취하여 단독 정부를 세우는 데는 협력하지 않겠다.

① (가) – 대한민국 임시 정부의 국민 대표 회의 당시 창조파였다.
② (나) – 삼균주의를 제창하여 대한민국 건국 강령을 작성하였다.
③ (가) – 6·25 전쟁 중에 발췌 개헌을 추진하여 대통령 재선에 성공하였다.
④ (나) – 좌·우 합작 운동을 전개하여 남조선 과도 입법 의원의 의장이 되었다.

해설편 ▶ p.2

2022년 ____월 ____일 시행

제2회 소방공무원 공개경쟁 채용시험

응시번호	
성명	

회차
2회

응시자 준수사항

☞ 시험지를 받으면 "시험 감독관"의 지시에 따라 다음 사항을 반드시 지켜 주십시오.

1. **시험지 표지의** "문제 책형"을 확인하고, "응시번호 및 성명"을 기재하여 주십시오.

2. **답안지의 책형란에** "문제 책형"을 표기하여 주십시오.

3. **시험이 시작되면** 시험지의 "편철순서", "페이지 수량"을 반드시 확인한 후에 문제를 푸십시오. ※ 본 시험지는 총 5페이지입니다.

4. **시험이 시작되면** 문제를 주의 깊게 읽고, 문항의 취지에 가장 적합한 하나의 정답만을 고르며, 문제내용에 관한 질문은 받지 않습니다.

eduwill

【 한국사 】

풀이시간: ___:___ ~ ___:___   제한시간: 14분

1초 합격예측! 모바일 성적분석표

QR 코드로 접속하여 문제풀이 시간을 측정하고, 〈1초 합격예측! 모바일 성적분석표〉 서비스를 통해 지금 바로! 실력을 점검해 보세요.
http://eduwill.kr/NAVF

1. 다음 자료와 관련된 나라에 대한 설명으로 가장 옳은 것은?

> 사람을 죽인 사람은 사형에 처하고, 그 집안 사람은 노비로 삼는다. 도둑질을 하면 물건 값의 12배를 변상하게 하였다. 남녀 간에 음란한 짓을 한 사람이나 질투하는 부인은 모두 죽였다. 투기하는 것을 더욱 미워하여, 투기하는 사람을 죽이고 나서 그 시체를 나라의 남산 위에 버려서 썩게 한다.

① 10월에 무천이라는 제천 행사를 개최하였다.
② 형이 죽으면 형수를 아내로 삼는 풍습이 있었다.
③ 중대한 범죄자는 제가 회의를 열어 사형에 처했다.
④ 왕 밑에서 국무를 관장하던 상이라는 관직이 있었다.

2. 다음 글의 (가) 국가에 대한 설명으로 옳은 것은?

> 부여씨와 고씨가 망하게 되니 김씨가 그 남쪽을 차지하고, 대씨가 그 북쪽을 차지하여 ⎡ (가) ⎤(이)라고 하였다. 이를 남북국이라 한다. 그러니 마땅히 남북국의 역사책이 있어야 하는데, 고려가 이를 편찬하지 않은 것은 잘못이다. 대저 대씨는 어떤 사람인가? 바로 고구려 사람이다. 그들이 차지했던 곳은 어디인가? 바로 고구려 땅이다. …… 고려가 약한 나라가 된 것은 ⎡ (가) ⎤의 땅을 차지하지 못하였기 때문이다.

① 감찰 기관으로 사정부를 두었다.
② 중앙군으로서 10위를 운영하였다.
③ 당의 침입을 막기 위하여 천리장성을 축조하였다.
④ 거란의 침입을 물리치고 고구려 후계임을 인정받았다.

3. 다음의 밑줄 친 '이 무덤'에 대한 설명으로 옳은 것은?

> 이 무덤은 백제의 천도 후에 축조된 고분 중에서 확인된다. 그중에서 대표적인 것이 송산리 6호분과 무령왕릉(송산리 7호분)이다. 이 무덤은 기본적으로 평면 형태가 장방형이고 천장은 아치의 연속 구조라 전체적으로 터널형을 띤다.

① 지안에 위치한 장군총이 대표적이다.
② 천마도와 같은 벽화가 발견되었다.
③ 중국 남조의 영향을 받아 벽돌로 제작되었다.
④ 돌로 1개 이상의 널방을 짜고 흙으로 덮은 무덤이다.

4. 다음 글에서 설명하는 시대의 경제 상황에 대한 서술로 옳은 것은?

> 왕이 명하기를, "경기의 주현들에서는 상공(常貢) 외에도 요역이 많고 무거워 백성들이 고통을 견디지 못하고 나날이 도망쳐 떠돌아다니고 있으니, 주관하는 관청에서는 그들의 공물과 역의 많고 적음을 파악하여 결정하고 시행하라. 구리, 철, 자기, 종이, 먹 등 여러 소(所)에서 별공(別貢)으로 바치는 물건들을 함부로 징수하여 장인들이 살기가 어려워 도망치고 있다. 해당 기관에 연락하여 각 소에서 별공과 상공으로 내는 물건의 많고 적음을 파악하여 결정한 다음, 왕에게 아뢰어 재가를 받도록 하라."라고 하였다.

① 이모작이 전국적으로 성행하였다.
② 상평창을 설치하여 물가를 조절하였다.
③ 토지의 비옥도에 따라 6등급으로 나누었다.
④ 현직 관리에게만 수조권을 지급하는 직전법이 실시되었다.

5. 다음 (가), (나) 시기에 있었던 사실로 가장 옳지 <u>않은</u> 것은?

> (가) 의정부의 여러 일을 나누어 6조에 귀속시켰다. ……
> 처음에 왕은 의정부의 권한이 막중함을 염려하여 이
> 를 없앨 생각이 있었지만, 신중히 여겨 서둘지 않았
> 다가 이때에 이르러 단행하였다. 의정부가 관장한 일
> 은 사대 문서와 중죄수의 심의에 관한 것뿐이었다.
> (나) 상왕이 나이가 어려 무릇 조치하는 바는 모두 대신
> 에게 맡겨 논의 시행하였다. 지금 내가 명을 받아 왕
> 통을 물려받아 군국 서무를 아울러 자세히 듣고 헤
> 아려 다 조종의 옛 제도를 되살린다. 지금부터 형조
> 의 사형수를 뺀 모든 서무는 6조가 저마다 직무를
> 맡아 직계한다.

① (가) - 사병을 철폐하고 호패법을 시행하였다.
② (가) - 홍문관을 두어 주요 관리들을 경연에 참여하게 하였다.
③ (나) - 수신전과 휼양전을 폐지하는 직전법을 시행하였다.
④ (나) - 이시애의 난을 계기로 유향소를 폐지하였다.

6. 고려시대의 대외 무역 활동에 대한 설명으로 옳은 것은?

① 울산항이 송나라 상인뿐 아니라 아라비아 상인까지 왕래하며 국제 무역항으로 번성하였다.
② 서해안의 해로를 통해 송나라로 종이, 인삼 등 수공업품과 토산물을 수출하는 한편, 왕실과 귀족의 수요품을 수입하였다.
③ 일본은 11세기 후반부터 식량, 인삼, 서적을 가지고 와서 수은, 황과 바꾸어 갔다.
④ 북방의 거란과 여진에게는 은, 모피, 말을 수출하고, 고려는 농기구, 곡식을 수입하였다.

7. 다음 불교와 관련된 내용을 시대순으로 바르게 나열한 것은?

> (가) 일심 사상을 바탕으로 종파 간의 대립을 극복하고자 하였다.
> (나) 사명 대사가 일본으로 건너가 전쟁 중에 사로잡힌 우리 포로들을 송환해 왔다.
> (다) 유불일치설을 바탕으로 심성의 도야를 강조하여 장차 성리학을 수용할 수 있는 사상적 토대를 마련하였다.
> (라) 이론의 연마와 실천을 강조하여 교관겸수(敎觀兼修)·내외겸전(內外兼全)을 주창하였다.

① (가) - (라) - (다) - (나)
② (다) - (나) - (가) - (라)
③ (다) - (라) - (가) - (나)
④ (가) - (다) - (나) - (라)

8. 다음 (가)~(라)의 문화유산이 제작된 시기를 순서대로 바르게 나열한 것은?

① (가) - (다) - (라) - (나)
② (가) - (라) - (다) - (나)
③ (라) - (가) - (나) - (다)
④ (라) - (가) - (다) - (나)

9. 밑줄 친 '왕'의 재위 시기에 발생한 사실로 적절한 것은?

> 신돈은 왕에게 전민변정도감을 설치할 것을 청원하고, "…… 근래에 기강이 파괴되어 …… 공전과 사전을 권세가들이 강탈하였다. …… 스스로 토지를 반환하는 자는 과거를 묻지 않는다."라고 공포하였다. 권세가들이 강점했던 전민(田民)을 그 주인에게 반환하였으므로 온 나라가 모두 기뻐하였다.

① 삼별초의 난이 제주도에서 진압되었다.
② 이성계가 황산 대첩에서 왜구를 격퇴하였다.
③ 홍건적의 침입으로 왕이 복주로 피난하였다.
④ 윤관이 별무반을 이끌고 여진족을 정벌하였다.

10. 다음의 주장을 한 인물에 대한 설명으로 옳은 것은?

> 우리나라가 아시아의 인후에 처해 있는 지리적 위치는 유럽의 벨기에와 같고, 중국에 조공하던 처지는 터키에 조공하던 불가리아와 같다. …… 대저 우리나라가 아시아의 중립국이 된다면 러시아를 방어하는 큰 기틀이 될 것이고, 또한 아시아의 여러 대국들이 서로 보전하는 정략도 될 것이다. …… 이것은 …… 여러 나라가 서로 보전하는 계책도 될 것이니 무엇이 괴로워서 하지 않겠는가?

① 제2차 갑오개혁 때 내무대신으로 참여하였다.
② 7년간의 연금 생활 이후 『서유견문』을 작성하였다.
③ 갑신정변 이후 미국으로 망명하여 미국 시민권을 얻었다.
④ 조·미 수호 통상 조약의 전권대신으로서 미국의 슈펠트와 서명하였다.

11. 다음 국권 피탈 조약에 대한 설명으로 옳지 <u>않은</u> 것은?

> (가) 한국 고등 관리의 임면은 통감의 동의로써 이를 시행한다.
> (나) 대한제국 정부는 대일본 제국 정부를 확신하여 시정 개선에 관한 충고를 받아들인다.
> (다) 대한제국 정부는 대일본 제국 정부가 추천하는 일본인 1명을 재정 고문으로 삼아 재무에 관한 사항은 모두 그의 의견을 따른다.

① (가) – 초대 통감이 파견되고 대한제국이 일제의 보호국이 되었다.
② (나) – 일본이 대한제국의 국외 중립 선언을 무시하고 체결하였다.
③ (다) – 이에 따라 메가타와 스티븐스가 고문으로 임명되었다.
④ (나) – (다) – (가)의 순서로 체결되었다.

12. 다음 (가)~(라) 시기에 있었던 사실로 옳지 <u>않은</u> 것은?

1356		1377		1388		1419		1446
	(가)		(나)		(다)		(라)	

철령 이북 수복   화통도감 설치   위화도 회군   대마도 정벌   훈민정음 반포

① (가) – 이성계가 원의 나하추 침입을 격퇴하였다.
② (나) – 전제 개혁이 단행되어 과전법이 마련되었다.
③ (다) – 박포의 난을 진압하고 이방원이 왕위에 올랐다.
④ (라) – 김종서가 두만강 일대에 6진을 개척하였다.

13. 제시문의 밑줄 친 '새로운 정책'이 시행되던 시기의 상황으로 옳은 것은?

> 신임 총독은 전임 총독이 시행한 정책에 대신해 새로운 정책을 실시하였다고 말한다. …… 신임 총독의 정책 중에서 그나마 주목할 만한 것이 있다면 지방 제도를 개정해 일정 금액 이상의 세금을 내는 조선인들에게 선거권을 주고 부협의회 선거를 처음으로 실시한 것 정도이다. 하지만 그것도 자문 기구에 불과하다.

① 군사 양성 기관인 대조선 국민 군단이 창설되었다.
② 조만식 등이 평양에서 실력 양성 운동을 전개하였다.
③ 한국 독립군이 북만주와 간도 일대에서 활약하였다.
④ 독립 의군부가 조선 총독부에 국권 반환 요구 서신을 보냈다.

14. 다음 (가)~(라) 시기에 들어갈 역사적 사실로 올바른 것은?

1882		1894		1896		1904		1910
	(가)		(나)		(다)		(라)	
임오군란		청·일 전쟁		아관 파천		러·일 전쟁		한·일 병합

① (가) – 아펜젤러가 배재 학당을 세웠다.
② (나) – 〈독립신문〉이 한글과 영문판으로 발간되었다.
③ (다) – 장지연이 「시일야방성대곡」을 게재하였다.
④ (라) – 알렌이 최초의 서양식 의료 기관을 설립하였다.

15. 다음 제시문의 밑줄 친 '이곳'에서 발생한 역사적 사실로 옳은 것을 〈보기〉에서 모두 고르면?

> 이곳에서는 한인 집단 거주지인 신한촌이 형성되어 자치 기구와 학교가 만들어졌으며, 다양한 독립운동이 일어났다. 이곳에서 이상설 등은 성명회를 조직하여 독립운동을 벌였고, 이후 임시 정부의 성격을 가진 대한 국민 의회가 전로 한족회 중앙 총회로부터 개편·조직되었다.

〈보기〉
ㄱ. 독립운동 단체인 권업회가 조직되었다.
ㄴ. 자치 기관인 경학사와 부민단이 만들어졌다.
ㄷ. 최초의 망명 정부인 대한 광복군 정부가 조직되었다.
ㄹ. 서전서숙, 신흥 강습소 등의 설립으로 민족 교육 운동이 전개되었다.

① ㄱ, ㄴ   ② ㄱ, ㄷ
③ ㄴ, ㄹ   ④ ㄷ, ㄹ

16. 1920년대 발표된 다음 선언문의 결과 국내에서 결성된 단체의 활동 내용을 바르게 서술한 것은?

> 동일한 목적과 동일한 성공을 위해 운동하고 투쟁하는 혁명자들은 반드시 하나의 기치 아래 모여 하나의 호령 아래 단결해야만 비로소 상당한 효과를 거둘 수 있다는 것은 말할 필요도 없다. …… '단결은 약자의 무기다.'라는 말은 자명한 진리이다. 그 단결의 길은 일시적인 권모 술수에 있는 것이 아니고 단지 정대한 주의와 광명뇌락한 정신을 근거로 한 당적 결합에 있는 것으로 믿는다. …… 일본 제국주의를 타도하라! 한국의 절대 독립을 주장하라! 민족 혁명의 유일한 전선을 만들라!

① 이들은 혁명적 적색 운동으로 발전하였다.
② 조선인 본위의 교육 제도를 확립할 것을 주장하였다.
③ 태극 서관과 자기 회사를 설립하여 민족 자본의 형성을 꾀하였다.
④ 순종의 장례일에 3·1 운동과 같은 거족적 만세 시위 운동을 계획하였다.

17. 밑줄 친 '총선거'에 대한 설명으로 옳은 것은?

> 1948년 5월 10일, 마침내 남한에서는 유엔 한국 임시 위원단의 감시 아래 <u>총선거</u>가 실시되었다. 이 선거를 통해 구성된 제헌 국회는 국호를 대한민국으로 정하고, 7월 17일에 헌법을 제정·공포하였다.

① 이 선거를 통해 선출된 국회 의원들은 발췌 개헌안을 통과시켰다.
② 이 선거 실시 직전 이승만은 북한과의 협상을 지지하는 성명을 발표하였다.
③ 이 선거에 참여할 수 있는 투표권은 만 19세 이상 모든 국민에게 주어졌다.
④ 이 선거에 반대한 좌익 세력과 경찰이 충돌하면서 많은 민간인 희생자가 발생하였다.

18. 다음의 사건과 관련하여 발생한 민주화 운동에 대한 설명으로 적절한 것은?

> 국민 평화 대행진(6·10 대회)에 출정하기 위한 결의 대회를 마친 학생들이 정문 앞에서 시위를 벌이던 중 연세 대학교 경영학과 2학년에 재학 중이던 이한열이 경찰이 발사한 최루탄을 맞고 쓰러졌다. 그는 바로 병원으로 옮겨져 세브란스 병원 중환자실에서 치료를 받았으나, 의식을 회복하지 못한 채 그해 7월 5일 뇌 손상으로 인한 심폐 기능 정지로 사망하였다.

① 이를 진압하고자 당시 정부는 전국에 계엄령을 선포하였다.
② 사건 발생 이후 국가 보위 비상 대책 위원회가 수립되었다.
③ 김주열의 사망과 이 사건을 계기로 민주 헌법 쟁취를 위한 민주화 운동이 일어났다.
④ 이 사건으로 여야 합의에 의한 개헌 절차가 진행되었다.

19. 다음 선언문에 입각한 독립운동 단체의 활동 내용으로 옳은 것은?

> 민중은 우리 혁명의 대본영이다. 폭력은 우리 혁명의 유일 무기이다. 우리는 민중 속에 가서 민중과 손잡고 끊임없는 폭력, 암살, 파괴, 폭동으로써 강도 일제의 통치를 타도하고, 우리 생활에 불합리한 일체 제도를 개조하여 인류가 인류를 압박하지 않으며, 사회가 사회를 수탈하지 않는 이상적 조선을 건설할지니라.

① 김원봉, 윤세주 등이 중국 상하이에서 조직하였다.
② 조명하가 대만에서 일본 천황의 장인을 암살하였다.
③ 무정부주의를 표방하였으며 폭력 투쟁 활동을 전개하였다.
④ 새로 부임하는 사이토 조선 총독에게 폭탄을 투척하는 의거를 일으켰다.

20. 다음 현대사의 역사적 사건들을 시기 순서대로 나열한 것은?

> ㄱ. 부정 선거로 자유당이 대통령과 부통령 선거에서 모두 승리했다.
> ㄴ. 수출 100억 달러를 달성하고 '한강의 기적'이라 불리는 경제 발전을 이룩하였다.
> ㄷ. 북한 민족 보위성 정찰국 소속의 무장 공비 31명이 청와대를 기습하였다.
> ㄹ. 대통령을 대통령 선거인단에서 선출하고, 임기는 7년으로 하는 개헌이 단행되었다.

① ㄱ - ㄷ - ㄴ - ㄹ
② ㄱ - ㄹ - ㄷ - ㄴ
③ ㄹ - ㄱ - ㄴ - ㄷ
④ ㄹ - ㄷ - ㄴ - ㄱ

해설편 ▶ p.9

2022년 ___월 ___일 시행

제3회 소방공무원 공개경쟁 채용시험

응시번호	
성명	

회차
3회

응시자 준수사항

☞ 시험지를 받으면 "시험 감독관"의 지시에 따라 다음 사항을 반드시 지켜 주십시오.

1. **시험지 표지의** "문제 책형"을 확인하고, "응시번호 및 성명"을 기재하여 주십시오.

2. **답안지의 책형란에** "문제 책형"을 표기하여 주십시오.

3. **시험이 시작되면** 시험지의 "편철순서", "페이지 수량"을 반드시 확인한 후에 문제를 푸십시오. ※ 본 시험지는 총 5페이지입니다.

4. **시험이 시작되면** 문제를 주의 깊게 읽고, 문항의 취지에 가장 적합한 하나의 정답만을 고르며, 문제내용에 관한 질문은 받지 않습니다.

eduwill

【 한국사 】

1. 다음 (가)가 제작된 시대의 모습으로 옳은 것은?

> (가) 은/는 말 그대로 '돌을 고였다' 하여 붙여진 이름으로, 무덤 속에는 주검만을 묻는 것이 아니라 그 안에 토기나 석기, 청동기 등의 다양한 유물을 넣기도 한다. 유네스코는 2000년에 우리나라의 (가) 유적지를 세계 유산으로 지정하였다.

① 초기 형태의 농경과 목축이 시작되었다.
② 뗀석기를 이용해 사냥을 하고, 각종 식물을 채집하였다.
③ 잉여 생산물이 발생함에 따라 계급 분화가 발생하고, 군장이 등장하였다.
④ 바닥면이 뾰족한 빗살무늬 토기를 제작하여 음식을 조리하거나 저장하는 데 활용하였다.

2. 밑줄 친 ㉠~㉣에 대한 해석으로 적절한 것을 〈보기〉에서 모두 고른 것은?

> 옛날 ㉠ 환인의 아들 환웅이 자주 세상에 내려가 인간 세상을 구하고자 하였으므로, 아버지가 아들의 뜻을 알고 삼위 태백(三危太伯)을 내려다보니 ㉡ 널리 인간을 이롭게 할만 했다. 아버지가 환웅의 뜻을 헤아려 천부인(天符印) 3개를 주어 세상에 내려가 사람을 다스리게 하였다. 환웅이 3,000명의 무리를 이끌고 태백산 꼭대기의 신단수 밑에 내려와 그곳을 신시(神市)라 하였다. 환웅은 풍백, 우사, 운사를 거느리고 곡식, 생명, 질병, 형벌, 선악 등 인간의 360여 가지의 일을 주관하여 인간 세상을 다스리고 교화하였다. 이때 ㉢ 곰과 호랑이가 사람이 되기를 원하므로 환웅은 이들에게 쑥과 마늘을 주고 …… 21일 만에 곰은 여자의 몸이 되었다. 환웅과 웅녀(熊女)가 혼인하여 아들을 낳으니 그가 곧 ㉣ 단군왕검이다.

〈보기〉
ㄱ. 풍요를 기원하는 당시의 생각이 반영되었다.
ㄴ. 홍익인간이라는 지배 이념을 파악할 수 있다.
ㄷ. 특정 동식물을 신성시하는 애니미즘의 특징을 갖고 있다.
ㄹ. 정치적 지배자와 제사장이 일치하는 사회였음을 알 수 있다.

① ㄱ, ㄴ   ② ㄴ, ㄷ
③ ㄷ, ㄹ   ④ ㄴ, ㄹ

3. 다음 (가) 왕의 업적으로 옳은 것은?

> 1971년 7월 6일 공주시 송산리 고분군 배수로 공사 과정에서 벽돌무덤 하나가 발견되었다. 무덤 입구는 벽돌과 백회로 빈틈없이 막혀 있어 도굴꾼의 손이 전혀 닿지 않은 채 수많은 껴묻거리와 무덤의 모습이 고스란히 세상 빛을 보았다. 한편 무덤 입구의 지석에는 (가) 와/과 왕비를 대묘로 안장했다는 내용이 해서체로 새겨져 있었다.

① 북위에 국서를 보냈다.
② 익산 천도를 추진하였다.
③ 중국 남조와 적극 교류하였다.
④ 중앙 관청으로 22개의 부를 설치하였다.

4. (가), (나) 사이의 시기에 있었던 사실로 옳은 것은?

> (가) 왕은 당과 신라 군사들이 이미 백강과 탄현을 지났다는 소식을 듣고 장군 계백에게 결사대 5천 명을 거느리고 황산으로 가서 신라 군사와 싸우게 하였는데, 4번 싸워서 모두 이겼으나 군사가 적고 힘이 모자라서 마침내 패하고 계백이 사망하였다.
> (나) 사찬 시득이 수군을 거느리고 설인귀와 소부리주 기벌포에서 싸웠는데 연이어 패배하였다. 다시 나아가 크고 작은 22번의 싸움에서 승리하여 4천여 명을 죽였다.

① 최초의 진골 출신 왕이 즉위하였다.
② 백제가 신라를 공격하여 대야성을 함락시켰다.
③ 양만춘이 안시성에서 당의 대군을 격퇴하였다.
④ 안승이 금마저에서 신라의 지원을 받아 보덕국을 세웠다.

5. 다음 (가) 왕이 재위한 시기에 해당하는 역사적 사실에 대한 설명으로 옳은 것은?

> (가) 은/는 역분전을 제정하면서 사람들의 성품, 행동의 선악과 공로의 대소를 살펴 차등 있게 토지를 나누어 주었다. 특별히 박수경에게는 토지 2백 결을 내려 주었다.

① 광군을 설치하였다.
② 만부교 사건이 발생하였다.
③ 문신월과법을 시행하였다.
④ 백관의 공복을 제정하였다.

6. 다음 (가) 인물에 대한 설명으로 옳은 것을 〈보기〉에서 모두 고른 것은?

> (가) 은/는 이의민 세력을 숙청하고 정권을 잡자 무신 정권 초기의 혼란을 극복하기 위하여 봉사 10조와 같은 사회 개혁책을 제시하였다. 그렇지만 오히려 많은 토지와 노비를 차지하고 사병을 양성하여 권력 유지에 치중하였다.

〈보기〉
ㄱ. 사병 조직인 도방을 설치하였다.
ㄴ. 문신 등용 기구로 서방을 두었다.
ㄷ. 정치 권력 기구로 교정도감을 설치하였다.
ㄹ. 강화도에 대장도감을 설치하여 대장경을 조판하였다.
ㅁ. 김생, 유신, 탄연과 더불어 신품 4현으로 일컬어졌다.

① ㄱ, ㄷ
② ㄴ, ㄷ
③ ㄷ, ㅁ
④ ㄹ, ㅁ

7. 다음 내용과 관련된 역사서에 대한 설명으로 옳은 것을 〈보기〉에서 모두 고른 것은?

> 오늘날의 사람들은 유교 경전이나 중국의 역사에 대해서는 널리 통하여 자세히 말하는 사람이 있으나, 우리나라의 일에 대해서는 도리어 잘 알지 못하니 매우 한탄스러운 일이다. 삼국이 중국과 통하였으므로 중국 역사서에 삼국의 열전이 있지만, 삼국의 역사는 상세하게 실리지 않았다. 또한, 삼국에 관한 옛 기록은 문체가 거칠고 졸렬하며 빠진 부분이 많으므로, 군왕의 선악, 신하의 충성스러움과 간사함, 국가의 안위 등에 관한 것을 모두 밝혀서 후세에 권계(勸戒)를 보이지 못했다. 그러므로 마땅히 삼장(三長)을 갖춘 인재를 구하여 일관된 역사를 완성하고 만대에 물려주어 해와 별처럼 빛나도록 해야 하겠다.

〈보기〉
ㄱ. 현존하는 우리나라 최고(最古)의 역사서이다.
ㄴ. 단군을 민족의 시조로 파악한 최초의 통사이다.
ㄷ. 유교적인 합리주의 사관에 따라 편년체로 서술되었다.
ㄹ. 열전에는 김유신을 비롯한 신라인이 편중되어 수록되었다.

① ㄱ, ㄷ
② ㄱ, ㄹ
③ ㄴ, ㄷ
④ ㄷ, ㄹ

8. 다음 (가) 지역에 대한 설명으로 옳지 않은 것은?

> 나는 삼한(三韓) 산천의 음덕을 입어 대업을 이루었다. (가) 은/는 수덕(水德)이 순조로워 우리나라 지맥의 뿌리가 되니 대업을 만대에 전할 땅이다. 왕은 춘하추동 네 계절의 중간달에 그곳에 가 100일 이상 머물러서 나라를 안녕케 하라.
>
> — 『고려사』 —

① 조위총의 난이 발생한 지역이다.
② 묘청이 천도를 주장한 지역이다.
③ 몽골이 동녕부를 설치한 지역이다.
④ 홍건적 침입 때 왕이 피신한 지역이다.

9. 다음은 임진왜란 중에 발생한 사건들이다. (가)~(라)를 일어난 시기순으로 바르게 나열한 것은?

> (가) 일본의 재침입에 대비하고자 훈련도감이 설치되었다.
> (나) 원균이 지휘하는 조선 수군이 칠천량에서 왜군에 대패하였다.
> (다) 이순신은 노량 앞바다에서 적선 수백 척을 추격하여 대승을 거두었다.
> (라) 김시민이 이끄는 조선군과 백성들이 진주성에서 왜군을 크게 격퇴하였다.

① (가) - (나) - (다) - (라)
② (가) - (나) - (라) - (다)
③ (라) - (가) - (나) - (다)
④ (라) - (나) - (가) - (다)

10. 다음 글에서 설명하는 사건 이후의 사실로 옳은 것은?

> 청나라 태종은 일찍이 마전포에 진을 치고 단을 설치하여 9층 계단을 만들었다. …… 수하의 정병 수만 명으로 네모지게 진을 치게 하고는 우리나라 임금으로 하여금 100보 가량을 걸어서 조정 대신들을 데리고 삼배구고두(三拜九叩頭)의 예를 평지에서 행하도록 하였다.

① 송시열, 이완 등이 북벌 운동을 전개하였다.
② 이괄이 논공행상에 불만을 품고 난을 일으켰다.
③ 명의 모문룡의 군대가 가도에 주둔하였다.
④ 사명 대사가 일본에 파견되어 협상을 전개하였다.

11. 아래의 그림이 제작된 시기의 문화 예술에 대한 설명으로 옳은 것은?

① 세계 지도인 「곤여만국전도」가 전래되었다.
② 시사를 중심으로 위항 문학이 유행하였다.
③ 음의 높이 표현을 위해 「정간보」를 창안하였다.
④ 『파한집』과 『보한집』과 같은 시화집이 편찬되었다.

12. 다음 제도에 대한 설명으로 옳은 것을 〈보기〉에서 모두 고른 것은?

> 공물을 각종 현물 대신 쌀로 통일하여 징수하였고, 과세의 기준도 종전의 가호에서 토지의 결수로 변경하였다. 토지를 가진 농민들은 토지 1결당 쌀 12두만 납부하면 되었기 때문에 공납의 부담이 경감되었고 무전 농민이나 영세 농민은 일단 이 부담에서 해방되었다. 또 쌀을 납부하기 어려운 지방에서는 포목, 동전 등으로 대신하도록 하였다.

〈보기〉
ㄱ. 1결당 2두의 결작미를 거두었다.
ㄴ. 공인이 성장하는 계기로 작용하였다.
ㄷ. 관리하는 기관으로 선혜청이 설치되었다.
ㄹ. 호(戶)를 기준으로 하였기 때문에 농민의 세금 부담이 줄어들었다.

① ㄱ, ㄴ　　　　　　② ㄴ, ㄷ
③ ㄴ, ㄹ　　　　　　④ ㄷ, ㄹ

13. 밑줄 친 '개혁'의 내용으로 옳은 것은?

> 1894년 6월 21일 일본군이 경복궁을 점령한 다음 흥선 대원군을 추대한 친일파 정권이 수립되었다. 이에 이전 부터 논의되어 오던 제도 개혁을 실시하고 새로운 정권 의 탄생에 따른 여러 가지 정치적 문제를 해결하기 위한 기구가 필요하게 되었다. 그렇게 조직된 군국기무처의 총 재는 영의정 김홍집이, 부총재는 박정양이 겸임하였다.

① 토지의 균등 분배
② 고문과 연좌제의 금지
③ 지방 행정 제도를 23부로 개편
④ 호조로 재정을 일원화

14. 다음 자료의 의병에 대한 설명으로 옳은 것은?

> 전군에 명령을 전하여 일제히 진군을 재촉하여 동대문 밖 으로 진격할 때, 대군은 긴 뱀의 형세로 천천히 전진하게 하고, …… 3백 명을 인솔하고 선두에 서서 동대문 밖 삼 십 리 되는 곳에 나아가 전군이 모이기를 기다려 일거에 서울로 공격하여 들어가기로 계획하더니, 전군이 모이는 시기가 어긋나고 일본군이 갑자기 진격해 오는지라.

① 당시 활약한 최익현은 순창에서 봉기하였다.
② 국왕의 해산 권고 조칙으로 대부분 해산하였다.
③ 잔여 세력은 이후 활빈당의 주축이 되었다.
④ 국제법상 교전 단체로 인정받고자 하였다.

15. 다음 제시문의 밑줄 친 '그'의 활동으로 옳은 것은?

> 그가 50~56년 쓴 일기가 처음 공개됐다. 이는 독립운동 사와 50년대 정치사에 있어 중요한 사료로 평가받는다. 일기를 작성했던 그는 일본 육사를 졸업한 뒤 1919년 만 주로 망명했다. 이듬해 김좌진·홍범도 장군과 함께 청산 리 대첩을 이끌고 40년 이후엔 한국광복군에서 총사령관 으로 활약했다.

① 조선 의용대의 결성을 주도하였다.
② 중국 호로군과 연합하여 쌍성보 전투 등에서 일본군을 격 파하였다.
③ 광복 이후 신탁 통치 반대 운동을 주도하였다.
④ 상하이 홍커우 공원에서 폭탄을 투척하였다.

16. 다음 제시문의 밑줄 친 '이곳'에서 발생한 역사적 사실로 옳은 것을 〈보기〉에서 모두 고르면?

> 1910년 일본에게 국권을 빼앗기자, 신민회를 비롯한 독 립운동 단체들이 해외에 독립운동 기지를 건설하였다. 독립운동 단체들은 청년들을 해외 독립운동 기지로 이주 시켜 무관을 양성하고, 독립 전쟁에 대비하려 하였다. 삼 원보 역시 이러한 배경 아래에 1911년 이곳에 설립된 독 립운동 거점이었다.

〈보기〉
ㄱ. 권업회가 조직되고, 기관지로 〈권업신문〉을 간행하 였다.
ㄴ. 신흥 무관 학교를 설립하여 독립군 간부를 양성하 였다.
ㄷ. 서전서숙과 명동학교 등 민족 교육 기관이 설립되 었다.
ㄹ. 3·1 운동 이후 부민단을 한족회로 개편하고, 군사기 관으로 서로 군정서를 설립하였다.

① ㄱ, ㄴ
② ㄱ, ㄷ
③ ㄴ, ㄹ
④ ㄷ, ㄹ

17. 다음 (가)의 활동에 대한 설명으로 옳은 것은?

> 1920년대 후반 독립운동 단체들은 효율적인 항일 독립 운동의 수행을 위해 민족 유일당 운동을 추진하였다. 이에 따라 만주 지역의 정의·신민·참의 3부가 국민부와 혁신 의회로 통합·재편되었다. 1930년대 이후 국민부 계통은 ☐(가)☐ 을/를 조직하여 남만주를 중심으로 활약하였다.

① 지청천이 총사령관으로 역임하였다.
② 일제의 요충지인 보천보를 습격하여 일제의 주요 관공서를 점령하였다.
③ 영릉가 전투에서 일본군을 격파하였다.
④ 러시아 적색군의 공격을 받아 큰 피해를 입었다.

18. 다음 일제강점기에 제정된 법령을 시기순으로 순서대로 나열한 것은?

> (가) 제1차 조선 교육령   (나) 관세 철폐령
> (다) 여자 정신 근로령   (라) 국가 총동원법
> (마) 조선 사상범 보호 관찰령

① (가) – (나) – (마) – (라) – (다)
② (가) – (나) – (라) – (마) – (다)
③ (나) – (가) – (다) – (마) – (라)
④ (나) – (가) – (다) – (라) – (마)

19. 다음의 연설을 한 인물에 대한 설명으로 가장 적절한 것은?

> 조선 민족의 해방의 날은 왔습니다. 어제 15일, 엔도 정무총감이 나를 불러 가지고 "과거 두 민족이 합하였던 것이 조선에 잘못됐던가는 다시 말하고 싶지 않다. 오늘날 나누는 때에 서로 좋게 나누는 것이 좋겠다. 오해로 피를 흘리고 불상사를 일으키지 않도록 민중을 지도하여 주기를 바란다."라고 하였습니다.

① 조선 인민당을 창당하였다.
② 제헌 국회 의원으로 당선되었다.
③ 남조선 과도 정부의 민정장관으로 취임하였다.
④ 김규식과 함께 평양에 방문하여 협상을 전개하였다.

20. (가), (나) 헌법이 제정된 시기 사이에 있었던 사실로 옳은 것은?

> (가) 제39조 ① 대통령은 대통령 선거인단에서 무기명 투표로 선거한다.
>   제40조 ① 대통령 선거인단은 국민의 보통·평등·직접·비밀 선거에 의하여 선출된 대통령 선거인으로 구성한다.
>   제45조 대통령의 임기는 7년으로 하며, 중임할 수 없다.
> (나) 제67조 ① 대통령은 국민의 보통·평등·직접·비밀 선거에 의하여 선출한다.
>   ② 제1항의 선거에 있어서 최고 득표자가 2인 이상인 때에는 국회의 재적 의원 과반수가 출석한 공개 회의에서 다수표를 얻은 자를 당선자로 한다.
>   제70조 대통령의 임기는 5년으로 하며, 중임할 수 없다.

① 호헌 조치에 반대한 시위에 김주열이 사망하였다.
② 석유 파동의 위기 극복을 위해 중동에 진출하였다.
③ 반공 이념을 명시한 국민 교육 헌장이 제정되었다.
④ 교복 자율화와 야간 통행 금지 해제 조치가 이뤄졌다.

해설편 ▶ p.16

2022년 ____월 ____일 시행

제4회 소방공무원 공개경쟁 채용시험

응시번호	
성명	

회차
4회

응시자 준수사항

☞ 시험지를 받으면 "시험 감독관"의 지시에 따라 다음 사항을 반드시 지켜 주십시오.

1. **시험지 표지의** "문제 책형"을 확인하고, "응시번호 및 성명"을 기재하여 주십시오.

2. **답안지의 책형란에** "문제 책형"을 표기하여 주십시오.

3. **시험이 시작되면** 시험지의 "편철순서", "페이지 수량"을 반드시 확인한 후에 문제를 푸십시오.   ※ 본 시험지는 총 5페이지입니다.

4. **시험이 시작되면** 문제를 주의 깊게 읽고, 문항의 취지에 가장 적합한 하나의 정답만을 고르며, 문제내용에 관한 질문은 받지 않습니다.

eduwill

【 한국사 】

1. 다음 글에서 묘사하는 시대의 유물로 올바른 것은?

> 당시의 집터는 주춧돌을 사용한 지상 가옥의 형태로서 집터의 모양은 대체로 직사각형의 형태이다. 또한 화덕은 벽 가장자리로 옮겨지고, 저장 구덩은 따로 설치하거나 밖으로 빼내어 저장 시설을 따로 만들었다.

①    ②

③    ④

2. 제시문과 같은 상황이 전개되던 시기의 삼국 정세에 대한 설명으로 옳은 것은?

> 백제국은 본래 고려(高驪)와 더불어 요동(遼東)의 동쪽 1000여 리 밖에 있었다. 그 후 고려는 요동을, 백제는 요서(遼西)를 경략하여 차지하였다. 백제가 통치한 곳은 진평군(晋平郡) 진평현(晋平縣)이라 한다.
>
> － 『송서』 －

① 고구려 국내성이 공격을 받아 동천왕이 피난을 떠났다.
② 백제에서 칠지도가 제작되고 역사서 『서기』가 편찬되었다.
③ 신라는 왜의 세력을 물리치는 과정에서 장수왕의 도움을 받았다.
④ 가야는 신라와 결혼 동맹을 맺어 국제적 고립에서 벗어나려 하였다.

3. 다음 글의 밑줄 친 '궁파'에 대한 설명으로 옳은 것은?

> 신무 대왕이 잠저에 있을 때 협사 궁파에게 말하기를, "나에게 한 하늘 밑에서 살 수 없는 원수가 있는데, 네가 나를 위해 제거해 주면 내가 대위(大位)를 차지한 후 네 딸에게 장가를 들어 비(妃)로 삼겠다."고 했다. 궁파가 수락하고는 협심 동력하여 군사를 일으켜 서울을 침범해 그 일을 이루었다. 이미 왕위를 찬탈하고 궁파의 딸을 비로 삼으려 하니, 여러 신하들이 지극히 간하기를 "궁파는 비천한데, 상(上)께서 그의 딸을 비로 삼아서는 안 됩니다." 하니, 왕이 따랐다.

① 6두품 출신으로 『제왕연대력』, 『계원필경』을 저술하였다.
② 서남해안의 해상 무역을 장악하였으며, 일본 승려 엔닌의 귀국을 도왔다.
③ 상대등을 역임하였으나 여자 군주의 왕위 계승에 반발하여 난을 일으켰다.
④ 왕위 계승에 불만을 품고 국호를 장안, 연호를 경운으로 하여 반란을 일으켰다.

4. 다음의 계율이 적용된 조직에 대한 설명으로 옳은 것은?

> 불계에는 보살계가 있는데, 그 종목이 열 가지이다. 너희들이 (세속의) 신하로서는 아마도 이를 감당하지 못할 것이다. 지금 세속 오계(世俗五戒)가 있으니, 첫째는 임금 섬기기를 충(忠)으로써 하고, 둘째는 어버이 섬기기를 효(孝)로써 하며, 셋째는 친구 사귀기를 신(信)으로써 하고, 넷째는 전쟁에 나가서는 물러서지 말며, 다섯째는 생명 있는 것을 죽이되 가려서 할 것이다. 너희들은 이것을 실행함에 소홀히 하지 말라.

① 왕권을 견제하고 귀족의 입장을 대변하였다.
② 유학을 확산시키는 최고 국립 교육 기관이다.
③ 폐쇄적인 신분 제도로서 신라의 발전을 저해하였다.
④ 계층 간의 대립과 갈등을 완화시키는 역할을 하였다.

5. 밑줄 친 '왕'의 업적에 대한 설명으로 가장 옳은 것은?

> 밑줄왕은 여러 가지 과감한 조처를 통하여 왕권을 강화시켰다. 혁신 정치를 대체적으로 일단락 지은 즉위 11년에 칭제 건원하고, 개경을 황도, 서경을 서도라 칭한 것은 그와 같은 기반 위에서 취한 자부심의 한 표현이라 볼 수 있다.

① 호장·부호장 등의 향리직제가 마련되었다.
② 백관의 4색 공복 제도를 마련하였다.
③ 12목을 설치하고 지방관을 파견하였다.
④ 서경 천도를 시도하였으나 실패하였다.

6. 다음 대화의 (가)~(다)에 대한 설명으로 옳은 것은?

> 소손녕: [가] 은/는 옛 신라 땅에서 나라를 세웠고, 고구려의 옛 땅은 [나] 의 소유인데 [가] 이/가 차지하였다. 또 [가] 은/는 [나] 와/과 국경을 맞대고 있는데도 송을 섬기고 있어 출병하였다.
>
> 서 희: 그렇지 않다. 우리 [가] 은/는 고구려의 후예이다. 그래서 나라 이름도 [가] 라고 하였다. 오히려 [나] 의 동경이 우리 국경 안에 있다. 그리고 압록강 근처도 우리 땅인데 현재 [다] 이/가 차지하여 길을 막아 [나] 와/과 국교를 이루지 못하고 있다. [다] 을/를 쫓아내고 길을 통하면 국교를 통할 수 있을 것이다.

① (가) - 담판의 결과 동북 9성을 축조하였다.
② (나) - (가)에 군신 관계를 요구하여 관철시켰다.
③ (다) - 이를 정벌하기 위한 승병 부대가 조직되었다.
④ (나)와 (다)의 대립으로 (가)는 중립 외교를 시행하였다.

7. 다음 고려시대의 토지 제도가 실시된 시기에 대한 설명으로 옳은 것은?

> 관료에게 지급하는 토지가 부족해지면서 기존의 전·현직 관료 모두에게 지급하던 방식을 현직 관료에게만 지급하기 시작하였다. 이에 따라 관료들은 퇴직과 함께 토지를 국가에 반납하여야 했다.

① 빈민 구제 기금 제위보가 만들어졌다.
② 강조의 정변을 계기로 거란이 침입하였다.
③ 이자겸이 인종을 감금하고 궁을 불태웠다.
④ 사심관 제도와 기인 제도가 처음 시행되었다.

8. 아래 (가)~(라)에 대한 설명으로 옳은 것을 고르면?

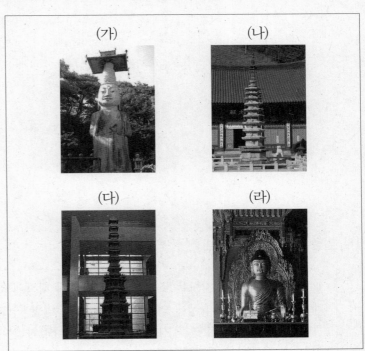

(가)   (나)
(다)   (라)

① (가) - 지역색이 강하고 파격적인 고려의 불상이다.
② (나) - 송나라 양식으로 제작되었으며, 원각사지 10층 석탑에도 영향을 주었다.
③ (다) - 목탑 양식이 반영되었다.
④ (라) - 팔만대장경이 보관되어 있는 사찰에 위치하고 있다.

9. 다음 상소의 밑줄 친 '저희들'에 대한 당시의 설명으로 가장 옳은 것은?

> 작위의 높고 낮음은 조정에서만 써야 할 것이고 적자와 서자의 구별은 한 집안에서만 통용되어야 할 것입니다. …… 공사천 신분이었다가 면천된 이들은 벼슬을 받기도 하고 아전이었다가 관직을 받은 이들은 높은 자리에 오르기도 하는데 저희들은 한번 낮아진 신분이 대대로 후손에게 이어져 영구히 서족이 되어 훌륭한 임금이 다스리는 세상임에도 그저 버려진 사람들이 되어 있습니다.

① 외래 문화 수용에 선구적 역할을 담당하였다.
② 포구에서 상품 매매를 중개하며 부를 축적하였다.
③ 향약과 서원 등을 기반으로 하여 세력을 확장하였다.
④ 중앙 관직으로의 진출이 활발해지며 왕의 정책을 뒷받침하였다.

10. 밑줄 친 '이 지도'에 대한 설명으로 옳은 것은?

> 1402년 제작된 이 지도는 조선 학자들에 의해 제작된 세계 지도이다. 권근의 글에 의하면 중국에서 수입한 「성교광피도」와 「혼일강리도」를 기초로 하고, 우리나라와 일본의 지도를 합해서 제작하였다고 한다.

① 이 지도는 유럽과 아메리카 대륙까지 묘사하였다.
② 이 지도가 제작된 왕 시기에 창덕궁이 건설되었다.
③ 이 지도가 제작된 왕 시기에 갑인자가 주조되었다.
④ 이 지도 제작에 백리척을 사용하여 과학화에 기여하였다.

11. 다음과 같은 특징을 가진 교육 기관에 대한 설명으로 옳은 것은?

> 조선 왕조의 한양 천도에 따라 새 도읍지의 동북부 지역인 숭교방 부근에 터가 정해져서 1395년(태조 4)부터 건축 공사가 시작되었다. 3년 만에 대성전과 동무·서무의 문묘(文廟)를 비롯하여 명륜당·동재·서재 등의 건물이 완성됨으로써 새로운 모습을 보이게 되었다. 이 밖에도 도서관인 존경각은 1478년(성종 9)에 갖추어졌다.

① 입학 자격은 생원, 진사를 원칙으로 하였다.
② 초등 교육을 담당하는 사립 교육 기관이었다.
③ 주세붕이 안향을 기리기 위해 처음 설립하였다.
④ 중등 교육 기관으로 부·목·군·현에 각각 하나씩 설립되었다.

12. 다음 글에서 언급하는 사건의 결과로 옳은 것을 〈보기〉에서 고른 것은?

> 영의정 홍순목이 아뢰기를, "…… 지금 선혜청에 무슨 저축된 곡식이 있습니까? 다만 전날 군자감에서 급료를 내줄 때의 일을 가지고 말하더라도, 도감의 군졸들이 받은 곡식이 섬이 차지 않는다면서 두 손으로 각각 1섬씩 들고 하는 말이 '13개월 동안 급료를 주지 않다가 지금 겨우 한 달분을 분급한 것이 바로 이와 같은가?'라고 하면서 해당 고지기를 구타하여 현재 생사를 분간하기 어렵습니다. 이어 대청 위에 돌을 마구 던져 해당 낭관이 도피하기까지 하였으니 이 어찌 작은 문제이겠습니까?" 하니, 하교하기를, "13개월이나 급료를 내주지 못한 것도 이미 민망스러운 일인데 게다가 섬이 차지 않은 것은 또한 무슨 까닭인가?"

〈보기〉
ㄱ. 김윤식이 영선사로 청에 파견되었다.
ㄴ. 조선에 대한 청의 내정 간섭이 시작되었다.
ㄷ. 일본에 배상금을 지불하고 공사관에 경비병을 주둔시켰다.
ㄹ. 일본이 청과 동등하게 조선에 대한 파병권을 획득하였다.

① ㄱ, ㄷ   ② ㄱ, ㄹ
③ ㄴ, ㄷ   ④ ㄴ, ㄹ

13. 다음 법령이 발표된 시기에 추진된 개혁의 내용으로 가장 적절한 것은?

> 제1조 대한국은 세계 만국에 공인된 자주독립 제국이니라.
> 제2조 대한국의 정치는 만세 불변할 전제 정치이니라.
> 제3조 대한국 대황제께서는 무한한 군권을 향유하시느니라.
> 제5조 대한국 대황제께서는 육·해군을 통솔하시고 계엄·해엄을 명하시느니라.

① 진위대를 설치해 황제가 군대를 통솔하였다.
② 지계를 발급하여 지주 전호제를 폐지하였다.
③ 간도 관리사를 두고 간도에 이범윤을 파견하였다.
④ 구본신참의 원칙에 따라 입헌 군주제의 도입을 시도하였다.

14. 밑줄 친 '나'에 대한 설명으로 옳은 것은?

> 나의 조선경제사 기도(企圖)는 사회의 경제적 구성을 기축으로 대체로 다음과 같은 제 문제를 취급하려 하였다.
>
> 제1. 원시 씨족 공산체의 태양(態樣)
> 제2. 삼국의 정립 시대의 노예 경제
> 제3. 삼국시대 말기경부터 최근세에 이르기까지의 아시아적 봉건 사회의 특질
> 제4. 아시아적 봉건 국가의 붕괴 과정과 자본주의 맹아형태
> 제5. 외래 자본주의 발전의 일정과 국제적 관계
> 제6. 이데올로기 발전의 총 과정

① 역사를 '아(我)'와 '비아(非我)'의 투쟁의 기록이라고 하였다.
② 유물 사관에 근거하여 역사 발전의 법칙성을 강조하였다.
③ 혁신적이고 실천적인 양명학을 발전시킬 것을 주장하였다.
④ 랑케 사관에 근거하여 역사학의 순수 학문을 표방하였다.

15. 다음 선언문이 발표된 때로부터 가장 가까운 시기에 있었던 사실로 적절한 것은?

> 1. 어린이를 재래의 윤리적 압박으로부터 해방하여 그들에 대한 완전한 인격적 예우를 허하게 하라.
> 2. 어린이를 재래의 경제적 압박으로부터 해방하여 만 14세 이하의 그들에 대한 무상 또는 유상의 노동을 폐하게 하라.
> 3. 어린이 그들이 고요히 배우고 즐겁게 놀기에 족한 각양의 가정 또는 사회적 시설을 행하게 하라.

① 상하이에서 국민 대표 회의가 열렸다.
② 좌·우 협력 단체인 신간회가 해소되었다.
③ 김원봉이 주도한 통합 정당 민족 혁명당이 출범하였다.
④ 공화 정부 수립을 목표로 활동한 대한 광복회가 결성되었다.

16. 제시문의 (가)에 대한 설명으로 옳은 것은?

> 박차정은 근우회에서 활동하다가 보다 적극적인 독립운동을 위해 중국으로 망명하였다. 그녀는 1938년 우한에서 조선 민족 전선 연맹 산하의 군사 조직으로 창설된 (가) 의 부녀복무단장으로 무장 투쟁을 전개하다가 35세의 젊은 나이로 순국하였다.

① 총사령 지청천의 지휘 아래 활동하였다.
② 민정 기관과 군정 기관을 갖춘 자치 정부 형태였다.
③ 중국 국민당 정부와 연대하여 군사 활동을 전개하였다.
④ 중국 의용군과 연대하여 흥경성 전투의 승리를 이끌어냈다.

17. 다음 주장과 관련된 개혁에 대한 설명으로 옳은 것은?

> (가) 탐관오리 엄징, 노비 문서 소각, 과부의 재가 허용, 토지의 평균 분작
> (나) '건양' 연호 사용, 단발령 실시, 태양력 사용, 종두법 시행
> (다) 청과의 의례적 사대 관계 폐지, 문벌 폐지, 지조법 개혁, 혜상공국 혁파

① (가) – 개혁의 주장이 제기된 후에 농민군이 전주성을 점령하였다.
② (나) – 김홍집 친일 내각이 주도한 개혁으로 의병 봉기를 유발하였다.
③ (다) – 개혁의 결과 중앙에 친위대, 지방에 진위대 군대가 설치되었다.
④ (가) – (나) – (다)의 순으로 개혁이 추진되었다.

18. 다음의 요구 조건을 제시한 인물에 대한 설명으로 옳은 것은?

> • 전국적으로 정치범과 경제범을 즉시 석방할 것
> • 3개월 간의 식량을 확보해 줄 것
> • 치안 유지와 건국 운동을 위한 모든 정치 운동에 대하여 절대로 간섭하지 말 것
> • 학생과 청년을 훈련·조직하는 일에 간섭하지 말 것
> • 노동자와 농민을 건국 사업에 동원·조직하는 일에 간섭하지 말 것

① 5·10 총선거에 참여하였다.
② 좌·우 합작 운동을 주도하였다.
③ 신탁 통치 반대 운동을 전개하였다.
④ 평양에서 열린 남북 협상에 참여하였다.

19. 다음의 협정과 관련한 설명으로 옳지 않은 것은?

> 군사 분계선을 확정하고 쌍방이 이 선에서 2km씩 후퇴하여 비무장 지대를 설정한다. 비무장 지대는 완충 지대로서 적대 행위로 인해 우려되는 사건을 미리 방지한다.

① 협정 체결 이전 발췌 개헌이 단행되었다.
② 협정 체결 직전 정부는 반공 포로를 석방하였다.
③ 당시 이승만 정부는 협상 막판에 서명하였다.
④ 한·미 상호 방위 조약 체결에 영향을 주었다.

20. 다음 자료와 관련된 사건을 순서대로 바르게 나열한 것은?

> ㄱ. 정부 당국에서는 17일 야간에 계엄령을 확대 선포하고 일부 학생과 민주 인사, 정치인을 도무지 믿을 수 없는 구실로 불법 연행했습니다. 이에 우리 시민 모두는 의아해했습니다.
> ㄴ. 나이 어린 학생 김주열의 참시(慘屍)를 보라! 그것은 가식 없는 전제주의 전횡의 발가벗은 나상(裸像)밖에 아무 것도 아니다.
> ㄷ. 우리는 …… 민족 자립으로 가는 어떠한 길도 폐색되어 있음을 분명히 인식한다. 굴욕적인 한·일 회담의 즉시 중단을 엄숙히 요구한다.

① ㄱ – ㄴ – ㄷ
② ㄴ – ㄱ – ㄷ
③ ㄴ – ㄷ – ㄱ
④ ㄷ – ㄴ – ㄱ

해설편 ▶ p.22

2022년 ____월 ____일 시행

제5회 소방공무원 공개경쟁 채용시험

응시번호	
성명	

회차
5회

응시자 준수사항

☞ 시험지를 받으면 "시험 감독관"의 지시에 따라 다음 사항을 반드시 지켜 주십시오.

1. **시험지 표지의** "문제 책형"을 확인하고, "응시번호 및 성명"을 기재하여 주십시오.

2. **답안지의 책형란에** "문제 책형"을 표기하여 주십시오.

3. **시험이 시작되면** 시험지의 "편철순서", "페이지 수량"을 반드시 확인한 후에 문제를 푸십시오.   ※ **본 시험지는 총 5페이지입니다.**

4. **시험이 시작되면** 문제를 주의 깊게 읽고, 문항의 취지에 가장 적합한 하나의 정답만을 고르며, 문제내용에 관한 질문은 받지 않습니다.

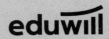

【 한국사 】

1. 다음 자료에 해당하는 초기 국가에 대한 설명으로 옳은 것은?

> (가) 동성끼리는 결혼하지 않는다. 부락을 함부로 침범하면 벌로 노비와 소, 말을 부과한다.
> (나) 사람들 체격이 매우 크고 성품이 강직하고 용맹하며, 근엄하고 후덕하여 다른 나라를 노략질하지 않았다. …… 형이 죽으면 형수를 아내로 삼는 것은 흉노의 풍속과 같았다.

① (가) – 제천 의림지와 같은 수리 시설을 축조하였다.
② (가) – 음란하거나 질투하는 부인이 있다면 모두 죽였다.
③ (나) – 동이 지역 가운데 가장 넓고 평탄하다고 기록되어 있다.
④ (나) – 혼인은 신랑이 신부 집에서 큰 본채 뒤에 작은 별채를 지어 시작한다.

2. 다음의 글이 작성된 시기에 발해에서 있었던 사실로 가장 옳은 것은?

> 당 현종은 태복 원외랑 김사란을 신라에 보내 군사를 출동하여 발해의 남경을 공격하게 하였다. 신라는 군사를 내어 발해의 남쪽 국경선 부근으로 진격하였다. 이에 발해가 군사를 등주에서 철수하였다.
>
> – 『신당서』 –

① 거란족의 침입으로 상경성이 함락되었다.
② 해동성국이라 불릴 정도로 최대 전성기를 맞이하였다.
③ 북방의 돌궐, 남쪽 일본과 친교를 맺어 우호 관계를 추진하였다.
④ 넓어진 영토를 관리하기 위해 5경 15부 62주로 지방 행정제도를 정비하였다.

3. 밑줄 친 인물들이 속한 신분층에 대한 설명으로 옳은 것은?

> • 진덕 여왕 2년, 김춘추가 돌아오는 길에 고구려의 순라병을 만났는데, 종자인 온군해가 대신 피살되었고 그는 무사히 신라로 귀국했다.
> • 마침 알천의 물이 불어 김주원이 왕궁으로 건너오지 못하니, 상대등 김경신이 왕위에 올랐다.
>
> – 『삼국사기』 –

① 중위제의 적용을 받았다.
② 중앙 관부의 장관직을 독점하였다.
③ 관등과 상관없이 자색의 관복을 입었다.
④ 성주 혹은 장군으로 불리며 독자 세력을 형성하였다.

4. 다음의 (가), (나) 및 제시문에 대한 설명으로 옳지 <u>않은</u> 것은?

> "낭불 양가 대 유가의 싸움이며 국풍파 대 한학파의 싸움이며 독립당 대 사대당의 싸움이며 진취 사상 대 보수 사상의 싸움이니, (가) 은/는 곧 전자의 대표요, (나) 은/는 곧 후자의 대표가 되는 것이다. 이 전투에서 (가) 이/가 패하고 (나) 이/가 승리하여 조선 역사가 사대적·보수적·속박적 사상, 즉 유교 사상에 정복되고 말았거니와 만일 이와 반대로 묘청이 승리했다면 독립적·진취적 방면으로 나아갔을 것이니, 이 사건을 어찌 1천년래의 제일 대사건이라 하지 않으랴."
>
> – 『조선사 연구초』 –

① (가) – 여진 정벌과 칭제 건원을 주장하였다.
② (나) – 과거제와 음서, 공음전을 기반으로 성장하였다.
③ (가) – 풍수지리설을 사상적 기반으로 하여 난을 일으켰으나 권문세족 중심의 개경파 김부식에 의해 진압당하였다.
④ 본 사건은 고려의 지역, 이념, 사상 등의 충돌로 파악된다.

5. 다음 (가), (나) 시책이 추진되었던 공통적인 목적으로 가장 적절한 것은?

> (가) 소격서는 본래 이단이며 예(禮)에도 어긋나는 것이니 비록 수명을 빌고자 해도 복을 얻을 수 없습니다. 소비가 많고 민폐도 커서 나라의 근본을 손상시키니 어찌 애석하지 않겠습니까.
>
> (나) 이제부터 우리 고을 선비들이 하늘이 부여한 본성을 근본으로 하고 국가의 법을 준수하여 집에서나 고을에서 각기 질서를 바로잡으면 나라에 좋은 선비가 될 것이요, 출세하든지 가난하게 살든지 서로 의지가 될 것이다. 굳이 약속을 만들어 서로 권할 필요도 없으며 벌을 줄 필요도 없을 것이다. 진실로 이를 알지 못하고 올바른 것을 어기고 예의를 해침으로써 우리 고을 풍속을 무너뜨리는 자는 바로 하늘의 뜻을 거역하는 백성이다.

① 민족의 자주성과 주체성을 확립하고자 하였다.
② 지배층의 수탈을 금지하여 농민 생활의 안정을 꾀하였다.
③ 성리학적 유교주의 사회 질서를 확립하고 강화하고자 하였다.
④ 중앙 집권 정책을 통해 국가 재정 기반의 확대를 추구하였다.

6. 다음 밑줄 친 '왕'의 재위 기간의 사실로 옳지 <u>않은</u> 것은?

> 왕이 원의 제도를 따라 변발과 호복을 하고 궁전에 올라앉으니, 이연종이 간언하려고 문밖에서 기다렸다. 왕이 사람을 시켜 물으니 이연종이 말하기를, "왕의 앞에 가서 얼굴을 맞대고 말씀드리기를 바라옵니다."라고 하고 들어가니 왕이 좌우를 물리치자, 이연종이 이르기를, "변발과 호복은 선왕의 제도가 아니므로 원컨대 전하께서는 본받지 마소서."라고 하였다. 왕이 기뻐하며 곧 변발을 풀고 옷과 이불을 하사하였다.
>
> - 『고려사』 -

① 원의 연호를 폐지하고 친원 세력을 숙청하였다.
② 왜구의 침입으로 이성계가 황산 대첩에서 활약하였다.
③ 유인우로 하여금 철령 이북의 영토를 수복하게 하였다.
④ 복주에서의 피난에서 돌아오는 길에 흥왕사의 변이 발생하였다.

7. 다음의 (가)~(마)가 제작된 시기를 순서대로 바르게 묶은 것은?

① (가) - (나) - (다) - (라) - (마)
② (나) - (가) - (다) - (라) - (마)
③ (가) - (나) - (마) - (다) - (라)
④ (나) - (가) - (다) - (마) - (라)

8. 다음의 건축물들이 지어진 시기의 사회 모습으로 옳은 것을 〈보기〉에서 고른 것은?

(가) 금산사 미륵전　　(나) 해인사 장경판전

〈보기〉
ㄱ. (가) - 밭을 논으로 바꾸는 현상이 확산되었다.
ㄴ. (가) - 박지원의 한글 소설과 같은 서민 문화가 출현하였다.
ㄷ. (나) - 순백자기가 전국의 자기소와 도기소에서 널리 만들어졌다.
ㄹ. (나) - 우리나라를 기준으로 한 역법서인 『칠정산』이 편찬되었다.

① ㄱ, ㄴ　　　　　　② ㄱ, ㄹ
③ ㄴ, ㄷ　　　　　　④ ㄴ, ㄹ

9. 밑줄 친 '이것'에 대한 설명으로 옳은 것은?

> 이것은 고려시대에 판각되었기 때문에 '고려대장경판'이라고 한다. 이보다 앞서서 고려 현종 때 새긴 판을 '초조대장경판'이라 하는데, 고려 고종 때 몽골의 침입으로 불타버려 다시 새겼기 때문에 '재조대장경판(再雕大藏經板)'이라고도 한다. 또한 당시 대장도감을 설치하여 새긴 것이기 때문에 '고려대장도감판(高麗大藏都監板)'이라고도 한다.

① 의천이 주도하여 편찬하였다.
② 본래 대구 부인사에 보관되어 있었다.
③ 유네스코 세계 기록 유산으로 등재되었다.
④ 거란의 침입을 격퇴하기 위하여 간행하였다.

10. 제시문의 (가)에 대한 설명으로 중 가장 옳은 것은?

> 조선 땅은 실로 아시아의 요충을 차지하고 있어 열강들이 서로 차지하려고 할 것이다. 조선이 위태로우면 중국도 위급해진다. [(가)]이/가 영토를 넓히고자 한다면 반드시 조선이 첫 번째 대상이 될 것이다. …… 그렇다면 오늘날 조선이 세워야 할 책략으로 [(가)]을/를 막는 것보다 더 급한 일이 없다. [(가)]을/를 막는 책략은 무엇인가? 중국과 친하고, 일본과 맺고, 미국과 이어짐으로서 자강을 도모할 뿐이다.

① 남하 정책을 추진하여 거문도를 불법 점령하였다.
② 절영도와 용암포의 조차를 시도하며 세력 확대를 꾀하였다.
③ 을미사변을 자행하였으며, 이로 인해 신변의 위협을 느낀 고종이 피신하였다.
④ 조선이 최초로 조약을 체결한 서양 국가이다.

11. 다음 밑줄 친 부분에 해당하는 농민군의 요구 사항으로 〈보기〉에서 가장 옳지 <u>않은</u> 것은?

> 동학 농민 운동은 안으로 정치와 사회 개혁을 이루고 밖으로는 외세의 침략을 막으려 했던 대규모 농민 운동이었다. 비록 정부와 일본군의 공격으로 실패하였지만 <u>농민군의 반봉건적 개혁 요구는 갑오개혁에 영향을 끼쳐 전통적 봉건 질서의 붕괴를 촉진하였다.</u> 그리고 반침략적 정신은 의병 운동에 투영되어 외세에 저항하는 구국 무장 투쟁으로 이어졌다.

〈보기〉
ㄱ. 청에 의존하는 생각을 버린다.
ㄴ. 청춘 과부의 재가를 허용한다.
ㄷ. 왜적(倭賊)과 통하는 자는 엄징한다.
ㄹ. 7종 천인의 차별을 개선하여 백정의 평량갓을 없앤다.

① ㄱ
② ㄱ, ㄴ
③ ㄱ, ㄷ
④ ㄷ, ㄹ

12. 다음 (가), (나) 시기 해당 국가의 과거 제도에 대한 설명으로 옳은 것은?

> (가) 14년(1119) 7월에 국학에 처음으로 양현고(養賢庫)를 두고 인재를 양성하게 하였다. …… 왕이 유학 교육에 열의를 가져 담당 관리에게 조서를 내려 학교를 크게 세우도록 하고, 유학에 60명과 무학에 17명을 두고 가까운 신하들에게 그 사무를 감독하게 했으며 유명한 유학자를 골라 학관(學官)과 박사(博士)로 임명하고 경서의 뜻을 강론하여 그들을 가르치고 지도하게 하였다.
>
> (나) 지금 국왕께서 풍속을 바꾸려는 데에 뜻이 있으므로 신은 지극하신 뜻을 받들어 완악한 풍속을 고치고자 합니다. …… 『이륜행실(二倫行實)』로 말하면 신이 전에 승지가 되었을 때에 간행할 것을 청했습니다. 삼강이 중한 것은 아무리 어리석은 부부라도 모두 알고 있으나, 붕우·형제의 이륜에 이르러서는 평범한 사람들이 제대로 모르는 경우가 있습니다.

① (가) – 서얼 출신은 문과 응시에 제약이 존재하였다.
② (가) – 백정 농민이 제술과에 합격하는 경우가 많았다.
③ (나) – 정기 시험으로서 식년시가 매년 실시되었다.
④ (나) – 무과의 초시는 인구 비례에 의해 지역별 할당되었다.

13. 다음의 정책이 시행되었던 시기에 볼 수 있는 장면으로 가장 옳지 <u>않은</u> 것은?

> 정부는 전시에 국가 총동원상 필요할 때는 칙령이 정하는 바에 따라 물자의 생산·수리·배급·양도·기타의 처분과 사용·소비·소지 및 이동에 관하여 필요한 명령을 내릴 수 있다.

① 식량 공출제와 배급제를 시행하였다.
② 학생들이 황국 신민 서사를 암송하였다.
③ 일제가 만주 사변을 일으키고 만주국을 수립하였다.
④ 국민 징용령을 근거로 한국인이 공장에 강제 동원되었다.

14. 제시문의 밑줄 친 '이들'에 대한 설명으로 가장 옳은 것은?

> <u>이들</u>의 목적은 한국의 부패한 사상과 습관을 혁신하여 국민을 유신케 하며, 쇠퇴한 발육과 산업을 개량하여 사업을 유신케 하며, 유신한 국민이 통일 연합하여 유신한 자유 문명국을 성립케 한다고 말하는 것으로서, 그 깊은 뜻은 열국 보호하에 공화 정체의 독립국으로 함에 목적이 있다고 함.

① 을사조약에 반발하며 일진회와 대립하였다.
② 고종이 퇴위당하자 의병 투쟁에 앞장섰다.
③ 의병 운동의 현대화를 위해 무관 학교를 설립하였다.
④ 회원 수가 수만에 이르며 전국적인 조직으로 발전하였다.

15. 다음 글을 저술한 인물에 대한 설명으로 옳은 것은?

> 대개 국교·국학·국어·국문·국사는 혼(魂)에 속하는 것이요, 전곡·군대·성지·함선·기계 등은 백(魄)에 속하는 것으로 혼의 됨됨은 백에 따라서 죽고 사는 것이 아니다. 그러므로 국교와 국사가 망하지 않으면 그 나라도 망하지 않는 것이다. 오호라! 한국의 백은 이미 죽었으나 소위 혼은 남아 있는 것인가?

① 대한민국 임시 정부의 2대 대통령으로 취임하였다.
② 파리 강화 회의에 신한 청년당 대표 자격으로 파견되었다.
③ 묘청의 난 때 국풍파가 패하여 낭가 사상이 소멸되었음을 주장하였다.
④ 독자적 조선 인식과 민족 정체성의 확립을 위한 조선학 운동을 주도하였다.

16. 다음 종교와 관련 있는 것을 〈보기〉에서 고른 것은?

> 때가 왔네 때가 왔네 다시 못 올 때가 왔네
> 뛰어난 장부에게 오랜만에 때가 왔네
> 용천검 드는 칼을 아니 쓰고 무엇하리
> 무수 장삼 떨쳐입고 이 칼 저 칼 넌즛 들어
> 호호망망 넓은 천지 한 몸으로 비켜서서
> 칼 노래 한 곡조를 때여 때여 불러내니
> 용천검 날랜 칼은 해와 달을 놀리고
> 게으른 무수 장삼 우주에 덮여 있네
> 만고 명장 어디 있나 장부 앞에 장사 없네
> 좋을시고 좋을시고 이내 신명 좋을시고
>
> 　　　　　　　　　　　　－『용담유사』－

> 〈보기〉
> ㄱ. 3·1 운동의 추진을 주도하였다.
> ㄴ. 만주 무장 투쟁을 가장 적극 지원하였다.
> ㄷ. 나철과 오기호가 중심이 되어 창시되었다.
> ㄹ. 잡지 〈신여성〉과 〈어린이〉를 발간하였다.

① ㄱ, ㄴ
② ㄱ, ㄷ
③ ㄴ, ㄷ
④ ㄱ, ㄹ

17. 다음 글에서 설명하는 시기의 경제상으로 옳은 것은?

> 정부는 수출 주도의 경제 성장 정책을 더욱 강화하기 위하여 중화학 공업에 자원을 대거 투입하는 중화학 공업화 정책을 선언하고, 이를 적극적으로 추진하였다.

① 저금리·저유가·저환율의 3저 호황을 맞이하였다.
② 산업화 정책의 상징인 경부 고속 국도가 개통되었다.
③ 칠레와 자유 무역 협정(FTA)을 체결하였다.
④ 석유 파동을 극복하기 위해 중동에 진출하였다.

18. 다음 선언문이 발표된 배경에 대한 설명으로 옳은 것은?

> 1. 마산, 서울 기타 각지의 학생 데모는 주권을 빼앗긴
>   국민의 울분을 대신하여 궐기한 학생들의 순진한 정
>   의감의 발로이며 부정과 불의에 항거하는 민족 정기
>   의 표현이다.
> 2. 데모를 공산당의 조종이나 야당의 사주로 보는 것은
>   고의의 곡해이며 학생들의 정의감에 대한 모독이다.
> 5. 3·15 선거는 부정 선거다. 공명 선거에 의하여 정·부
>   통령을 재선거하라.

① 박종철이 고문으로 사망하였다.
② YH 무역에서 노동자가 사망하였다.
③ 이승만의 장기 집권을 저지하고자 하였다.
④ 신군부 세력에 대항하며 서울의 봄을 요구하였다.

19. 다음의 글이 발표되어 강령으로 채택된 시기를 연표에서
옳게 고른 것은?

> 개인과 개인을 균등하게 하는 길은 무엇인가. 그것은 정
> 치의 균등화요, 경제의 균등화요, 교육의 균등화이다. 보
> 통 선거제를 실시하여 정권에의 참여를 고르게 하고 국
> 유제를 실시하여 경제 조건을 고르게 하며 국비에 의한
> 의무 교육제를 실시하여 교육 기회를 고르게 함으로써
> 국내에서의 개인과 개인 사이의 균등 생활을 실현하는
> 것이다.

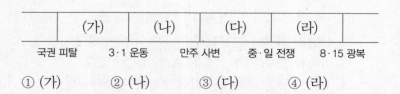

	(가)	(나)	(다)	(라)	
국권 피탈		3·1 운동	만주 사변	중·일 전쟁	8·15 광복

① (가)　　② (나)　　③ (다)　　④ (라)

20. 다음의 남북 관계에 대한 사건들을 순서대로 옳게 나열한
것은?

> ㄱ. 통일 문제를 협의하기 위해 남북 조절 위원회를 설치
>   하기로 합의하였다.
> ㄴ. 남북 사이의 화해와 불가침 및 교류·협력에 관한 합
>   의서를 채택하였다.
> ㄷ. 한반도 에너지 개발 기구(KEDO)가 발족하였다.

① ㄱ - ㄴ - ㄷ　　　　② ㄷ - ㄴ - ㄱ
③ ㄴ - ㄱ - ㄷ　　　　④ ㄷ - ㄱ - ㄴ

해설편 ▶ p.29

인생의 가장 큰 손실은
내가 가진 것을 잃는 것이 아니라
나를 바꿀 수 있는 기회를 잃는 것입니다.

– 조정민, 『사람이 선물이다』, 두란노

2022년 ＿＿월 ＿＿일 시행

제6회 소방공무원 공개경쟁 채용시험

응시번호	
성명	

회차
6회

eduwill

【 한국사 】

1. 제시된 사건 이후 고조선에서 발생한 사실로 가장 옳은 것은?

> 원봉 3년 여름, 니계상 참이 사람을 시켜서 조선 왕 우거를 죽이고 항복했다. …… 이로써 드디어 조선을 평정하고 사군을 삼았다.
>
> – 『사기』 조선전 –

① 한반도 남부에 청동기 보급이 확대되었다.
② 연(燕)의 진개의 침입으로 중심지가 이동하였다.
③ 한반도에 한사군이 설치되고 60조법이 제정되었다.
④ 중국의 한과 한반도 남부의 진국 사이에서 중계 무역을 하였다.

2. 밑줄 친 '그'에 대한 설명으로 옳은 것은?

> 그가 연못가를 지날 때 홀연 신인이 나타나 묻기를 "그대 나라에 어떤 어려운 일이 있습니까?"라고 하였다. 그는 "우리나라는 북쪽으로 말갈과, 남쪽으로는 왜국과 인접해 있고, 또 고구려, 백제 두 나라가 변경을 차례로 침략하는 등 외국의 노략질이 심합니다."라고 대답하였다. 그러자 신인이 말하기를 "본국에 돌아가 9층탑을 세우면 이웃 나라들이 항복하고 주변의 아홉 나라가 조공하여 왕업이 길이 흥할 것이요."라 하였다.
>
> – 『삼국유사』 –

① 화랑도의 규율인 세속 오계를 지었다.
②「무애가」를 짓고 아미타 신앙을 전파하였다.
③ 당에서 유학 후 계율종을 정립하였다.
④ 왕권 전제화를 뒷받침하는 화엄 사상을 강조하였다.

3. 밑줄 친 '왕' 대의 모습으로 가장 적절한 것은?

> 그가 돌아와 왕을 찾아보고 말하기를 "중국에서는 널리 우리나라 사람을 노비로 삼으니, 청해진을 만들어 적으로 하여금 사람들을 약탈하지 못하도록 하기를 원하나이다."라고 하였다. …… 대왕은 그에게 군사 만 명을 거느리고 해상을 방비하게 하니, 그 후로는 해상으로 나간 사람들이 잡혀가는 일이 없었다.
>
> – 『삼국사기』 –

① 국학을 태학감으로 개칭하였다.
② 각간 위홍이 향가집『삼대목』을 편찬하였다.
③ 귀족들의 사치 풍조를 막기 위해 사치 금지령을 반포하였다.
④ 웅주를 기반으로 김헌창이 국호를 장안으로 하여 난을 일으켰다.

4. 다음 고려시대에 발생한 사건들을 시기 순서대로 옳게 나열한 것은?

> ㄱ. 금이 건국된 뒤, 고려가 금을 사대하기로 결정하였다.
> ㄴ. 최충헌이 봉사 10조라는 사회 개혁안을 제시하였다.
> ㄷ. 망이와 망소이가 공주 명학소에서 난을 일으켰다.
> ㄹ. 사림원을 설치하고 개혁 정치를 추진하였다.

① ㄱ - ㄷ - ㄴ - ㄹ
② ㄱ - ㄴ - ㄷ - ㄹ
③ ㄷ - ㄱ - ㄴ - ㄹ
④ ㄷ - ㄴ - ㄱ - ㄹ

5. 제시된 (가) 토지 제도에 대한 설명으로 옳은 것은?

> 비로소 직관(職官)·산관(散官) 각 품(品)의 ☐☐(가)☐☐ 을/를 제정하였는데, 관품의 높고 낮은 것은 논하지 않고, 다만, 인품만 가지고 그 등급을 결정하였다.
>
> – 『고려사』 –

① 전·현직 관리를 대상으로 경기 지방에 한하여 지급하였다.
② 18과로 나누어 직·산관을 대상으로 지급하고, 한외과가 없어졌다.
③ 4색 공복을 기준으로 관품과 인품을 병용하여 전지와 시지를 지급하였다.
④ 전직 관리에 대한 토지 지급을 중단하고 수신전과 휼양전 명목도 폐지하였다.

6. 다음 자료의 (가)에 대한 설명으로 옳은 것을 〈보기〉에서 고른 것은?

> 『미수기언』에 이르기를 "삼척에 매향안이 있는데, '충선왕 2년에 향나무 2백 50그루를 묻었다.'고 하였다. …… 여기에서 ___(가)___ (이)라는 이름이 시작되었는데, 후에 이들이 상여를 메었다."고 하였다.

① 풍수지리 사상을 기반으로 활동하였다.
② 본래 신앙 조직이었으나 공동 노동 조직화되었다.
③ 향촌 사족들의 여론을 수렴하는 기능을 담당하였다.
④ 최초로 농민 주도의 자치 행정 기능을 수행한 조직이다.

7. 다음 (가), (나) 정책을 시행한 왕 대에 발생한 역사적 사실로 옳은 것은?

> (가) 의정부의 서사(署事)를 나누어 6조에 귀속시켰다. …… 처음에 왕은 의정부의 권한이 막중함을 염려하여 이를 혁파할 생각이 있었지만, 신중하게 여겨 서두르지 않다가 이때에 이르러 단행하였다. 의정부가 관장한 것은 사대문서와 중죄수 심의뿐이었다.
> (나) 6조는 각기 모든 직무를 먼저 의정부에 품의하고, 의정부는 가부를 헤아린 뒤에 왕에게 아뢰어 (왕의) 전지를 받아 6조에 내려보내어 시행한다.

① (가) - 강희맹이 시흥 지방의 농법을 정리하였다.
② (가) - 유럽과 아프리카까지 그려진 「혼일강리역대국도지도」를 제작하였다.
③ (나) - 우리나라의 고유한 자연을 사실적으로 표현하려는 진경산수화가 제작되었다.
④ (나) - 척신 정치의 잔재를 어떻게 청산할 것인가를 둘러싸고 사림 세력이 갈등을 겪게 되었다.

8. 밑줄 친 '그'에 대한 설명으로 가장 옳은 것은?

> 그의 사상은 사림이 구체제를 비판하고 훈척과 투쟁하던 시기를 바탕으로 하고 있다. 또한 왕 스스로가 인격과 학식을 수양하기 위해 부단히 노력해야 한다는 점을 강조하였다. 그의 사상이 일본에 전파되면서 일본에서는 그를 '동방의 주자'라고 부르기도 하였다.

① 제자들이 기호학파를 형성하였다.
② 일반민을 도덕 실천의 주체로 보았다.
③ 아홉 번 장원 급제하여 구도장원공으로 불렸다.
④ 『성학십도』, 『주자서절요』 등을 저술하였다.

9. 제시된 그림이 제작될 당시의 경제 상황을 설명한 내용으로 옳지 <u>않은</u> 것은?

① 공인이라는 어용상인이 등장하였다.
② 모내기법이 확산되어 벼와 보리의 이모작이 가능해졌다.
③ 객주나 여각을 중심으로 금융업, 운송업 등이 발달하였다.
④ 금은 세공품, 그릇 등을 제조하는 소(所) 수공업이 발달하였다.

10. 다음과 관련된 인물의 주장으로 옳은 것을 〈보기〉에서 모두 고른 것은?

> 농부 한 사람마다 1경(頃)을 받아 점유한다. …… 4경마다 군인 1명을 뽑는다. 농부 네 사람 중에서 씩씩하고 튼튼한 사람 1명을 골라 군인으로 삼고, 농부 세 사람은 보인(保人)으로 삼는다. 유생으로서 처음 입학한 자는 2경, 내사에 들어간 자는 4경과 병역을 면제한다.
>
> – 『반계수록』 –

〈보기〉

ㄱ. 양반과 천민의 차별을 인정하였다.
ㄴ. 사농공상은 직업적으로 평등해야 한다.
ㄷ. 청에서 행해지는 국제 무역에 참여해야 한다.
ㄹ. 자영농을 중심으로 군사와 교육 제도를 재정비해야 한다.

① ㄱ, ㄴ   ② ㄱ, ㄹ
③ ㄴ, ㄷ   ④ ㄷ, ㄹ

11. 밑줄 친 '그들의 실패'와 관련된 내용으로 옳은 것은?

> 그들의 실패는 우리에게 무척 애석한 일이다. 내 친구 중에 이 사건을 잘 아는 이가 있는데, 그는 어쩌다 조선의 최고 수재들이 일본인에게 이용당해서 그처럼 큰 잘못을 저질렀는지 참으로 애석하다고 했다. 진실로 일본인이 조선의 운명과 그들의 성공을 위해 노력을 다했겠는가? 우리가 만약 국가 발전의 기미를 보였다면 일본인들은 백방으로 방해할 것이 자명한데 어찌 그들을 원조했겠는가.
>
> – 『한국통사』 –

① 일본이 청으로부터 요동반도를 할양받게 되었다.
② 개혁 추진을 위한 초법적 기구로 군국기무처를 설치하였다.
③ 청과 일본은 조선에 대한 상호 간의 동등한 파병권을 명시한 조약을 체결하였다.
④ 조선에 주둔하던 일본군 일부가 베트남으로 이동한 것이 배경이 되었다.

12. 다음 인물의 활동으로 옳은 것은?

> 그는 1884년 대학을 졸업하고 그해 유니언 신학교에 들어갔다가 1886년 교사로 초청을 받고 D.A.벙커 등과 함께 내한하여 외국어를 가르쳤다. 1905년 을사늑약 후 한국의 자주독립을 주장하여, 고종의 밀서를 휴대하고 미국에 돌아가 국무 장관과 대통령을 면담하려 했으나 실패하였다.

① 『사민필지』를 저술하였다.
② 원산 학사의 교사로 초빙되었다.
③ 광혜원의 설립에 깊이 관여하였다.
④ 개신교 선교사로서 배재 학당을 설립하였다.

13. 위정척사 운동을 다음 표와 같이 정리할 때, (가)~(라)에 들어갈 인물과 활동 내용으로 옳은 것은?

(가) 1860년대	⇨	(나) 1870년대	⇨	(다) 1880년대	⇨	(라) 1890년대

	주요 내용	주요 인물	활동 및 주장
①	(가) 통상 반대	최익현	일본의 세력 확대에 맞서 척화주전론을 주장
②	(나) 개화 반대	이항로	미국·러시아와의 수교 반대 상소
③	(다) 개항 반대	이만손	『조선책략』 유포 반대·영남 만인소
④	(라) 항일 의병	유인석	유생 의병장으로서 충주·제천 등지에서 활약

14. 다음의 글을 발표한 단체에 대한 설명으로 가장 적절한 것은?

> • 외국인에게 의지하지 말고, 관민이 힘을 합하여 전제 황권을 견고하게 할 것.
> • 외국과의 이권에 관한 조약은 각 대신과 중추원 의장이 합동 날인하여 시행할 것.
> • 국가 재정은 탁지부에서 전관하고, 예산과 결산을 국민에게 공포할 것.

① 일정 금액을 납부하면 누구나 회원으로 참여할 수 있었다.
② 황제권을 강화하고 구본신참의 원칙을 바탕으로 추진되었다.
③ 입헌 군주제 확립을 목적으로 활동하며 일진회와 대립하였다.
④ 시전 상인을 주축으로 결성되어 상권 수호 운동을 전개하였다.

15. 다음 정책에 대한 설명으로 옳지 <u>않은</u> 것은?

> 토지 소유자는 조선 총독이 정하는 기간 내에 주소·씨명, 명칭 및 소유지의 소재·지목·자번호·사료·등급·지적·수를 임시 토지 조사 국장에게 신고해야 한다.

① 농민이 오랫동안 누려왔던 전통적인 경작권은 부정되었다.
② 토지의 매매와 저당을 자유롭게 함으로써 일본인이 쉽게 토지에 투자할 수 있게 하였다.
③ 명의상 주인을 내세우기 어려운 동중·문중 토지의 상당수는 조선 총독부의 소유가 되었다.
④ 주로 조선인 대지주들의 토지를 대상으로 하였기에, 사업 결과로 이들이 가장 큰 타격을 입었다.

16. 제시문의 밑줄 친 '이곳'에서 한인들이 전개한 활동으로 옳은 것은?

> 이 책은 우당 이회영 선생의 부인이 집필한 자전적 성격의 회상기이다. 선생의 가계와 혼인에 대한 내용, 신민회의 초기 활동 및 1910년 말 <u>이곳</u>으로의 이주, 이후 남편을 따라 독립운동에 투신하고, 북경과 국내 등지로 동분서주한 내력 등을 섬세한 필치로 서술하고 있다. 이 책은 우당 이회영 선생의 폭넓은 민족 운동의 범위를 대변하는 동시에 그들의 활동 내용을 보완할 수 있게 해준다.

① 이상설이 주도하여 서전서숙을 설립하였다.
② 망명 정부 조직인 대한 광복군 정부가 창설되었다.
③ 이동녕, 이상룡 등이 중심이 되어 경학사를 세웠다.
④ 군사 훈련을 목적으로 한 대조선 국민 군단을 조직하였다.

17. 밑줄 친 '이 부대'에 대한 설명으로 옳은 것은?

> 중국 한커우(漢口)에서 <u>이 부대</u>가 조직되었다. 부대는 1개 총대, 3개 분대로 편성되었는데 100여 명의 대원은 대부분 조선 민족 혁명당원이다. 총대장은 황포 군관 학교 제4기 출신인 진국빈이며, 부대는 대일 선전 공작과 대일 유격전을 수행함을 목적으로 하였다.

① 영국군과 연합 작전을 전개하였다.
② 일부 대원들은 한국광복군에 합류하였다.
③ 유격전을 펼치며 보천보 전투에서 활약하였다.
④ 조선 독립 동맹 산하의 군사 조직으로 활동하였다.

18. 다음 (가)~(라) 시기에 있었던 사실로 옳은 것은?

	(가)	(나)	(다)	(라)	
모스크바 3국 외상 회의		제1차 미·소 공동 위원회	좌·우 합작 7원칙 합의	제헌 국회 개원	여수·순천 10·19 사건

① (가) - 남한에서 5·10 총선거가 실시되었다.
② (나) - 이승만이 '정읍 발언'을 발표하였다.
③ (다) - 대통령에 이승만, 부통령에 이시영이 당선되었다.
④ (라) - 유엔 한국 임시 위원단이 파견되었다.

19. 다음의 구호가 등장한 시기를 연표에서 고르면?

우리는 이제 3선 개헌을 강행하여 자유 민주에의 반역을
기도하는 어떤 명분이나 위장된 강변에도 현혹됨이 없이
헌정 20년간 모든 호헌 세력의 공통된 신념과 결단 위에
서 전 국민의 힘을 뭉쳐 단호히 이에 대처하려 한다. 집
권자에 의해서 자유 민주에의 기대가 끝내 배신당할 때,
조국을 수호하려는 전 국민은 요원의 불길처럼 봉기할
것이다. 우리는 날로 그 우방을 확장시키고 있고, 선악의
대결과 진부(眞否)의 결전에서 용솟음치는 결의를 가지
고 있다. 자유 국민의 조국은 영원하다. 영원한 조국을
가진 국민은 용감하다. 전 국민이여! 자유 민주의 헌정
수호 대열에 빠짐없이 참여하라.

	(가)	(나)	(다)	(라)	
4·19 혁명		한·일 국교 정상화	7·4 남북 공동 성명	10·26 사건	6월 민주 항쟁

① (가)　　② (나)　　③ (다)　　④ (라)

20. 다음 밑줄 친 '대통령' 재임 당시의 정책으로 옳은 것은?

대통령은 7·7 선언을 발표하여 민족자존과 통일 번영의
새 시대를 열어 나갈 것을 천명하였으며 북방 외교 대원
칙을 선언하고 북방 대륙 국가들과의 관계 개선을 적극
추진하였다. 때맞춰 당시 미국과 소련 사이의 긴장 완화
와 서울 올림픽 개최, 대(對)공산권 교역 증대 등의 유리
한 여건에 힘입어 공산권 국가로는 처음으로 헝가리와
정식 수교하며 북방 외교가 본격적으로 활성화되었다.

① 국민 연금 제도를 도입하였다.
② 지방 자치제를 부분적으로 실시하였다.
③ 역사 바로 세우기 정책을 시행하였다.
④ 통일 주체 국민 회의에서 대통령을 선출하였다.

해설편 ▶ p.38

【 한국사 】

1. 다음 제시된 사건 이전에 고조선에서 있었던 사실로 가장 옳은 것은?

> 조선 후(侯) 준이 분수를 모르고 왕을 칭하다가 연에서 망명한 위만의 공격을 받아 나라를 빼앗기자, 그 측근인 신하와 궁인들을 거느리고 한(韓) 땅에 들어가 스스로 한 왕(韓王)이라고 불렀다.

① 한 무제가 고조선을 침입하였다.
② 고조선의 중심지가 이동하였다.
③ 고조선이 섭하를 살해하였다.
④ 준왕이 한반도 남부로 망명하였다.

2. 다음 (가), (나) 나라에 대한 설명으로 옳은 것은?

> • 법흥왕 9년, (가) 의 왕이 사신을 보내 혼인을 청하였으므로, 왕이 이찬 비조부의 누이를 그에게 보냈다.
> • 법흥왕 19년, (나) 의 왕 김구해가 왕비와 세 아들과 함께 나라의 재산과 보물을 가지고 와 항복하였다.

① (가) – 6세기에 한강 유역을 일시적으로 차지하였다.
② (가) – 대표 유적으로 고령 지산동 고분이 있다.
③ (나) – 고구려 장수왕의 공격을 받아 쇠퇴하였다.
④ (나) – 백제에게 칠지도를 전해 받았다.

3. 다음 사건을 순서대로 바르게 나열한 것은?

> ㄱ. 옥저를 복속하고 요동 지방으로 진출하였다.
> ㄴ. 도읍을 옮기고 선비족을 토벌하였다.
> ㄷ. 위나라 장군 관구검의 침략을 받아 환도성이 함락되었다.
> ㄹ. 전진(前秦)과 수교하고 순도에 의해 불상과 불경이 전래되었다.
> ㅁ. 서안평을 점령하고 낙랑을 축출하였다.

① ㄴ – ㄱ – ㄷ – ㄹ – ㅁ
② ㄱ – ㄴ – ㄷ – ㅁ – ㄹ
③ ㄴ – ㄱ – ㄷ – ㅁ – ㄹ
④ ㄱ – ㄴ – ㄷ – ㄹ – ㅁ

4. 통일 신라 지식인들의 활동에 대한 다음 설명 중 옳은 것을 고른 것은?

> ㄱ. 김대문 – 『화랑세기』, 『한산기』 등을 저술하여 신라 문화를 주체적으로 인식하였다.
> ㄴ. 설총 – 신문왕에게 『화왕계』를 지어 올렸으며, 『답설 인귀서』와 같은 글을 남겼다.
> ㄷ. 최치원 – 도당 유학생 출신으로서 『제왕연대력』과 같은 저술을 남겼다.
> ㄹ. 원효 – 5교 중 법성종을 정립하였으며, 『금강삼매경론』, 『화엄일승법계도』와 같은 저술을 남겼다.

① ㄱ, ㄷ   ② ㄱ, ㄹ
③ ㄴ, ㄷ   ④ ㄷ, ㄹ

5. 다음의 왕실 가계도가 등장하는 시기의 사실에 대한 설명으로 가장 옳지 않은 것은?

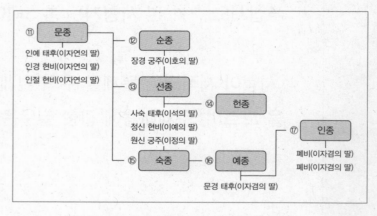

① 문헌공도를 비롯한 사학 12도가 성행하였다.
② 비취색의 순청자가 전성기를 맞이하였다.
③ 일반 백성들도 유교적 규범에 따라 혼례와 장례, 제사를 치르기 시작하였다.
④ 전시과의 토지 지급 기준이 현직 관리로 한정되었다.

6. (가)~(라)에 대하여 옳게 설명한 것을 〈보기〉에서 모두 고른 것은?

> 고려는 개국 초부터 (가) 민전에 공개념을 부여하여 수확의 일부분을 전조로 수취하였는데, 그 (나) 수취권의 일부를 관직자에게 양도하여 생계를 보장해주었다. 그러나 태조 때에는 관료 제도가 정비되지 않은 탓에 관직자의 관품보다는 인품이나 공로에 따라서 차등을 두어 수조권을 지급하다가, 그 후 경종 때 관료 제도가 정비됨에 따라 (다) 관품의 고하(高下)에 맞춰 차등을 두는 합리적인 토지 분급 제도가 마련되었다. (라) 관직자들에게는 과(科)에 따라 전지와 시지가 지급되었다.

> ───〈보기〉───
> (가) 사적 소유권이 보장되어 매매가 가능하였다.
> (나) 관료의 직역에 대한 대가로 지급되었다.
> (다) 토지에 대한 소유권을 지급한 제도이다.
> (라) 과전은 경기 지방에 한정하여 지급되었다.

① (가), (나)　　② (가), (다)
③ (나), (다)　　④ (다), (라)

7. 밑줄 친 ㄱ~ㄹ에 대한 설명으로 옳은 것은?

> 고려시대에는 ㄱ. 중국의 법률을 적용하였는데, 반역죄, 불효죄 등 사람의 기본 도리를 어길 경우 중죄로 다스렸다. ㄴ. 귀양형을 받은 자가 부모상을 당하였을 때는 유형지에 도착하기 전에 7일간의 휴가를 주어 부모상을 치를 수 있도록 하였다. 또한 ㄷ. 5개의 형벌 외의 제도도 존재하였으며, ㄹ. 관습법에 따라 처리하는 경우도 있었다.

① ㄱ - 주로 『당률』에 근거하였다.
② ㄴ - 조선시대에는 존재하지 않았다.
③ ㄷ - 궁형이 포함되어 있었다.
④ ㄹ - 일상 생활과 관련된 문제는 해당되지 않았다.

8. 밑줄 친 '왕'의 재위 기간에 있었던 사실로 옳은 것은?

> 왕은 중국에 36명의 승려를 파견하여 법안종을 배우도록 하였다. 또한 제관과 의통을 파견하여 천태학에 대한 관심을 보였다.

① 백관의 4색 공복을 제정하였다.
② 사심관 제도와 기인 제도를 시행하였다.
③ 문신월과법을 시행하여 문치주의를 완비하였다.
④ 신분 질서 확립을 위해 노비환천법을 실시하였다.

9. 다음 (가), (나)의 주장에 대한 설명으로 옳은 것은?

> (가) 화친을 맺어 국가를 보존하는 것보다 차라리 의를 지켜 망하는 것이 옳다고 하였으나 이것은 신하가 절개를 지키는 데 쓰이는 말입니다. …… 자기의 힘을 헤아리지 아니하고 경망하게 큰소리를 쳐서 오랑캐들의 노여움을 도발, 마침내는 백성이 도탄에 빠지고 종묘와 사직에 제사 지내지 못하게 된다면 그 허물이 이보다 클 수 있겠습니까.
> (나) 화의로 백성과 나라를 망치기가 …… 오늘날과 같이 심한 적이 없습니다. 중국은 우리나라에 있어서 곧 부모요, 오랑캐는 우리나라에 있어서 곧 부모의 원수입니다. 신하된 자로서 부모의 원수와 형제가 되어서 부모를 저버리겠습니까. 하물며 임란의 일은 터럭만한 것도 황제의 힘이어서 우리나라에 있어서는 먹고 숨 쉬는 것조차 잊기 어렵습니다.

① (가) - 윤집, 김상헌의 입장이다.
② (가) - (가)의 태도는 병자호란의 발발을 야기하였다.
③ (나) - 실학자들의 북학론으로 발전하였다.
④ (나) - (나)의 견해는 숙종 때 만동묘의 건립으로 이어졌다.

10. 밑줄 친 '왕'에 대한 설명으로 옳은 것은?

> 성삼문이 아버지 성승 및 박팽년 등과 함께 상왕의 복위
> 를 도모하고자 중국 사신에게 잔치를 베푸는 날에 거사
> 하기로 기약하였다. …… 일이 발각되어 체포되자, 왕이
> 친히 국문하면서 꾸짖기를 "그대들은 어찌하여 나를 배
> 반하였는가?" 하니 성삼문이 소리치며 말하기를 "상왕을
> 복위시키려 했을 뿐이오. …… 하늘에 두 개의 해가 없듯
> 이 백성에게도 두 임금이 있을 수 없기 때문이오."라고
> 하였다.

① 1·2차 왕자의 난을 진압하고 권력을 장악하였다.
② 공신들을 견제하기 위해 사림 조광조를 등용하였다.
③ 함길도 토착 세력이 일으킨 이시애의 난을 진압하였다.
④ 인목 대비 유폐와 영창 대군 사사를 명분으로 폐위되었다.

11. 다음은 조선시대 어느 관리의 가상 일과이다. 밑줄 친 '그'가 재직하는 관청에 대한 설명으로 옳은 것을 〈보기〉에서 고른 것은?

> 그가 재직하는 관청은 매일같이 정기적인 업무가 있는
> 관서가 아니었고, 왕의 동정을 살피고 잘못을 지적하는
> 간쟁과 정치에 대해 논박하는 것이어서 사안이 있을 때
> 에만 모여서 그 일을 처리하면 되었다. 개별적인 업무 분
> 담이 있는 것도 아니어서 그때 그때의 사안을 상하의 구
> 분 없이 자유로운 분위기에서 토론하여 결정하였다. 그
> 러므로 다른 관청과 달리 매우 자유롭고 때로는 한가하
> 기까지 하였다. 그는 이처럼 자유로운 분위기에서 소신
> 껏 발언할 수 있다는 것이 즐거웠다.

〈보기〉
> ㄱ. 3정승으로 구성되어 국정을 총괄하였다.
> ㄴ. 5품 이하 관리 임명에 대한 동의권을 행사하였다.
> ㄷ. 왕명 출납을 담당하는 비서 기구로서 기능하였다.
> ㄹ. 고려시대 중서문하성의 낭사와 임무가 유사하였다.

① ㄱ, ㄴ   ② ㄱ, ㄹ
③ ㄴ, ㄷ   ④ ㄴ, ㄹ

12. 다음 글의 밑줄 친 '도서'에 대한 탐구 활동으로 가장 적절한 것은?

> 재불 역사학자 박병선 박사는 프랑스로 유학가면서 외규
> 장각 의궤를 찾기 위해 노력하였다. 프랑스인 동료로부
> 터 국립도서관 베르사유 별관에 한자로 된 책이 무더기
> 로 있더라는 이야기를 듣고 그곳으로 찾아가 의궤 297권
> 을 비롯한 관련 도서들을 발견했다. 그러나 프랑스 국립
> 도서관 입장에서는 박병선 박사가 눈엣가시였고 그녀를
> 권고 사직시켰다. 프랑스 국적이었던 그녀는 "반역자",
> "한국의 스파이"라는 멸시를 들어야 했다.

① 『조선책략』의 내용을 분석해 본다.
② 어재연의 활약상에 대해 정리해 본다.
③ 정족산성과 문수산성에서 벌어진 전투를 조사해 본다.
④ 제너럴셔먼호 사건의 결과를 검색해 본다.

13. 강화도 조약 체결 직후 ㄱ~ㄹ에 대한 설명으로 옳은 것은?

> 일본과의 강화도 조약 체결을 계기로 조선은 문호를 개
> 방하게 되었다. 이에 따라 조선 정부는 개화 정책을 추진
> 하였고, 이를 위해 ㄱ. 개혁 기구를 설치하고, ㄴ. 새로운
> 인사를 등용하였다. 또한 군사력 강화를 위해 ㄷ. 군대
> 조직을 개편하고, 사절단으로서 ㄹ. 일본과 청에 사신단
> 을 파견하였다.

① ㄱ - 개혁을 추진하기 위한 기구로 교정청을 설치하였다.
② ㄴ - 이항로, 기정진 등이 중용되었다.
③ ㄷ - 군사 조직을 2영과 별기군으로 개편하였다.
④ ㄹ - 일본에 수신사, 청에 조사 시찰단을 파견하였다.

14. 다음과 관련된 민족 운동에 대한 설명으로 옳은 것은?

> 오전 8시 30분 　종로 3가 단성사 앞에서 국장 행렬이 통과한 뒤 중앙고보생 30~40명이 만세를 부르며 격문 약 1,000여 장과 태극기 30여 장 살포
> 오전 9시 30분 　만세 시위를 주도하던 조선 학생 과학 연구회 간부 박두종이 현장에서 체포
> 오후 1시 00분 　훈련원 서쪽 일대에서 천세봉의 선창으로 만세 시위 발생

① 민중 대회로 확대시키려는 움직임이 있었다.
② 전개 과정에서 제암리 학살 사건이 발생하였다.
③ 순종의 인산일을 기하여 만세 시위로 시작되었다.
④ 일제가 허용하는 범위 내에서 자치권을 획득하자는 운동을 벌였다.

15. 다음 글의 선언이 발표된 역사적 배경으로 옳은 것은?

> 신인 일치(神人一致)로 중외 협응(中外協應)하야 한성(漢城)에서 의(義)를 일으킨 이래 30여 일만에 평화적 독립을 3백여 주에 광복하고, …… 항구히 자주독립의 복리로 아(我) 자손 여민(子孫黎民)에게 세전(世傳)하기 위해 임시 의정원의 결의로 임시 헌장을 선포하노라.

① 일제가 중·일 전쟁을 일으키자 무장 세력들을 결집할 필요가 있었다.
② 조직적이고 체계적으로 독립운동을 지도할 조직의 필요성을 느끼게 되었다.
③ 자치 운동에 반대하는 비타협적 민족주의 세력이 사회주의 세력과의 연합을 모색하였다.
④ 만주로 돌아온 독립군들이 독립 전쟁을 효율적으로 수행하기 위해 통합 운동을 전개하였다.

16. 다음 보기를 시대순으로 가장 적절하게 나열한 것은?

> ㄱ. 소련 내에서 독립군들의 무장 해제를 요구하는 적색군으로부터 공격을 받아 큰 피해를 입었다.
> ㄴ. 양세봉의 조선 혁명군은 중국 의용군과 연합하여 영릉가 전투에서 승리하였다.
> ㄷ. 대한민국 임시 정부가 독립운동의 새로운 방향을 모색하기 위하여 국민 대표 회의를 개최하였다.
> ㄹ. 한국인 학생과 일본인 학생의 충돌을 계기로 광주 학생 항일 운동이 발생하였다.

① ㄱ - ㄷ - ㄹ - ㄴ
② ㄱ - ㄷ - ㄴ - ㄹ
③ ㄷ - ㄱ - ㄴ - ㄹ
④ ㄷ - ㄱ - ㄹ - ㄴ

17. 다음 개항 이후의 경제 상황을 시간순으로 바르게 나열한 것은?

> ㄱ. 일본 상인들이 개항장 주변에서 거류지 무역을 전개하였다.
> ㄴ. 청 상인들이 양화진에서 상행위를 할 수 있게 되었다.
> ㄷ. 대한제국이 금본위 화폐제를 시행하고자 하였다.
> ㄹ. 일본이 동양 척식 주식회사를 설립하였다.

① ㄱ - ㄴ - ㄷ - ㄹ
② ㄱ - ㄷ - ㄴ - ㄹ
③ ㄹ - ㄱ - ㄷ - ㄴ
④ ㄹ - ㄱ - ㄴ - ㄷ

18. 밑줄 친 '위원회'에 대한 설명으로 가장 옳은 것은?

> 본 <u>위원회</u>의 목적을 달성하기 위하여 기본 원칙을 아래와 같이 의정함.
>
> ......
>
> 3. 토지 개혁에 있어 몰수, 유조건 몰수, 체감 매상 등으로 토지를 농민에게 무상으로 분여하여 적정 처리하고, 중요 산업을 국유화하여 ......
>
> 4. 친일파 민족 반역자를 처리할 조례를 본 합작 위원회에서 입법 기구에 제안하여 ...... 실시하게 할 것

① 유엔 감시하의 남북한 총선거 실시를 주장하였다.
② 남한만의 단독 정부 수립을 주장하였다.
③ 미·소 공동 위원회의 속개를 요청하였다.
④ 김구와 김규식 등의 인사들이 참여하였다.

19. 해방 이후 대한민국 정부 수립 과정을 시대순으로 바르게 나열한 것은?

> ㄱ. 제주도 파병과 정부에 반대하는 군인들이 반란을 일으켰다.
> ㄴ. UN 소총회의 결의에 따라 총선거를 실시하였다.
> ㄷ. 치안대를 조직하고 조선 인민 공화국 수립을 선포하였다.
> ㄹ. 좌·우의 정치 세력이 힘을 합치려는 좌·우 합작 운동을 전개하였다.

① ㄱ - ㄴ - ㄷ - ㄹ
② ㄴ - ㄷ - ㄱ - ㄹ
③ ㄷ - ㄹ - ㄴ - ㄱ
④ ㄴ - ㄹ - ㄷ - ㄱ

20. 다음과 관련된 민주화 운동에 대한 설명으로 가장 옳은 것은?

> 우리는 왜 총을 들 수밖에 없었는가? 그 대답은 너무나 간단합니다. 너무나 무자비한 만행을 더 이상 보고 있을 수만 없어서 너도나도 총을 들고 나섰던 것입니다. 본인이 알기로는 우리 학생들과 시민들은 과도 정부의 중대 발표와 또 자제하고 관망하라는 말을 듣고 학생들은 17일부터 학업에, 시민들은 생업에 종사하고 있습니다. 그러나 정부 당국에서는 17일 야간에 계엄령을 확대 선포하고 일부 학생과 민주 인사, 정치인을 도무지 믿을 수 없는 구실로 불법 연행했습니다. 이에 우리 시민 모두는 의아해했습니다.

① 당시 정부의 굴욕적 외교 정책을 비판하였다.
② 당시의 학생들은 비상계엄령 해제를 요구하였다.
③ 이는 이후 정부의 6·29 민주화 선언으로 일단락되었다.
④ 부산 대학교 학생을 중심으로 유신 체제에 대한 저항 운동이 발생하였다.

해설편 ▶ p.44

2022년 ____월 ____일 시행

제8회 소방공무원 공개경쟁 채용시험

응시번호	
성명	

회차
8회

응시자 준수사항

☞ 시험지를 받으면 "시험 감독관"의 지시에 따라 다음 사항을 반드시 지켜 주십시오.

1. **시험지 표지의** "문제 책형"을 확인하고, "응시번호 및 성명"을 기재하여 주십시오.

2. **답안지의 책형란에** "문제 책형"을 표기하여 주십시오.

3. **시험이 시작되면** 시험지의 "편철순서", "페이지 수량"을 반드시 확인한 후에 문제를 푸십시오. ※ 본 시험지는 총 5페이지입니다.

4. **시험이 시작되면** 문제를 주의 깊게 읽고, 문항의 취지에 가장 적합한 하나의 정답만을 고르며, 문제내용에 관한 질문은 받지 않습니다.

eduwill

【 한국사 】

1. 다음 밑줄 친 '이 나라'에 대한 설명으로 옳은 것은?

> 좋은 땅이 없으므로 부지런히 농사를 지어도 식량이 충분하지 못하다. 큰 창고는 없고 집집마다 부경이라고 부르는 조그만 창고가 있다. 이 나라에는 왕이 있고, 벼슬로는 상가, 대로, 패자, 고추가, 주부, 우태, 승, 사자, 조의, 선인이 있다. 모든 대가들은 사자, 조의, 선인을 두었다.
>
> － 『삼국지』 －

① 무덤과 같이 초가에 흙방을 만들어 살았다.
② 흰옷을 즐겨 입었고, 순장 풍습이 존재하였다.
③ 10월에 지내는 제천 행사로서 동맹을 열었다.
④ 산과 내마다 각기 구분이 있어 함부로 들어가지 않는다.

2. 다음 사건을 시기순으로 바르게 나열한 것은?

> ㄱ. 고구려의 온달이 아차산성에서 전사하였다.
> ㄴ. 신라는 대가야를 점령하고 창녕비를 세웠다.
> ㄷ. 신라가 백제와의 대야성 전투에서 패배하였다.
> ㄹ. 백제가 웅진성에서 사비성으로 도읍지를 천도하였다.

① ㄴ－ㄹ－ㄱ－ㄷ
② ㄴ－ㄹ－ㄷ－ㄱ
③ ㄹ－ㄴ－ㄱ－ㄷ
④ ㄹ－ㄴ－ㄷ－ㄱ

3. 다음 자료의 밑줄 친 '그'에 대한 설명으로 옳은 것은?

> 적산의 동쪽에 배를 정박하였다. 적산에는 절이 있는데 적산법화원이다. 본래 그가 처음 세웠다. 오랫동안 토지를 소유하고 있어서 식량을 충당하였다. 법화원에서는 겨울에 법화경을 강의하고, 여름에는 금광명경을 강의한다.

① 이두를 정리하고 『화왕계』를 작성하였다.
② 국호를 장안으로 정하고 반란을 일으켰다.
③ 흥덕왕에게 건의하여 청해진을 설치하였다.
④ 대야성을 함락시키고 신라 경애왕을 살해하였다.

4. 다음의 고려시대 경제 생활에 대한 설명으로 옳은 것을 고르면?

> ㄱ. 성종 때 의천의 건의에 따라 주전도감을 설치하여 해동통보 등을 주조하였다.
> ㄴ. 고려 후기에는 관청 수공업이 쇠퇴하면서 민간 수공업이 발달하였다.
> ㄷ. 최초로 종이 지폐인 저화가 발행되었다.
> ㄹ. 청천강 어귀의 벽란도는 송·요 등 외국과의 대외 무역이 활발해지면서 국제 무역항으로 번성하였다.

① ㄱ, ㄴ　　　　　② ㄴ, ㄷ
③ ㄴ, ㄹ　　　　　④ ㄷ, ㄹ

5. 다음과 관련하여 발생한 사건에 대한 설명으로 가장 옳은 것은?

> 남곤은 유감을 품고서 조광조 등을 죽이려고 하였다. 이리하여 나뭇잎의 감즙(甘汁)을 갉아먹는 벌레를 잡아 모으고 꿀로 나뭇잎에다 '주초위왕(走肖爲王)' 네 글자를 많이 쓰고서 벌레를 놓아 갉아먹게 하기를 마치 한(漢)나라 공손(公孫)인 병이(病已)의 일처럼 자연적으로 생긴 것 같이 하였다. 남곤의 집이 백악산 아래 경복궁 뒤에 있었는데 자기 집에서 벌레가 갉아먹은 나뭇잎을 물에 띄워 대궐 안의 어구(御溝)에 흘려보내어 중종이 보고 매우 놀라게 하고서 고변하여 화를 조성하였다.

① 이를 계기로 연산군이 폐위되었다.
② 서인이 동인을 탄압하면서 발생하였다.
③ 사림들이 주도한 위훈 삭제가 배경으로 작용하였다.
④ 김종직이 부관참시 당하고 제자들이 피해를 입었다.

6. 다음 밑줄 친 '그'에 대한 설명으로 가장 적절한 것은?

> 문종의 넷째 아들로 태어나 11세에 출가하여 승려가 되었다. 그는 불교 개혁에 앞장서며 교단 통합 운동을 펼치는 등 고려 불교사에 큰 발자취를 남겼다. 훗날 그의 업적을 기리기 위해 기념비를 세웠는데, 김부식이 추모의 글을 썼다.

① 숙종에게 건의하여 건원중보 등의 화폐 발행을 주도하였다.
② 국청사를 근거지로 선종 중심의 교종 통합 운동을 전개하였다.
③ 편찬 사업을 위해 고려와 송·요의 불교 경전에 대한 주석서를 모았다.
④ 명예와 이익에 집착하는 당시 불교계를 비판하여 결사 운동을 전개하였다.

7. 다음 군사와 지방 제도의 시행을 시대적 순서에 따라 배열한 것은?

> ㄱ. 5도와 양계의 지방 행정 체제를 정비하였다.
> ㄴ. 향·부곡·소의 특수 행정 구역이 소멸되었다.
> ㄷ. 지방군으로서 10정을 설치하였다.
> ㄹ. 12목을 설치하고 향리제를 마련하였다.

① ㄷ - ㄹ - ㄱ - ㄴ
② ㄹ - ㄷ - ㄱ - ㄴ
③ ㄷ - ㄹ - ㄴ - ㄱ
④ ㄹ - ㄷ - ㄴ - ㄱ

8. 다음 (가)~(라)의 제작 시기를 순서대로 바르게 나열한 것은?

(가)　　　　　(나)

(다)　　　　　(라)

① (가) - (라) - (다) - (나)
② (가) - (나) - (다) - (라)
③ (가) - (다) - (라) - (나)
④ (가) - (라) - (나) - (다)

9. 제시문의 밑줄 친 '그'에 대한 설명으로 옳은 것을 〈보기〉에서 고르면?

> 그는 임금을 폐하고 세우는 것을 자기 마음대로 하였으며, 항상 조정 안에 있으면서 자기 부하들과 함께 가만히 정안(관리들의 근무 성적을 매긴 것)을 가지고 벼슬을 내릴 후보자로 자기 당파에 속하는 자를 추천하는 문안(문서의 초안)을 작성하고, 승선이라는 벼슬아치에게 주어 임금께 아뢰게 하면 임금이 어쩔 수 없이 그대로 쫓았다. 그리하여 그의 아들 우(후에 이), 손자 항, 항의 아들 의의 4대가 정권을 잡아 그런 관행이 일반화되었다.
> －『역옹패설』－

> 〈보기〉
> ㄱ. 강화도로 천도하여 대몽 항쟁을 주도하였다.
> ㄴ. 봉사 10조라는 사회 개혁안을 왕에게 제시하였다.
> ㄷ. 반대 세력을 제거하기 위해 교정도감을 설치하였다.
> ㄹ. 좌·우별초에 신의군을 추가하여 삼별초를 완비하였다.

① ㄱ, ㄴ
② ㄱ, ㄹ
③ ㄴ, ㄹ
④ ㄴ, ㄷ

10. 다음 근대 개혁과 개혁안에 관한 세부 내용들을 시기순으로 바르게 나열한 것은?

> ㄱ. 문벌을 폐지하고 인민 평등권을 제정한다.
> ㄴ. 외국과의 이권에 관한 조약은 각 대신과 중추원 의장이 합동 날인하여 시행한다.
> ㄷ. 7종 천인의 차별을 개선하고 백정이 쓰는 평량갓을 없앤다.
> ㄹ. 조혼과 인신매매, 연좌제와 같은 기존의 악습을 철폐한다.

① ㄱ - ㄴ - ㄷ - ㄹ
② ㄱ - ㄷ - ㄹ - ㄴ
③ ㄴ - ㄷ - ㄹ - ㄱ
④ ㄴ - ㄷ - ㄱ - ㄹ

11. 다음 문서가 발표된 이후에 나타난 역사적 사실로 옳은 것은?

> • 국가 재정은 탁지부에서 전관(專管)하고, 예산과 결산을 국민에게 공표할 것
> • 중대 범죄를 공판하되, 피고의 인권을 존중할 것
> • 칙임관을 임명할 때에는 정부에 그 뜻을 물어서 중의에 따를 것

① 친위대와 진위대의 군대를 조직하였다.
② 서재필이 최초의 한글 신문을 창간하였다.
③ 지계를 발급할 목적으로 지계아문을 설치하였다.
④ 청과 일본을 연결하는 국제 전신망이 개설되었다.

12. 다음 〈보기〉에 제시된 인물 간의 역사적 갈등 사실에 대한 설명으로 적절한 것은?

> ─〈보기〉─
> ㄱ. 묘청과 김부식
> ㄴ. 김상헌과 최명길
> ㄷ. 김홍집과 김옥균
> ㄹ. 이승만과 김구

① ㄱ - 개경 환도 결정을 둘러싸고 대립하였다.
② ㄴ - 청에 대한 형제 관계 수락 여부로 논쟁을 벌였다.
③ ㄷ - 각각 개화와 위정척사론에 입각하여 대립하였다.
④ ㄹ - 유엔 소총회의 남한 단독 정부 수립 수용 여부를 놓고 대립하였다.

13. 다음 선언을 지침으로 삼은 단체에 대한 설명으로 옳지 않은 것은?

> 강도 일본을 쫓아내려면 오직 혁명으로만 가능하며, 혁명이 아니고는 강도 일본을 쫓아낼 방법이 없는 바이다. …… 우리의 민중을 깨우쳐 강도의 통치를 타도하고 우리 민족의 신생명을 개척하자면 양병 10만이 폭탄을 한 번 던진 것만 못하며, 천억 장의 신문, 잡지가 한 번의 폭동만 못할지니라. ……

① 단원 김익상은 종로 경찰서에 폭탄을 투척하였다.
② 김원봉, 윤세주 등이 만주 지린성에서 조직하였다.
③ 폭력 투쟁을 통한 민중 직접 혁명을 달성하려 하였다.
④ 단원들이 황푸 군관 학교에 입교하여 간부 교육을 받았다.

14. 다음 문서와 관련된 설명으로 가장 적절한 것은?

> 대일본 제국 정부는 대한제국 황제 밑에 1명의 통감을 두되, 통감은 오직 외교에 관한 사항을 관리하기 위해 경성에 주재하고 친히 대한제국 황제 폐하를 알현하는 권리를 갖는다.

① 일본이 대한제국의 국외 중립 선언을 무시하고 체결하였다.
② 체결의 부당함을 알리고자 황현이 「절명시」를 남기고 자결하였다.
③ 대한제국 내의 외국 공사관들이 철수하게 되는 계기가 되었다.
④ 대한제국은 시정 개선에 관하여 통감의 지휘를 받게 되었다.

15. 다음의 주장이 발표된 시기로 옳은 것은?

> 지금의 조선 민족에게는 왜 정치적 생활이 없는가? ……
> 일본이 조선을 병합한 이래로 조선인에게는 모든 정치 활동을 금지한 것이 첫째 원인이다. …… 지금까지 해 온 정치적 운동은 모두 일본을 적대시하는 운동뿐이었다. 이런 종류의 정치 운동은 해외에서나 할 수 있는 일이고, 조선 내에서는 허용되는 범위 내에서 일대 정치적 결사를 조직해야 한다는 것이 우리의 주장이다.

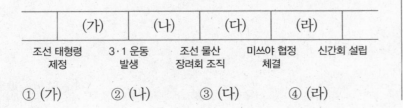

	(가)	(나)	(다)	(라)	
조선 태형령 제정	3·1 운동 발생	조선 물산 장려회 조직	미쓰야 협정 체결	신간회 설립	

① (가)   ② (나)   ③ (다)   ④ (라)

16. 밑줄 친 '나'의 활동으로 옳은 것은?

> 아침 일찍 프랑스 공무국에서 비밀리에 통지가 왔다. 과거 10년간 프랑스 관헌이 나를 보호하였으나, 이번에 나의 부하가 일왕에게 폭탄을 던진 것에 대해서는 일본의 체포 및 인도 요구를 거절할 수 없다는 것이다. 중국 국민당 기관지 〈국민일보〉는 "한국인이 일왕을 저격했으나 불행히도 맞지 않았다."고 썼다.

① 한국 광복 운동 단체 연합회 결성을 주도하였다.
② 대한민국 임시 정부 초대 대통령에 선출되었다.
③ 5차 개헌 헌법에 근거하여 부주석으로 취임하였다.
④ 쌍성보·대전자령 등에서 일본군을 격파하였다.

17. 아래의 지도에서 ㄱ~ㄹ은 6·25 전쟁의 전선 이동을 순서 대로 나타낸 것이다. 이에 대한 설명으로 옳은 것은?

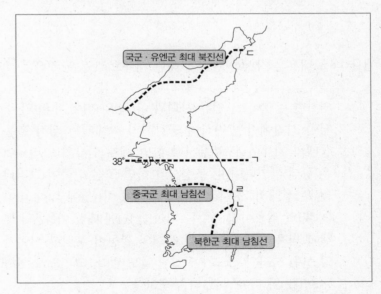

① ㄱ에서 ㄴ으로 변화하는 시기를 1·4 후퇴라고 한다.
② ㄴ에서 ㄷ으로 변화하는 시기에 인천 상륙 작전이 성공하였다.
③ ㄷ에서 ㄹ로 변화하는 시기에 휴전 협상이 시작되었다.
④ ㄹ 이후에 미국에서 애치슨 선언이 발표되었다.

18. 다음 담화문을 발표한 정부에 대한 설명으로 가장 옳은 것은?

> 저는 이 순간 엄숙한 마음으로 헌법 제76조 1항의 규정에 의거하여, 금융 실명 거래 및 비밀 보장에 관한 대통령 긴급 재정 경제 명령을 발표합니다. 아울러, 헌법 제47조 3항의 규정에 따라, 대통령의 긴급 재정 경제 명령을 심의·승인하기 위한 임시 국회 소집을 요청하고자 합니다.

① 삼청 교육대가 만들어졌다.
② 지방 자치제를 부분 실시하였다.
③ 역사 바로 세우기 정책을 시행하였다.
④ 중학교 입학 무시험 제도가 시행되었다.

19. 다음 내용을 작성한 인물에 대한 내용으로 옳은 것은?

> 역사란 무엇이뇨. 인류 사회의 아(我)와 비아(非我)의 투쟁이 시간에서 발전하여 공간까지 확대되는 심적 활동 상태의 기록이니, 세계사라 하면 세계 인류의 그리되어 온 상태의 기록이며, 조선사라 하면 조선 민족이 그리되어 온 상태의 기록이니라. 그리하여 아(我)에 대한 비아(非我)의 접촉이 많을수록 비아(非我)에 대한 아(我)의 투쟁이 더욱 맹렬하여 인류 사회의 활동이 휴식할 사이가 없으며, 역사의 전도가 완결될 날도 없다. 그러므로 역사는 아(我)와 비아(非我)의 투쟁이다.

① 대한민국 임시 정부 2대 대통령으로 취임하였다.
② 신민회에 가담하여 독립운동 기지 건설을 촉구하였다.
③「오천년간 조선의 얼」을 통해 민족정신을 강조했다.
④ 광복 직후 조선 건국 준비 위원회를 조직하였다.

20. 다음 밑줄 친 '정부' 시기의 사회 모습으로 옳은 것은?

> 정부는 경범죄 처벌법을 개정하여 '성별을 알아볼 수 없을 정도의 장발을 한 남자, 또는 미풍양속을 해하는 저속한 옷차림을 하거나 장식물을 달고 다니는 자'를 경범죄 유형으로 추가하였다. 정부는 이를 근거로 젊은이들의 장발과 미니스커트 착용을 대대적으로 단속하였다.

① 프로 야구와 프로 축구가 정식 출범하였다.
② 과외 전면 금지와 대학 졸업 정원제 정책이 시행되었다.
③ 농촌 현대화 사업을 위한 새마을 운동이 본격 전개되었다.
④ 동유럽 공산 국가들과의 수교를 목적으로 북방 외교 정책이 추진되었다.

해설편 ▸ p.50

2022년 ____월 ____일 시행

제9회 소방공무원 공개경쟁 채용시험

응시번호	
성명	

회차
9회

응시자 준수사항

☞ 시험지를 받으면 "시험 감독관"의 지시에 따라 다음 사항을 반드시 지켜 주십시오.

1. **시험지 표지의** "문제 책형"을 확인하고, "응시번호 및 성명"을 기재하여 주십시오.

2. **답안지의 책형란에** "문제 책형"을 표기하여 주십시오.

3. **시험이 시작되면** 시험지의 "편철순서", "페이지 수량"을 반드시 확인한 후에 문제를 푸십시오. ※ **본 시험지는 총 5페이지입니다.**

4. **시험이 시작되면** 문제를 주의 깊게 읽고, 문항의 취지에 가장 적합한 하나의 정답만을 고르며, 문제내용에 관한 질문은 받지 않습니다.

eduwill

【 한국사 】

1. 제시문에서 설명하는 나라에 대한 설명으로 옳은 것은?

> 초가에 흙방을 만들어 산다. 마치 무덤과 같다. 해마다 5월이면 씨뿌리기를 마치고 귀신에게 제사 지낸다. 떼지어 모여서 노래와 춤을 즐긴다. 술 마시고 노는데 밤낮을 가리지 않는다. 10월에 농사일을 마치고 나서도 이렇게 한다. 귀신을 믿기 때문에 국읍에 각각 한 사람씩 세워 천신의 제사를 주관하게 한다. 이를 천군이라 한다. 여러 날에는 각각 소도라고 하는 별읍이 있다.

① 목곽 주변에 도랑을 두른 주구묘를 설치하였다.
② 방직 기술이 발달하여 명주, 삼베가 유명하였다.
③ 무덤 입구에 쌀을 담은 항아리를 매달아 두었다.
④ 대가들은 대사자, 사자라고 불리는 관리를 거느렸다.

2. 다음 발해의 발전 과정에서 발생한 역사적 사실들을 순서대로 바르게 나열한 것은?

> ㄱ. 국호를 진에서 발해로 정하고 발해 군왕에 책봉되었다.
> ㄴ. 일본과 국교를 체결하여 우호 관계를 형성하였다.
> ㄷ. 건흥이라는 연호를 사용하였다.
> ㄹ. 수도를 중경 현덕부에서 상경 용천부로 천도하였다.

① ㄱ - ㄴ - ㄹ - ㄷ
② ㄱ - ㄷ - ㄴ - ㄹ
③ ㄴ - ㄱ - ㄷ - ㄹ
④ ㄴ - ㄹ - ㄷ - ㄱ

3. 다음 (가), (나) 고분 양식에 대한 설명으로 옳은 것은?

> 한강 유역에 있던 초기 한성 시기에는 (가) 무덤을 만들었는데, 서울 석촌동에 일부가 남아 있다. 웅진 시기에 이르러 굴식 돌방무덤 또는 널방을 벽돌로 쌓은 (나) 무덤 양식으로 바뀌었다. 이 무덤은 중국 남조의 영향을 받은 것이다. 사비 시기에는 규모는 작지만 세련된 굴식 돌방무덤이 주로 만들어졌다.

① (가) - 백제만의 고유한 고분 양식이다.
② (가) - 입구가 존재하지 않아 도굴이 어려운 편이다.
③ (나) - 벽과 천장에 사신도와 같은 벽화가 일부 남아 있다.
④ (나) - 정혜 공주 무덤과 유사한 천장 구조를 가지고 있다.

4. 제시문의 글을 남긴 승려에 대한 설명으로 옳은 것은?

> 마음 밖에서 부처를 찾아 헤매던 사람들이 선각자의 가르침을 통해 자신의 본성을 보게 되면, 여러 부처와 더불어 털끝만큼도 다르지 않은 본성이 본래부터 갖추어져 있음을 안다. 하지만 깨달은 본성이 부처와 다르지 않다 하더라도, 어려서부터 계속된 습성을 갑자기 버리기 어렵다. 곧 깨닫고 닦음에 의하여 점차 습성을 버리고 오랜 세월 지나는 동안 성인의 경지에 이르게 된다.

① 내외겸전을 주창하였다.
② 성상융회를 표방하였다.
③ 수선사 결사를 조직하였다.
④ 「무애가」를 지어 불교 대중화에 기여하였다.

5. 다음의 밑줄 친 '그'의 업적으로 옳은 것을 〈보기〉에서 모두 고르면?

> 그가 신진 사대부에 권력을 맡기고자 한 이유는 무엇보다도 기존의 권문세족을 억제하기 위해서였다. 그는 일찍이 볼모로 원나라에 갔다가 나이가 많은 부왕의 양위를 받아 즉위하였다. 그는 왕위에 오르자 사림원을 설치하여 개혁을 추진하고 옛 폐해에 젖은 정방을 폐지하였다. 젊고 뛰어난 인재를 등용하여 낡은 기성세력을 억제하려 하였던 것은 너무나 당연한 일이었다. 부왕이 재즉위한 지 10년 만에 세상을 떠나자 그가 다시 즉위하게 되었다.

〈보기〉
ㄱ. 연경에 만권당을 설치하였다.
ㄴ. 정동행성이문소를 폐지하였다.
ㄷ. 성균관을 순수 유학 교육 기관으로 개편하였다.
ㄹ. 각염법을 제정하여 소금의 전매 제도를 실시하였다.

① ㄱ, ㄴ   ② ㄱ, ㄹ
③ ㄴ, ㄷ   ④ ㄷ, ㄹ

6. 제시문의 제도에 대한 설명으로 옳은 것은?

> 비로소 직관(職官)·산관(散官)의 각 품(品)의 전시과를 제정하였는데 …… 다만 인품(人品)만 가지고 전시과의 등급을 결정하였다. …… 자삼(紫衫) 이상은 18품으로 나누었다.
>
> ……
>
> 이하 잡직 관리(雜吏)에게도 각각 인품에 따라서 차이를 두고 나누어 주었다. 그리고 이 해 전시과 등급에 들지 못한 자는 모두 전지 15결을 주었다.

① 세습 기반 토지인 수신전과 휼양전을 지급하였다.
② 4색 공복을 참작하여 관리들에게 토지를 분배하였다.
③ 성행(性行)의 선악과 공로의 대소에 따라 토지를 분배하였다.
④ 산직보다 실직을, 무관보다 문관을 우대하여 토지를 지급하였다.

7. 다음 서적과 관련된 내용으로 옳은 것을 〈보기〉에서 모두 고른 것은?

〈보기〉
ㄱ. 『동국병감』 – 우리나라의 역대 전쟁사를 정리하였다.
ㄴ. 『향약구급방』 – 중국 의서와 국내 의서를 망라하여 편찬된 의학 백과사전이다.
ㄷ. 『해동역사』 – 중국과 일본의 자료를 참고하여 민족사 인식을 확대하였다.
ㄹ. 『금석과안록』 – 우리나라의 환경에 맞는 농법을 정리하였다.

① ㄱ, ㄴ   ② ㄴ, ㄷ
③ ㄱ, ㄷ   ④ ㄴ, ㄹ

8. 다음 연표의 (가)~(라) 시기에 해당하는 사건을 〈보기〉에서 고른 것은?

	(가)	(나)	(다)	(라)	
부산성 함락		한양 함락	평양성 함락	정유재란 발발	노량 해전 승리

〈보기〉
(가) 신립이 이끄는 관군이 충주 전투에서 패하였다.
(나) 김시민의 활약으로 진주에서 왜군을 격파하였다.
(다) 이순신이 이끄는 수군이 옥포 해전에서 첫 승리를 거두었다.
(라) 명량 해전에서 승리하였다.

① (가), (나)   ② (가), (라)
③ (나), (라)   ④ (다), (라)

9. 다음 글의 글쓴이에 대한 설명으로 옳은 것은?

> 목자(牧者)가 백성(百姓)을 위하여 있는가, 백성이 목자를 위하여 있는가. 백성이라는 것은 곡식과 피륙을 제공하여 목자를 섬기고, 또 가마와 말을 제공하여 목자를 송영하는 것이다. 결국 백성은 피와 살과 정신까지 바쳐 목자를 살찌게 하는 것이니, 이것으로 보자면 백성이 목자를 위하여 존재하는 것이 아닌가.
>
> － 『원목(原牧)』 －

① 중국 중심의 역사관에서 벗어나 우리 역사의 독자적 체계를 세웠다.

② 중앙 행정 개혁에 대한 저서를 남겼다.

③ 존언과 만물일체설로 지행합일 이론을 체계화하였다.

④ 성리학을 비판하다가 사문난적으로 몰리기도 하였다.

10. 다음과 같은 상황에서 밑줄 친 (가), (나) 세력의 움직임으로 옳은 것을 〈보기〉에서 고른 것은?

> 사족의 향촌 지배를 해체시키는 데 결정적인 동기를 만든 것은 신구 세력 간의 갈등, 곧 향전이었다. 향전은 사족 간에도 발생하였지만, 기본적으로는 (가) 기존의 향권을 장악하고 있던 사족(구향)에 대한 (나) 새로운 성장 계층(신향)의 도전에 의해 야기된 것이었다. 이른바 신향 세력은 기존의 사족 지배 체제에서 소외되었던 양반층이나 서얼 그리고 사회 경제적인 발전을 기초로 성장한 요호 부민층, 중인층이 포함된 새로운 세력이었다.

① (가) － 군현 단위로 향약을 확대하여 향촌에 대한 지배권을 강화하였다.

② (가) － 동족 마을을 형성하고 문중 중심의 서원 및 사우를 건립하였다.

③ (나) － 관권과 결탁하여 중앙 집권화 정책과 부국강병을 추진하였다.

④ (나) － 중소 지주 출신이자 향리의 자제로서 과거 시험을 통해 관직에 진출하였다.

11. 다음 사건에 대한 설명으로 옳은 것은?

> 미국이 제너럴셔먼호 사건을 구실로 광성보를 침공하였다. 어재연이 이끄는 조선군은 격렬히 항전했지만, 미군에 패하고 말았다. 그러나 조선 정부는 굴복하지 않았고, 결국 미군은 물러갔다.

① 이후 전국 여러 곳에 척화비가 세워지게 되었다.

② 로즈 제독이 이끄는 군대가 강화도를 공격하였다.

③ 원산과 인천이 개항되어 일본과의 무역이 시작되었다.

④ 미군은 정족산성을 공격해 조선군의 수(帥)자기를 약탈했다.

12. 제시된 사건의 결과로 옳은 것을 〈보기〉에서 고른 것은?

> 군량이 지급되지 않은 지 이미 반년이 지났는데 마침 호남의 세금을 거둔 배 수 척이 도착하자, 서울 창고를 열어 군량을 먼저 지급하라는 명이 떨어졌다. 선혜청 당상관 민겸호의 하인이 선혜청 고직(庫直, 창고지기)이 되어 그 군량을 지급하였다. 그가 쌀에 겨를 섞어서 지급하고 남은 이익을 챙기자 많은 백성이 크게 노하여 그를 구타하였다. 민겸호가 그 주동자를 잡아 포도청에 가두고 그를 곧 죽일 것이라고 선언하였다. 수많은 군중은 더욱 분함을 참지 못하고 칼을 빼어 땅을 치며, "굶어 죽으나 처형당하나 죽기는 마찬가지다. 그렇다면 차라리 죽일 사람이나 죽여서 억울함을 풀지 않겠는가."라고 하였다.
>
> － 『매천야록』 －

〈보기〉

ㄱ. 일본 경비병이 서울에 상주하게 되었다.

ㄴ. 혜상공국의 폐지 등을 주장한 정변이 발생하였다.

ㄷ. 양화진에 청국인 상점을 허용하는 조약이 체결되었다.

ㄹ. 조선 정부의 배상금 지불을 명시한 한성 조약이 체결되었다.

① ㄱ, ㄷ 　　　　② ㄱ, ㄹ

③ ㄴ, ㄷ 　　　　④ ㄴ, ㄹ

13. 다음 강령을 내세운 이들의 당시의 행보로 옳은 것은?

> 1. 사람을 죽이지 말고 물건을 해하지 말라.
> 2. 충효를 다하며 세상을 구하고 백성을 편안케 하라.
> 3. 일본 오랑캐를 쫓아 버리고 왕의 정치를 깨끗이 하라.
> 4. 군대를 몰고 서울로 들어가 권세가와 귀족을 없애라.
>
> — 『대한계년사』 —

① 우정총국 개국 축하연을 이용해 정변을 일으켜 정권을 장악하였다.
② 폐정 개혁안 12개조를 실현할 목적으로 전라도에 농민 자치 기관을 설치하였다.
③ 정부의 개화 정책에 대한 불만으로 궁에 난입하고 일본 공사관을 습격하였다.
④ 정부의 탄압을 피해 계(契) 조직이나 기독교 등의 종교 조직을 이용하여 활동했다.

14. 다음 내용이 발표된 이후 전개된 상황으로 옳은 것을 〈보기〉에서 모두 고른 것은?

> 짐이 생각건대 쓸데없는 비용을 절약하여 이용후생에 응용함이 급무라. 현재 군대는 용병으로서 상하의 일치와 국가 안전을 지키는 방위에 부족한지라. 훗날 징병법을 발표하여 공고한 병력을 구비할 때까지 황실 시위에 필요한 자를 빼고 모두 일시에 해산하노라.

〈보기〉

ㄱ. 평민 출신 의병장이 처음 등장하여 의병이 신분 한계를 극복하기 시작하였다.
ㄴ. 일본은 의병 토벌 작전을 전개하여 의병 부대의 근거지를 초토화시켰다.
ㄷ. 각국 영사관에 의병을 국제 공법상 전쟁 단체로 인정해 달라는 통문을 보냈다.
ㄹ. 이소응, 유인석과 같은 의병장이 활약하였으나 자진 해산하였다.

① ㄱ, ㄴ 　　　② ㄱ, ㄹ
③ ㄴ, ㄷ 　　　④ ㄷ, ㄹ

15. 밑줄 친 '이곳'에서 한인들이 전개한 활동으로 옳은 것은?

> 국권 피탈 이후 많은 한국인들은 일제의 눈을 피해 이곳으로 이주하였다. 하지만 일본이 만주 사변과 청·일 전쟁으로 도발하자, 일본군이 이곳을 침략하기 위해 한국인을 첩자로 이용한다는 소문이 떠돌기 시작했다. 이것이 강제 이주의 구실이 되어 이곳의 한인들은 화물 열차에 실려 중앙아시아로 끌려갔다.

① 서전서숙을 나온 김약연이 명동 학교를 세웠다.
② 이상설이 주도하여 대한 국민 의회를 조직하였다.
③ 최초의 망명 정부 형태의 조직인 대한 광복군 정부가 조직되었다.
④ 이동녕, 이회영 등을 중심으로 삼원보를 개척하여 독립운동 기지로 삼았다.

16. 다음의 사건이 발생한 시기를 연표에서 옳게 고른 것은?

> 용정촌에서 40리 가량 떨어져 있는 한 마을은 왜군이 야간에 습격하여 청년을 모조리 죽였으니 밤마다 죽는 사람이 2, 3명씩 되었다. 당시의 참사를 현지에 있던 미국인 선교사 마틴은 다음과 같이 기록하고 있다. "10월 31일, 연기가 자욱하게 낀 찬랍파위 마을에 가보았다. 사흘 전 새벽에 무장한 일개 대대가 이 기독교 마을을 포위하고 남자라면 늙은이, 어린이를 막론하고 끌어내어 때려죽이고 ……"

	(가)	(나)	(다)	(라)	
독립 의군부 조직		대한 광복군 정부 수립	국민 대표 회의 개최	6·10 만세 운동	쌍성보 전투

① (가) 　　② (나) 　　③ (다) 　　④ (라)

17. 다음 밑줄 친 '영화'가 처음 개봉되었던 당시에 볼 수 있는 모습으로 가장 적절한 것은?

> 대학을 다니다 3·1 운동의 충격으로 정신 이상자가 된 영진에게는 아끼는 여동생이 있었다. 그런데 일본 경찰의 앞잡이 노릇을 하며 일제에 아부하는 기호가 어느 날 여동생을 덮치려고 하자 영진은 기호에게 낫을 휘두르게 된다. 일본 순경에게 붙잡힌 영진은 수갑을 찬 채 끌려가는데, 이때 주제가가 흐르며 <u>영화</u>가 끝난다. 주인공 영진의 모습이 마치 나라를 잃고 정처 없이 헤매는 한민족과 같다고 생각한 관객들은, 영화의 주제가인 '신아리랑'에 눈물을 흘리며 빠져들게 되었다.

① 이광수의 「무정」 출간 소식을 알리는 학생
② 카프(KAPF)에서 활동하는 신경향파 작가
③ 전차 개통식에 참여하는 한성 전기 회사 직원
④ 손기정이 올림픽에서 획득한 금메달을 지켜보는 시민

18. 제시문에서 비판하는 체제에 대한 설명으로 옳은 것은?

> 1. 굶어 죽을 자유 말고 먹고 살 권리 찾자.
> 2. 배고파서 못 살겠다. 기아 임금 인상하라!
> 3. 유신이란 간판 걸고 국민 자유 박탈 마라.
> 4. 남북 통일 사탕발림 영구 집권 최후 수단
> 5. 재벌 위한 경제 성장 정권 위한 국민 총화
> 6. 왜놈 위한 공업화에 민중들만 죽어난다.
> – 전국 민주 청년 학생 총연맹, 「민중·민족·민주 선언」 –

① 초대 대통령에 한해 대통령의 중임 제한을 없앴다.
② 국가 보위 비상 대책 위원회에서 신헌법을 제정하였다.
③ 대통령은 국회 의원 3분의 1을 추천하는 권한을 가졌다.
④ 대통령은 대통령 선거인단에서 간선제로 선출되었다.

19. 다음 사실들을 순서대로 옳게 나열한 것은?

> (가) 시민들의 반대 시위에도 불구하고 한국 정부와 일본 정부가 한·일 기본 조약을 체결하여 국교를 정상화하였다.
> (나) YH 무역의 노동자가 과잉 진압으로 사망한 사건을 계기로 김영삼 신민당 총재가 의원직에 제명되었다.
> (다) 전태일이 근로 기준법의 준수를 요구하며 평화 시장 입구에서 온몸에 휘발유를 끼얹고 라이터로 분신 자살하였다.
> (라) 대통령의 3선을 가능하게 하는 개헌안이 국민 투표를 통해 확정되었다.

① (가) – (라) – (다) – (나)
② (가) – (라) – (나) – (다)
③ (나) – (라) – (가) – (다)
④ (라) – (나) – (다) – (가)

20. 다음 문서가 발표된 시기의 경제 상황으로 옳은 것은?

> 대한민국 외무부 장관 귀하
>
> 귀하께서는 대한민국 정부가 월남 공화국 정부로부터 월남에 대한 한국 전투 부대 증파에 관한 요청을 접수했음을 본인에게 통고했습니다. ……
>
> A. 군사 협조
> 1. 한국에 있는 한국군의 현대화 계획을 위하여 앞으로 수년 동안에 걸쳐 상당량의 장비를 제공한다.
> 2. 월남에 파견되는 추가 증파 병력에 필요한 장비를 제공하는 한편, 증파에 따른 모든 추가적 원화 경비를 부담한다. ……

① 연 수출 총액이 늘어나 100억 달러를 돌파하였다.
② 경공업 중심의 경제 개발 5개년 계획이 시행되었다.
③ 저금리·저유가·저달러의 3저 호황 국면에 직면하였다.
④ 유상 매수·유상 분배를 규정한 농지 개혁법이 제정되었다.

해설편 ▶ p.56

2022년 ____월 ____일 시행

제10회 소방공무원 공개경쟁 채용시험

응시번호	
성명	

회차
10회

응시자 준수사항

☞ 시험지를 받으면 "시험 감독관"의 지시에 따라 다음 사항을 반드시 지켜 주십시오.

1. **시험지 표지의** "문제 책형"을 확인하고, "응시번호 및 성명"을 기재하여 주십시오.

2. **답안지의 책형란에** "문제 책형"을 표기하여 주십시오.

3. **시험이 시작되면** 시험지의 "편철순서", "페이지 수량"을 반드시 확인한 후에 문제를 푸십시오.   ※ 본 시험지는 총 5페이지입니다.

4. **시험이 시작되면** 문제를 주의 깊게 읽고, 문항의 취지에 가장 적합한 하나의 정답만을 고르며, 문제내용에 관한 질문은 받지 않습니다.

eduwill

【 한국사 】

1. (가)~(라)의 유물과 유적이 제작된 시기의 생활 모습으로 옳지 <u>않은</u> 것은?

① (가) – 남성은 바깥일, 여성은 집안일을 담당하였다.
② (나) – 화덕이 중앙에 위치한 움집이 만들어졌다.
③ (다) – 일부 저습지에서 벼농사를 시행하였다.
④ (라) – 토테미즘과 샤머니즘이 처음 출현하였다.

2. 다음 (가), (나)의 비문이 건립된 왕 대에 대한 설명으로 옳지 <u>않은</u> 것은?

> (가) 신라가 사신을 보내 왕에게 말하기를, '왜인이 그 국경에 가득 차 성을 부수었으니, 노객은 백성된 자로서 왕에게 귀의하여 분부를 청한다.'고 하였다. 10년(400) 경자에 보병과 기병 5만을 보내, 신라를 구원하게 하였다.
>
> (나) 고구려 대왕이 상왕공(相王公)과 함께 동쪽 오랑캐 신라 매금(寐錦)을 만나 영원토록 우호를 맺기 위해 이곳에 왔으나, 신라 매금이 오지 않아 실행하지 못하였다. 이에 고구려 대왕은 태자 공과 전부 대사자 다우환노에게 명하여 이곳에 머물러 신라 매금을 만나게 하였다.

① 백제를 공격하여 한강을 차지하였다.
② 만주의 후연과 숙신을 격파하였다.
③ 신라와 백제가 동맹을 체결하였다.
④ 고구려는 중국의 남북조와 교류하였다.

3. 제시문의 [㉠] 왕에 대한 사실로 옳은 것은?

> 김유신이 김춘추와 축국(蹴鞠)을 하다가 김춘추의 옷고름을 밟아 떨어뜨렸다. 김유신은 자신의 집으로 김춘추를 데리고 와서는 주연을 베풀며 맏누이인 보희에게 옷고름을 달게 했다. 하지만 보희는 마침 일이 있어서 나오지 못하고 동생인 문명 왕후가 대신 나와서 바느질을 하였다. 김춘추는 그녀의 어여쁜 모습에 반하여 곧 청혼을 하여 결혼하였고, 그녀는 곧바로 임신해서 아들을 낳았다. 그가 바로 뒷날 [㉠] 왕이다.

① 태자 시기에 백제 정벌에 참여하였다.
② 김흠돌의 난을 진압하여 왕권을 강화하였다.
③ 독서삼품과가 실시되어 많은 6두품이 등용되었다.
④ 당은 웅진과 계림에 도독부를 설치하고 도독에 임명하였다.

4. 다음은 신라의 골품제에 대한 표이다. (가)~(라) 계층과 관련한 내용으로 가장 적절한 것은?

등급	관등명	공복	(가)	(나)	(다)	(라)
1	이벌찬	자색				
2	이 찬	자색				
3	잡 찬	자색				
4	파진찬	자색				
5	대아찬	자색				
6	아 찬	비색				
7	일길찬	비색				
8	사 찬	비색				
9	급벌찬	비색				
10	대나마	청색				
11	나 마	청색				
12	대 사	황색				
13	사 지	황색				
14	길 사	황색				
15	대 오	황색				
16	소 오	황색				
17	조 위	황색				
관등		골품				

① (가) – 5등급 대아찬 이상의 관직만을 차지하였다.
② (나) – 신라 말 중앙에서 배제되며 진골 귀족에 도전하였다.
③ (다) – 4중 아찬까지의 중위제를 적용·운영하였다.
④ (라) – 최치원, 최승우, 최언위가 해당 신분 출신에 해당한다.

5. 다음 고려시대의 문화에 대한 내용 중 옳지 <u>않은</u> 것은?

① 고려 후기 일반 대중 사이에서 속요가 유행하였다.
② 경천사지 10층 석탑은 조선시대의 원각사지 10층 석탑에 영향을 주었다.
③ 상감 청자는 12세기 중엽부터 강화도로 천도한 13세기 중엽까지 주류를 이루었다.
④ 공포가 기둥 사이에도 짜여 있는 양식 중 가장 오래된 건물은 안동 봉정사 극락전이다.

6. 다음의 두 불상이 건립된 시기에 대한 설명으로 옳지 <u>않은</u> 것은?

① 해당 시기에는 지역적 특색이 반영된 불상이 건립되었다.
② 권문세족이 중앙 권력을 장악하였다.
③ 지방 세력이나 일반 백성들을 중심으로 한 신앙 공동체에서 불상 건립에 참여하였다.
④ 과거제가 실시되고, 12목을 설치하여 지방관을 파견하는 등 각종 제도가 마련되어 갔다.

7. 다음 밑줄 친 '적들'이 침입했을 당시 고려의 대응으로 옳은 것은?

> 성이 결국 함락되었다. 적의 군사 6천 명을 남겨 지키게 하였다. 양규가 흥화진으로부터 군사 7백여 명을 이끌고 통주까지 와 군사 1천여 명을 수습하였다. 밤중에 곽주로 들어가서 지키고 있던 적들을 급습하여 모조리 죽인 후 성 안에 있던 남녀 7천여 명을 통주로 옮겼다.
> － 『고려사』 －

① 특수 부대인 광군을 조직하였다.
② 초조대장경을 조판하였다.
③ 강동성에서 김취려가 군사를 이끌고 활약하였다.
④ 신기군·신보군·항마군을 편성하고 동북 9성을 축조하였다.

8. 다음의 밑줄 친 '이 책'이 쓰여질 무렵의 시대 상황으로 옳은 것은?

> <u>이 책</u>의 상권은 중국의 역사를, 하권은 우리나라의 역사를 시로 서술하였다. 특히 하권은 2부로 되어 있는데, 전반부에서는 단군 조선부터 발해까지의 역사를 7언시로 노래하였다.

① 문벌 귀족이 과거와 음서를 통해 관직을 독점하였다.
② 전국 각지에서 하층민의 신분 해방 운동이 전개되었다.
③ 원의 일본 원정에 고려가 군대와 물자를 제공하였다.
④ 여진족이 금을 세운 후 고려에 군신 관계를 요구해왔다.

9. 다음 모습이 나타나던 시기의 상황으로 가장 적절한 것은?

> 농민이 밭에 심는 것은 곡물만이 아니다. 모시, 오이, 배추, 도라지 등의 농사도 잘 지으면 그 이익이 헤아릴 수 없이 크다. 도회지 주변에는 파밭, 마늘밭, 배추밭, 오이밭 등이 많다. 특히 서도 지방의 담배밭, 북도 지방의 삼밭, 한산의 모시밭, 전주의 생강밭, 강진의 고구마밭, 황주의 지황밭에서의 수확은 모두 상상등전(上上等田)의 논에서 나는 수확보다 그 이익이 10배에 이른다.
> － 『경세유표』 －

① 씨앗을 이랑에 파종하는 농법이 처음으로 행해졌다.
② 시전과 관영 상점이 설치되어 상업이 번성하였다.
③ 지주와 전호 간에 정률 지대 방식의 계약이 처음으로 등장하였다.
④ 농민의 자유로운 영농이 가능해졌으나, 일부 지주는 직접 경영을 시도하였다.

10. 다음 역사서의 서문이 완성된 왕의 재위 기간에 발생한 사실로 옳은 것을 〈보기〉에서 고르면?

> 삼가 삼국 이하 여러 사책에서 뽑아내고, 중국 역사에서 가려낸 것을 더하여서 편년체를 취하여 사실을 기록하였습니다. 범례는 한결같이 『자치통감』에 의거하였고 『자치통감강목』의 필삭한 취지에 따라, 번다하고 쓸모없는 것은 삭제해서 요령만 남겨 두려고 힘썼습니다. 삼국이 함께 대치하였을 때는 삼국기(三國紀)라 칭하였고, 신라가 통합하였을 때는 신라기(新羅紀)라 칭하였으며, 고려시대는 고려기(高麗紀)라 칭하였고, 삼한 이상은 외기(外紀)라 칭하였습니다.

〈보기〉
ㄱ. 왕의 모범 사례를 모은 『국조보감』을 완성하였다.
ㄴ. 우리나라 약재에 대한 정보를 모은 『향약집성방』이 처음 간행되었다.
ㄷ. 길례·가례·군례·빈례·흉례 등의 국가 의례를 모아 정리하였다.
ㄹ. 국가의 토지 지배력을 강화할 목적으로 관수 관급제를 시행하였다.

① ㄱ, ㄴ ② ㄴ, ㄷ
③ ㄴ, ㄹ ④ ㄷ, ㄹ

11. 밑줄 친 '이 제도'에 대한 설명으로 옳은 것은?

> 6조의 장관인 판서가 의정부를 거치지 않고 직접 국가 중대사를 왕에게 보고하여 업무를 처리하도록 하는 이 제도가 시행되었다.

① 태종의 사간원 독립 기관화와 같은 맥락이다.
② 세종은 이를 통해 왕도 정치를 구현하고자 하였다.
③ 정도전은 이를 통해 재상 중심의 정치를 펼치려 하였다.
④ 왕권 강화를 꾀하고 붕당 대립을 시정하려는 목적으로 설치하였다.

12. 다음 (가)~(다)의 의병에 관한 설명 중 옳은 것을 〈보기〉에서 모두 고른 것은?

> (가) 새 내각은 단발령의 철폐와 의병의 해산을 권고하는 조칙을 냈으며, 이와 함께 각종 공세를 탕감하는 조치도 취함으로써 의병 봉기의 명분을 없애기에 노력하였다.
>
> (나) 군대 해산 조칙이 내려진 당일 서울의 시위대 대대장 박승환이 자결했다는 소식을 듣고, 일본군과 시가전을 전개하면서 대일 항전을 개시하였다. 그 뒤 각 지방의 해산 군인들도 잇달아 봉기하였다.
>
> (다) 장지연은 신문 사설을 통해 비분을 전하였고, 시민들은 조약을 체결한 대신들을 습격하기도 하였다. 그리고 전국적으로 항일 의병이 봉기하였다.

〈보기〉
ㄱ. (가) - (다) - (나) 순으로 의병 운동이 전개되었다.
ㄴ. (나) - 서울 진공 작전을 시도하였으나 실패하였다.
ㄷ. (다) - 홍주성의 민종식과 순창의 최익현이 봉기하였다.
ㄹ. (다) - (나) 시기에 비해 전투력이 한층 강화되었다.

① ㄱ, ㄴ ② ㄴ, ㄷ
③ ㄱ, ㄴ, ㄷ ④ ㄴ, ㄷ, ㄹ

13. 다음 창간사를 발표한 신문이 창간될 당시의 상황에 대한 설명으로 가장 적절한 것은?

> 우리는 첫째, 편벽되지 아니한 고로 무슨 당에도 상관이 없고, 상하 귀천을 달리 대접하지 아니하고, 모두 조선 사람으로만 알고, 조선만을 위하여 공평히 인민에게 말할 터인데, 우리가 서울 백성만 위한 것이 아니라 조선 인민을 위하여 무슨 일이든지 대언하여 주려 함. 우리는 바른대로만 신문을 할 터인 고로, 정부 관원이라도 잘못하는 이 있으면 우리가 말할 터이요, 탐관오리들을 알면 세상에 그 사람의 행적을 펴일 터이요, 사사로운 백성이라도 무법한 일을 하는 사람을 찾아 신문에 설명할 터임. 또, 한쪽에 영문으로 기록하기는 외국 인민이 조선 사정을 자세히 모른즉, 혹 편벽된 말만 듣고 조선을 잘못 생각할까 보아 실상 사정을 알게 하고자 하여 영문으로 조금 기록함.

① 황제권을 강화한 대한국 국제가 반포되었다.
② 영국과 일본 사이에서 제1차 영·일 동맹이 체결되었다.
③ 고종은 헤이그에서 열린 만국 평화 회의에 특사를 파견하였다.
④ 김홍집 내각이 무너지고 이범진·이완용 내각이 새로 출범하였다.

14. 다음 법령이 시행되던 시기에 발생한 사실로 옳은 것은?

> (가) 제1조 조선에서의 조선인의 교육은 본령에 따른다.
>   제2조 교육은 교육에 관한 칙어(勅語)의 취지에 따라 충량한 국민을 육성하는 것을 본의로 한다.
>   제5조 보통 교육은 보통의 지식·기능을 부여하고 특히 국민된 성격을 함양하여 국어(일본어)를 보급함을 목적으로 한다.
>   제6조 실업 교육은 농업·상업·공업에 관한 지식·기능을 가르쳐 주는 것을 목적으로 한다.
>   제9조 보통학교의 수업 연한은 4년으로 한다. 단 지방 실정에 따라 1년을 단축할 수 있다.
> (나) 제2조 국어를 상용하는 자의 보통 교육은 소학교령, 중학교령 및 고등여학교령에 의함.
>   제3조 국어를 상용치 아니하는 자에 보통 교육을 하는 학교는 보통학교, 고등보통학교 및 여자고등보통학교로 함.
>   제5조 보통학교의 수업 연한은 6년으로 함. 보통학교에 입학하는 자는 연령 6년 이상의 자로 함.
>   제7조 고등보통학교의 수업 연한은 5년으로 함. 고등보통학교에 입학하는 자는 수업 연한 6년의 보통학교를 졸업한 자 또는 조선 총독이 정하는 바에 의하여 이와 동등 이상의 학력이 있다고 인정된 자로 함.

① (가) – 농촌 진흥 운동이 시행되었다.
② (가) – 경성 제국 대학이 설립되었다.
③ (나) – 조선어 학회 사건이 발생하였다.
④ (나) – 원산 노동자 총파업이 전개되었다.

15. 다음과 같은 법령이 시행되던 시기의 독립운동으로 옳은 것은?

> 제1조 3개월 이하의 징역 또는 구류에 처하여야 할 자는 그 정상에 따라 태형을 처할 수 있다.
> 제13조 본령은 조선인에 한하여 적용한다.

① 중국 관내 최초의 군사 조직이 우한에서 출범하였다.
② 국외의 지회와 수만의 회원을 확보한 최대의 민족 운동 단체가 창립하였다.
③ 언론 기관과 조선어 학회가 한글 보급을 통한 문맹 퇴치 운동을 펼쳤다.
④ 의병 계열과 애국 계몽 운동 계열이 통합하여 대구에서 비밀 결사가 조직되었다.

16. 다음의 사건을 계기로 상하이에 조직된 단체에 대한 올바른 설명은?

> 그들(선교사들과 각국 외교관)은 이야기로 듣던 것보다 훨씬 더 참혹한 장면을 목격하였다. 제암리 교회 터에는 재와 숯처럼 까맣게 타버린 시체뿐이었고, 타들어간 시체 냄새로 속이 메슥거릴 정도였다. 곡식 창고와 가축들도 같이 타버렸다.

① 민중 대회 개최를 준비하다가 일제의 탄압으로 실패하였다.
② 한·일 관계 사료집을 간행하여 민족의 독립 의식을 고취시켰다.
③ 출범 초기 내부의 분열과 대립이 국민 대표 회의를 통하여 수습되었다.
④ 연통제와 교통국을 두어 독립군 활동을 직접 지휘하는 데 기여하였다.

17 대한제국과 일본이 체결한 각 조약의 내용에 대한 설명으로 옳은 것은?

> (가) 제2조 대한제국 정부는 대일본 제국 정부가 추천한 외국인 1명을 외교 고문으로 외부(外部)에서 초빙하여 외교에 관한 중요한 업무는 모두 그의 의견을 들어 시행할 것
> 제3조 대한제국 정부는 외국과의 중요한 조약 체결, 기타의 중요한 안건, 즉 외국인에 대한 특권 양여(讓與)와 계약 등의 일 처리에 관해서는 미리 일본 정부와 협의할 것
> (나) 제1조 한국 정부는 일본을 신임하여 '시정 개선'에 관한 충고를 받아들일 것
> 제2조 일본 정부는 한국 황실의 안전을 도모할 것
> 제3조 일본은 한국의 독립과 영토 보전을 보장할 것
> 제4조 제3국의 침략으로 한국에 위험 사태가 발생할 경우 일본은 이에 신속히 대처하며, 한국 정부는 이와 같은 일본의 행동을 용이하게 하기 위하여 충분한 편의를 제공하고, 일본 정부는 목적을 달성하기 위해 전략상 필요한 지역을 언제나 사용할 수 있도록 할 것
> (다) 제2조 한국 정부의 법령 제정 및 중요한 행정상의 처분은 미리 통감의 승인을 받을 것
> 제4조 한국 고등 관리의 임면은 통감의 동의로써 이를 행할 것
> 제5조 한국 정부는 통감이 추천한 일본인을 한국 관리로 임명할 것
> (라) 제2조 대일본 제국 정부는 대한제국과 타국 간에 현존하는 조약의 실행을 완수하는 임무를 맡고 대한제국 정부는 이후에 대일본 제국 정부의 중개를 경위하지 않고서 국제적 성질을 가진 하등의 조약이나 또는 약속을 하지 않기로 서로 약정함

① (가) - 일본은 이를 계기로 사법권을 강탈하였다.
② (나) - 러 · 일 전쟁이 발발하기 직전에 체결되었다.
③ (다) - 고종이 강제 퇴위된 후에 체결된 조약이다.
④ (라) - 부수 비밀 각서에 대한제국의 군대를 해산하기로 명시하였다.

18. 다음 법령이 반포되었을 당시의 상황으로 옳은 것은?

> 제2조 본 법에서 귀속 재산이라 함은 …… 대한민국 정부에 이양된 일체의 재산을 지칭한다. 단, 농경지는 따로 농지 개혁법에 의하여 처리한다.
> 제3조 귀속 재산은 본 법과 본 법의 규정에 의하여 발하는 명령이 정하는 바에 의하여 국유 또는 공유 재산, 국영 또는 공영 기업체로 지정되는 것을 제외하고는 대한민국의 국민 또는 법인에게 매각한다.

① 친일 세력들의 청산을 시작하였다.
② 대통령의 선출 방식이 국회 간선제로 진행되었다.
③ 당시 해당 법령을 제정한 국회 의원의 임기는 4년이었다.
④ 조선 경비대를 설치하여 좌익 세력을 소탕하였다.

19. 다음 보기를 시대순으로 적절하게 나열한 것은?

> ㄱ. 1 · 4 후퇴 과정에서 국민 방위군의 간부들이 예산을 부정 착복하였다.
> ㄴ. 이승만이 거제도의 반공 포로를 석방하였다.
> ㄷ. 여수와 순천에서 남로당 계열 군인들이 반란을 일으켰다.
> ㄹ. 국군이 평양을 점령하는 데 성공하였다.
> ㅁ. 최초의 휴전 협정이 개성에서 개최되었다.

① ㄱ - ㄷ - ㄹ - ㄴ - ㅁ
② ㄱ - ㄹ - ㄷ - ㄴ - ㅁ
③ ㄷ - ㄹ - ㄱ - ㅁ - ㄴ
④ ㄷ - ㄱ - ㄹ - ㅁ - ㄴ

20. 다음의 헌법이 적용되던 시기에 볼 수 있는 모습을 고르면?

> • 대통령 중심제, 연좌제 금지, 임기 7년 단임제
> • 간선제(대통령 선거인단에 의해 선출), 구속 적부심 부활, 헌법 개정 절차 일원화

① 금반지를 헌납하기 위해 줄을 서고 있는 부부
② 청바지와 운동화를 착용하고 등교하는 고등학생
③ 전남 도청 앞에서 총을 들고 민주화를 요구하는 시민들
④ 대통령 후보 단일화 결렬로 각각 출마하는 김영삼과 김대중

해설편 ▶ p.63

ENERGY

끝이 좋아야 시작이 빛난다.

– 마리아노 리베라(Mariano Rivera)

여러분의 작은 소리
에듀윌은 크게 듣겠습니다.

본 교재에 대한 여러분의 목소리를 들려주세요.

공부하시면서 어려웠던 점, 궁금한 점,

칭찬하고 싶은 점, 개선할 점, 어떤 것이라도 좋습니다.

에듀윌은 여러분께서 나누어 주신 의견을

통해 끊임없이 발전하고 있습니다.

에듀윌 도서몰 book.eduwill.net

- 부가학습자료 및 정오표: 에듀윌 도서몰 → 도서자료실
- 교재 문의: 에듀윌 도서몰 → 문의하기 → 교재(내용, 출간) / 주문 및 배송

2022 에듀윌 소방공무원 실전동형 모의고사 한국사

발 행 일	2022년 1월 13일 초판
편 저 자	임진석
펴 낸 이	이중현
펴 낸 곳	(주)에듀윌
등록번호	제25100-2002-000052호
주　　소	08378 서울특별시 구로구 디지털로34길 55
	코오롱싸이언스밸리 2차 3층

* 이 책의 무단 인용·전재·복제를 금합니다.　　　ISBN 979-11-360-1457-3 (13350)

www.eduwill.net

대표전화 1600-6700

✂ 자르는 선

소방공무원 신규채용(공개경쟁)

응시분야	
성 명	본인 성명 기재

[필적 감정용 기재란]
(예시) 서울소방 안전 대한민국

책 형
Ⓐ
Ⓑ

※시험감독관 기재 – 확인란
책형

응 시 번 호

(1)

(2)

0 1 2 3 4 5 6 7 8 9 (각 칸)

	1회	2회	3회	4회	5회
1	① ② ③ ④	① ② ③ ④	① ② ③ ④	① ② ③ ④	① ② ③ ④
2	① ② ③ ④	① ② ③ ④	① ② ③ ④	① ② ③ ④	① ② ③ ④
3	① ② ③ ④	① ② ③ ④	① ② ③ ④	① ② ③ ④	① ② ③ ④
4	① ② ③ ④	① ② ③ ④	① ② ③ ④	① ② ③ ④	① ② ③ ④
5	① ② ③ ④	① ② ③ ④	① ② ③ ④	① ② ③ ④	① ② ③ ④
6	① ② ③ ④	① ② ③ ④	① ② ③ ④	① ② ③ ④	① ② ③ ④
7	① ② ③ ④	① ② ③ ④	① ② ③ ④	① ② ③ ④	① ② ③ ④
8	① ② ③ ④	① ② ③ ④	① ② ③ ④	① ② ③ ④	① ② ③ ④
9	① ② ③ ④	① ② ③ ④	① ② ③ ④	① ② ③ ④	① ② ③ ④
10	① ② ③ ④	① ② ③ ④	① ② ③ ④	① ② ③ ④	① ② ③ ④
11	① ② ③ ④	① ② ③ ④	① ② ③ ④	① ② ③ ④	① ② ③ ④
12	① ② ③ ④	① ② ③ ④	① ② ③ ④	① ② ③ ④	① ② ③ ④
13	① ② ③ ④	① ② ③ ④	① ② ③ ④	① ② ③ ④	① ② ③ ④
14	① ② ③ ④	① ② ③ ④	① ② ③ ④	① ② ③ ④	① ② ③ ④
15	① ② ③ ④	① ② ③ ④	① ② ③ ④	① ② ③ ④	① ② ③ ④
16	① ② ③ ④	① ② ③ ④	① ② ③ ④	① ② ③ ④	① ② ③ ④
17	① ② ③ ④	① ② ③ ④	① ② ③ ④	① ② ③ ④	① ② ③ ④
18	① ② ③ ④	① ② ③ ④	① ② ③ ④	① ② ③ ④	① ② ③ ④
19	① ② ③ ④	① ② ③ ④	① ② ③ ④	① ② ③ ④	① ② ③ ④
20	① ② ③ ④	① ② ③ ④	① ② ③ ④	① ② ③ ④	① ② ③ ④

소방공무원 신규채용(공개경쟁)

응시분야	
성 명	본인 성명 기재

[필적 감정용 기재란]
(예시) 서울소방 안전 대한민국

책 형
Ⓐ
Ⓑ

※시험감독관 기재 – 확인란
책형

응 시 번 호

(1)

(2)

0 1 2 3 4 5 6 7 8 9 (각 칸)

	6회	7회	8회	9회	10회
1	① ② ③ ④	① ② ③ ④	① ② ③ ④	① ② ③ ④	① ② ③ ④
2	① ② ③ ④	① ② ③ ④	① ② ③ ④	① ② ③ ④	① ② ③ ④
3	① ② ③ ④	① ② ③ ④	① ② ③ ④	① ② ③ ④	① ② ③ ④
4	① ② ③ ④	① ② ③ ④	① ② ③ ④	① ② ③ ④	① ② ③ ④
5	① ② ③ ④	① ② ③ ④	① ② ③ ④	① ② ③ ④	① ② ③ ④
6	① ② ③ ④	① ② ③ ④	① ② ③ ④	① ② ③ ④	① ② ③ ④
7	① ② ③ ④	① ② ③ ④	① ② ③ ④	① ② ③ ④	① ② ③ ④
8	① ② ③ ④	① ② ③ ④	① ② ③ ④	① ② ③ ④	① ② ③ ④
9	① ② ③ ④	① ② ③ ④	① ② ③ ④	① ② ③ ④	① ② ③ ④
10	① ② ③ ④	① ② ③ ④	① ② ③ ④	① ② ③ ④	① ② ③ ④
11	① ② ③ ④	① ② ③ ④	① ② ③ ④	① ② ③ ④	① ② ③ ④
12	① ② ③ ④	① ② ③ ④	① ② ③ ④	① ② ③ ④	① ② ③ ④
13	① ② ③ ④	① ② ③ ④	① ② ③ ④	① ② ③ ④	① ② ③ ④
14	① ② ③ ④	① ② ③ ④	① ② ③ ④	① ② ③ ④	① ② ③ ④
15	① ② ③ ④	① ② ③ ④	① ② ③ ④	① ② ③ ④	① ② ③ ④
16	① ② ③ ④	① ② ③ ④	① ② ③ ④	① ② ③ ④	① ② ③ ④
17	① ② ③ ④	① ② ③ ④	① ② ③ ④	① ② ③ ④	① ② ③ ④
18	① ② ③ ④	① ② ③ ④	① ② ③ ④	① ② ③ ④	① ② ③ ④
19	① ② ③ ④	① ② ③ ④	① ② ③ ④	① ② ③ ④	① ② ③ ④
20	① ② ③ ④	① ② ③ ④	① ② ③ ④	① ② ③ ④	① ② ③ ④

소방공무원 신규채용(공개경쟁)

응시분야	
성 명	본인 성명 기재

[필적 감정용 기재란]
(예시) 서울소방 안전 대한민국

책 형
Ⓐ
Ⓑ

※시험감독관 기재 – 확인란
책형

연습용	연습용	연습용	연습용	연습용
1 ① ② ③ ④	1 ① ② ③ ④	1 ① ② ③ ④	1 ① ② ③ ④	1 ① ② ③ ④
2 ① ② ③ ④	2 ① ② ③ ④	2 ① ② ③ ④	2 ① ② ③ ④	2 ① ② ③ ④
3 ① ② ③ ④	3 ① ② ③ ④	3 ① ② ③ ④	3 ① ② ③ ④	3 ① ② ③ ④
4 ① ② ③ ④	4 ① ② ③ ④	4 ① ② ③ ④	4 ① ② ③ ④	4 ① ② ③ ④
5 ① ② ③ ④	5 ① ② ③ ④	5 ① ② ③ ④	5 ① ② ③ ④	5 ① ② ③ ④
6 ① ② ③ ④	6 ① ② ③ ④	6 ① ② ③ ④	6 ① ② ③ ④	6 ① ② ③ ④
7 ① ② ③ ④	7 ① ② ③ ④	7 ① ② ③ ④	7 ① ② ③ ④	7 ① ② ③ ④
8 ① ② ③ ④	8 ① ② ③ ④	8 ① ② ③ ④	8 ① ② ③ ④	8 ① ② ③ ④
9 ① ② ③ ④	9 ① ② ③ ④	9 ① ② ③ ④	9 ① ② ③ ④	9 ① ② ③ ④
10 ① ② ③ ④	10 ① ② ③ ④	10 ① ② ③ ④	10 ① ② ③ ④	10 ① ② ③ ④
11 ① ② ③ ④	11 ① ② ③ ④	11 ① ② ③ ④	11 ① ② ③ ④	11 ① ② ③ ④
12 ① ② ③ ④	12 ① ② ③ ④	12 ① ② ③ ④	12 ① ② ③ ④	12 ① ② ③ ④
13 ① ② ③ ④	13 ① ② ③ ④	13 ① ② ③ ④	13 ① ② ③ ④	13 ① ② ③ ④
14 ① ② ③ ④	14 ① ② ③ ④	14 ① ② ③ ④	14 ① ② ③ ④	14 ① ② ③ ④
15 ① ② ③ ④	15 ① ② ③ ④	15 ① ② ③ ④	15 ① ② ③ ④	15 ① ② ③ ④
16 ① ② ③ ④	16 ① ② ③ ④	16 ① ② ③ ④	16 ① ② ③ ④	16 ① ② ③ ④
17 ① ② ③ ④	17 ① ② ③ ④	17 ① ② ③ ④	17 ① ② ③ ④	17 ① ② ③ ④
18 ① ② ③ ④	18 ① ② ③ ④	18 ① ② ③ ④	18 ① ② ③ ④	18 ① ② ③ ④
19 ① ② ③ ④	19 ① ② ③ ④	19 ① ② ③ ④	19 ① ② ③ ④	19 ① ② ③ ④
20 ① ② ③ ④	20 ① ② ③ ④	20 ① ② ③ ④	20 ① ② ③ ④	20 ① ② ③ ④

응 시 번 호

(1)						
(2)	⓪ ⓪ ⓪ ⓪ ⓪ ⓪ ⓪	① ① ① ① ① ① ①	② ② ② ② ② ② ②	③ ③ ③ ③ ③ ③ ③	④ ④ ④ ④ ④ ④ ④	⑤ ⑤ ⑤ ⑤ ⑤ ⑤ ⑤ ⑥ ⑥ ⑥ ⑥ ⑥ ⑥ ⑥ ⑦ ⑦ ⑦ ⑦ ⑦ ⑦ ⑦ ⑧ ⑧ ⑧ ⑧ ⑧ ⑧ ⑧ ⑨ ⑨ ⑨ ⑨ ⑨ ⑨ ⑨

소방공무원 신규채용(공개경쟁)

응시분야	
성 명	본인 성명 기재

[필적 감정용 기재란]
(예시) 서울소방 안전 대한민국

책 형
Ⓐ
Ⓑ

※시험감독관 기재 – 확인란
책형

연습용	연습용	연습용	연습용	연습용
1 ① ② ③ ④	1 ① ② ③ ④	1 ① ② ③ ④	1 ① ② ③ ④	1 ① ② ③ ④
2 ① ② ③ ④	2 ① ② ③ ④	2 ① ② ③ ④	2 ① ② ③ ④	2 ① ② ③ ④
3 ① ② ③ ④	3 ① ② ③ ④	3 ① ② ③ ④	3 ① ② ③ ④	3 ① ② ③ ④
4 ① ② ③ ④	4 ① ② ③ ④	4 ① ② ③ ④	4 ① ② ③ ④	4 ① ② ③ ④
5 ① ② ③ ④	5 ① ② ③ ④	5 ① ② ③ ④	5 ① ② ③ ④	5 ① ② ③ ④
6 ① ② ③ ④	6 ① ② ③ ④	6 ① ② ③ ④	6 ① ② ③ ④	6 ① ② ③ ④
7 ① ② ③ ④	7 ① ② ③ ④	7 ① ② ③ ④	7 ① ② ③ ④	7 ① ② ③ ④
8 ① ② ③ ④	8 ① ② ③ ④	8 ① ② ③ ④	8 ① ② ③ ④	8 ① ② ③ ④
9 ① ② ③ ④	9 ① ② ③ ④	9 ① ② ③ ④	9 ① ② ③ ④	9 ① ② ③ ④
10 ① ② ③ ④	10 ① ② ③ ④	10 ① ② ③ ④	10 ① ② ③ ④	10 ① ② ③ ④
11 ① ② ③ ④	11 ① ② ③ ④	11 ① ② ③ ④	11 ① ② ③ ④	11 ① ② ③ ④
12 ① ② ③ ④	12 ① ② ③ ④	12 ① ② ③ ④	12 ① ② ③ ④	12 ① ② ③ ④
13 ① ② ③ ④	13 ① ② ③ ④	13 ① ② ③ ④	13 ① ② ③ ④	13 ① ② ③ ④
14 ① ② ③ ④	14 ① ② ③ ④	14 ① ② ③ ④	14 ① ② ③ ④	14 ① ② ③ ④
15 ① ② ③ ④	15 ① ② ③ ④	15 ① ② ③ ④	15 ① ② ③ ④	15 ① ② ③ ④
16 ① ② ③ ④	16 ① ② ③ ④	16 ① ② ③ ④	16 ① ② ③ ④	16 ① ② ③ ④
17 ① ② ③ ④	17 ① ② ③ ④	17 ① ② ③ ④	17 ① ② ③ ④	17 ① ② ③ ④
18 ① ② ③ ④	18 ① ② ③ ④	18 ① ② ③ ④	18 ① ② ③ ④	18 ① ② ③ ④
19 ① ② ③ ④	19 ① ② ③ ④	19 ① ② ③ ④	19 ① ② ③ ④	19 ① ② ③ ④
20 ① ② ③ ④	20 ① ② ③ ④	20 ① ② ③ ④	20 ① ② ③ ④	20 ① ② ③ ④

응 시 번 호

(1)						
(2)	⓪ ⓪ ⓪ ⓪ ⓪ ⓪ ⓪	① ① ① ① ① ① ①	② ② ② ② ② ② ②	③ ③ ③ ③ ③ ③ ③	④ ④ ④ ④ ④ ④ ④	⑤ ⑤ ⑤ ⑤ ⑤ ⑤ ⑤ ⑥ ⑥ ⑥ ⑥ ⑥ ⑥ ⑥ ⑦ ⑦ ⑦ ⑦ ⑦ ⑦ ⑦ ⑧ ⑧ ⑧ ⑧ ⑧ ⑧ ⑧ ⑨ ⑨ ⑨ ⑨ ⑨ ⑨ ⑨

합격자가 답해주는 ──────

에듀윌 지식인

공무원
무엇이든지
궁금하다면
?

접속방법

에듀윌 지식인(king.eduwill.net) 접속

에듀윌 지식인 신규가입회원 혜택

5,000원 쿠폰증정

발급방법 | 에듀윌 지식인 사이트 (king.eduwill.net) 접속 ▶ 신규회원가입 ▶ 자동발급
사용방법 | 에듀윌 온라인 강의 수강 신청 시 타 쿠폰과 중복하여 사용 가능

※ 본 혜택은 예고 없이 다른 혜택으로 대체될 수 있습니다.

에듀윌
지식인

38개월* 베스트셀러 1위
에듀윌 공무원 교재

소방공무원 교재

기출문제집
(한국사/영어/행정법총론
/소방학+관계법규)

실전동형 모의고사
(한국사/영어/행정법총론/
소방학+관계법규)

봉투모의고사
(국어+한국사+영어)/(소방학+관계법규)

군무원 교재

※ 기출문제집은 국어/행정법/행정학으로 구성되어 있음.

기출문제집(국어)

기출문제집(행정학)

봉투모의고사
(국어+행정법+행정학)

계리직공무원 교재

※ 단원별 문제집은 한국사/우편상식/금융상식/컴퓨터일반으로 구성되어 있음.

기본서(한국사)

기본서(우편상식)

기본서(금융상식)

기본서(컴퓨터일반)

단원별 문제집(한국사)

기출문제집
(한국사+우편·금융상식+컴퓨터일반)

영어 집중 교재

기출 영단어(빈출순)

매일 3문 독해
(기본완성/실력완성)

빈출 문법(4주 완성)

단기 공략(핵심 요약집)

한국사 집중 교재

흐름노트

행정학 집중 교재

단권화 요약노트

국어 집중 교재

매일 기출한자(빈출순)

문법 단권화 요약노트

비문학 데일리 독해

기출판례집(빈출순) 교재

행정법

헌법

형사법

더 많은
공무원 교재

취업, 공무원, 자격증 시험준비의 흐름을 바꾼 화제작!

에듀윌 히트교재 시리즈

에듀윌 교육출판연구소가 만든 히트교재 시리즈!
YES 24, 교보문고, 알라딘, 인터파크, 영풍문고 등 전국 유명 온/오프라인 서점에서 절찬 판매 중!

공인중개사 기초서/기본서/핵심요약집/문제집/기출문제집/실전모의고사 외 11종

주택관리사 기초서/기본서/핵심요약집/문제집/기출문제집/실전모의고사

7·9급공무원 기본서/단원별 기출&예상 문제집/기출문제집/기출팩/실전, 봉투모의고사　공무원 국어 한자·문법·독해/영어 단어·문법·독해/한국사 모의고사·흐름노트/행정학 요약노트/행정법 판례집/헌법 판례집

7급공무원 PSAT 기본서/기출문제집　계리직공무원 기본서/문제집/기출문제집　군무원 기출문제집/봉투모의고사　경찰공무원 기본서/기출문제집/모의고사/판례집/면접　소방공무원 기출문제집/실전, 봉투모의고사　맞춤형 화장품 조제관리사

검정고시 고졸/중졸 기본서/기출문제집/실전모의고사/총정리　사회복지사(1급) 기본서/기출문제집/핵심요약집　직업상담사(2급) 기본서/기출문제집　경비 기본서/기출/1차 한권끝장/2차 모의고사　전기기사 필기/실기/기출문제집　전기기능사 필기/실기

2022
에듀윌
소방공무원

해설편
한국사

임진석 편저

eduwill

소방공무원 교육 **1위**
전문 교수진 해설강의 **ALL 무료**

해설편

한국사

2022

에듀윌 소방공무원

실전동형 모의고사 10회
해설편

한국사

문제편 p.12

01	①	02	③	03	③	04	②	05	①
06	③	07	③	08	③	09	②	10	③
11	③	12	②	13	③	14	④	15	①
16	④	17	②	18	②	19	④	20	③

▶ 풀이시간:　　/14분 나의 점수:　　/100점

01 우리 역사의 기원과 형성 〉 선사 시대와 우리 역사 〉 중국과의 교역
오답률 0% | 답 ①

다음 제시된 유물들을 통해 파악할 수 있는 사실은?

① 중국과 활발하게 교류하였다.
② 독자적인 청동기 문화가 발생하였다.
③ 지배와 피지배의 계급 사회가 출현하였다.
④ 당시 고조선의 세력 범위를 알 수 있다.

| 선지별 선택률 |

①	②	③	④
100%	0%	0%	0%

| 정답해설 |
제시된 유물은 순서대로 명도전, 반량전, 경남 창원 다호리에서 발견된 붓으로 모두 '초기 철기 시대'의 유물이다.
① 명도전과 반량전을 통해 당시 중국의 화폐가 한반도에서 사용되었음을 알 수 있으며, 다호리 붓을 통해서는 한반도에서 이미 한자가 사용되었음을 알 수 있다. 따라서 제시된 유물들을 통해 철기 시대에 중국과 활발한 교류 관계가 있었음을 파악할 수 있다.

| 오답해설 |
② 한반도에 독자적인 청동기 문화가 등장하였음을 보여주는 유물로는 세형동검과 잔무늬 거울, 거푸집이 있다.
③ 청동기 시대에 이르러 지배와 피지배의 계급이 발생하였는데, 이는 청동 검과 고인돌 등을 통해 알 수 있다.
④ 고조선의 세력 범위를 알려주는 유적과 유물로는 고인돌, 비파형 동검, 미송리식 토기, 거친무늬 거울이 있다.

02 고대의 역사 〉 고대의 정치 〉 백제 성왕
오답률 17.9% | 답 ③

다음 글의 밑줄 친 '왕'에 대한 설명으로 옳은 것은?

> 왕이 가량(加良)과 함께 와서 관산성을 공격하였다. …… 신주의 김무력이 주의 군사를 이끌고 나가 교전하였는데, 비장인 삼년산군 고간(高干) 도도(都刀)가 재빨리 공격하여 백제 왕을 죽였다. 이때 신라 군사들이 승세를 타고 싸워 대승하여 좌평 4명, 병졸 29,600명을 베어 한 필의 말도 돌아가지 못하게 하였다.
> ─ 『삼국사기』 ─

① 요서와 산둥 일대에 진출하였다.
② 개국과 대창이라는 연호를 사용하였다.
③ 중앙 관청으로 22개의 부를 설치하였다.
④ 자장의 건의로 황룡사 9층 목탑을 건립하였다.

| 선지별 선택률 |

①	②	③	④
3.6%	12.5%	82.1%	1.8%

| 정답해설 |
제시문의 '관산성을 공격하였다.'를 통해 6세기 백제 성왕과 신라 진흥왕 시기 양국 간에 벌어진 '관산성 전투(554)'에 대한 내용임을 알 수 있다. 따라서 밑줄 친 '왕'은 백제 '성왕'이다.
③ 백제 성왕은 사비로 도읍을 옮기고 남부여로 국호를 개칭하였으며 중앙 관청으로 22개의 부를 설치하였다. 또한 신라와 나·제 동맹을 바탕으로 고구려를 공격하여 한강 유역 하류를 수복하였으나, 신라 진흥왕의 배신으로 다시 한강 하류를 빼앗기게 되었다. 이에 신라를 공격하였지만, 결국 관산성 전투에서 전사하였다.

| 오답해설 |
① 요서와 산둥 일대에 진출한 왕은 백제 근초고왕이다.
② 개국과 대창이라는 연호를 사용한 왕은 신라 진흥왕이다.
④ 자장의 건의로 황룡사 9층 목탑을 건립한 왕은 신라 선덕 여왕이다.

03 고대의 역사 〉 고대의 정치 〉 장보고
오답률 37.5% | 답 ③

다음 밑줄 친 '대사'에 대한 내용으로 옳은 것은?

> 이 엔닌은 대사의 어진 덕을 입었기에 삼가 우러러 뵙지 않을 수 없습니다. 저는 이미 뜻한 바를 이루기 위해 당나라에 머물러 왔습니다. 부족한 이 사람은 다행히도 대사께서 발원하신 적산원(赤山院)에 머물 수 있었던 것에 대해 감경(感慶)한 마음을 달리 비교해 말씀드리기가 어렵습니다.
> ─ 『입당구법순례행기』 ─

① 후당, 오월, 일본과 교류하였다.
② 당나라에 유학하며 빈공과에 급제하였다.
③ 회역사, 견당매물사 등의 교역 사절을 파견하였다.
④ 국호를 장안, 연호를 경운으로 하여 반란을 일으켰다.

| 선지별 선택률 |

①	②	③	④
12.5%	17.9%	62.5%	7.1%

| 정답해설 |
제시문의 '엔닌', '당나라에 머물러', '적산원'을 통해 밑줄 친 '대사'가 신라 하대에 활약한 '장보고'임을 파악할 수 있다.
③ 장보고는 일본에 회역사, 당나라에 견당매물사 등의 교역 사절을 파견하였다.

| 오답해설 |
① 후당, 오월, 일본과 교류한 국가는 견훤이 건국하였던 후백제(900)이다.
② 신라 말 6두품 출신의 도당 유학생들이 당나라에 유학하여 빈공과에 급제하였으며, 대표적 인물로는 최치원이 있다.
④ 웅주를 근거지로 반란을 일으켜 장안이라는 나라를 세우고 연호를 경운이라 칭한 인물은 김헌창이다.

| 더 알아보기 | 장보고

- 주요 행적: 장보고는 당에서 서주 무령군 소장으로 활약하였으며, 산둥반도에 법화원(적산원)을 건립하였다. 또한 흥덕왕에게 건의하여 청해진을 설치하고, 서·남해안을 장악하여 회역사, 견당매물사 등의 교역 사절을 파견하였다.
- 장보고의 난: 장보고는 김우징을 신무왕으로 즉위시키고 감의군사로 임명되었다. 즉위 3개월 만에 신무왕이 죽고 문성왕이 즉위하자 장보고는 자신의 딸을 문성왕의 둘째 왕비로 보내려 하였고, 뜻대로 되지 않자 난을 일으켰으나, 자객 염장에게 살해당하였다.

오답률 TOP 3

04 고대의 역사 > 고대의 문화 > 일본으로의 문화 전파

오답률 42.9% | 답 ②

다음 (가)~(라) 국가의 일본 문화 전파 내용으로 가장 옳지 않은 것은?

(가) 담징, 혜자, 혜관 등이 활약하며 문화를 전파하였다.
(나) 5경 박사인 단양이와 고안무가 유학을 전파하였다.
(다) 철을 수출하였고 토기 제작 기술에 영향을 주었다.
(라) 축제술에 영향을 주어 '한인의 연못'이라는 이름이 생겼다.

① (가) – 벽화 제작 기법
② (나) – 불교 삼론종 전파
③ (다) – 스에키 토기에 영향
④ (라) – 조선술의 전수

| 선지별 선택률 |

①	②	③	④
17.9%	57.1%	5.4%	19.6%

| 정답해설 |
(가) 고구려, (나) 백제, (다) 가야, (라) 신라에 해당한다.
② (나) 삼론종을 일본에 전파한 인물은 고구려의 혜관이다. 백제에서는 혜총이 불교 계율종을 전파하였다.

| 오답해설 |
① (가) 고구려의 담징은 일본에 종이와 먹, 맷돌을 전수하였고, 호류사 금당 벽화를 그렸다. 한편 혜자는 일본 쇼토쿠 태자의 스승이 되었으며, 혜관은 일본에 삼론종을 전파하였다.
③ (다) 가야는 일본 스에키 토기 발전에 영향을 주었다.
④ (라) 신라는 일본에 조선술을 전파하였으며, 축제술에도 영향을 주어 '한인(韓人)의 연못'이라는 이름이 생겼다.

| 더 알아보기 | 일본으로의 문화 전파

고구려	고구려 수산리 고분 벽화, 일본 다카마쓰 고분 벽화에 영향 • 7세기 – 영양왕: 종이와 먹 전파·호류사 금당 벽화 영향(담징), 쇼토쿠 태자의 스승(혜자) – 영류왕: 삼종론 전파(혜관) – 보장왕: 『일본세기』 저술(도현)
백제	• 삼국 중 일본에 가장 큰 영향을 주었다. • 4세기: 근초고왕, 근구수왕 – 한자 전파(아직기), 천자문·논어 전파(왕인) • 6세기 – 무령왕: 유학 전파(단양이, 고안무) – 성왕: 불경·불상 전파(노리사치계) – 위덕왕: 계율종 전파(혜총)
신라	• 조선술·축제술 전파 • '한인의 연못' 영향
가야	• 철·토기 수출 • 일본 '스에키 토기'에 영향
기타	삼국의 금동 미륵보살 반가 사유상이 일본의 목조 미륵보살 반가 사유상에 영향

---

05 중세의 역사 – 고려 > 중세의 정치 > 고려 성종

오답률 28.6% | 답 ①

다음 시무책을 받아들인 왕 대에 있었던 일을 〈보기〉에서 고른 것은?

제7조 국왕이 백성을 다스림은 집집마다 가서 날마다 일을 보는 것이 아닙니다. …… 청컨대 외관을 두소서.
제20조 불교는 수신(修身)의 근본이요, 유교를 행하는 것은 치국(治國)의 근원입니다. 수신은 내생의 복을 구하는 것이며, 치국은 금일의 임무입니다.

〈보기〉
ㄱ. 거란의 1차 침입이 발생하였다.
ㄴ. 과거제를 정비하여 문치주의를 확립하였다.
ㄷ. 지방관을 파견하고 9주 5소경 체제를 정비하였다.
ㄹ. 백관의 공복을 제정하였다.

① ㄱ, ㄴ
② ㄱ, ㄹ
③ ㄴ, ㄷ
④ ㄴ, ㄹ

| 선지별 선택률 |

①	②	③	④
71.4%	8.9%	14.3%	5.4%

| 정답해설 |
제시문은 고려 초 최승로가 '성종'에게 올린 '시무 28조'이다. 최승로는 시무 28조를 통해 지방관(외관) 파견을 주장하고, 불교 폐단을 비판하며 유교 정치 이념의 채택을 건의하였다. 이에 따라 성종은 주요 지역에 12목을 설치하고 지방관을 파견하였으며, 국자감을 개설하고, 지방에 경학박사와 의학박사를 파견하여 유학 교육을 장려하였다.
ㄱ. 고려 초 성종 때 거란의 1차 침입(993)이 일어났으나, 서희의 외교 담판으로 이를 물리쳤다.
ㄴ. 성종은 유학의 통치 이념을 세우고, 과거제를 정비하여 문치주의를 확립하였다.

| 오답해설 |
ㄷ. 성종은 전국에 12목을 설치하고 최초로 지방관을 파견하였다. 9주 5소경의 정비는 신라 신문왕의 업적이다.
ㄹ. 백관의 공복을 제정하여 관리의 위계 서열을 확립한 것은 고려 광종의 업적이다.

오답률 TOP 2

06 중세의 역사 – 고려 > 중세의 정치 > 삼별초

오답률 46.4% | 답 ③

제시문의 (가)에 대한 설명으로 옳은 것은?

원종 11년에 개경으로 환도할 기일을 정하여 게시하였는데, (가) 은/는 이에 따르지 않았다. 배중손 등이 봉기하여 군사들에게 병기를 나누어 주고, 왕족인 승화후 온을 왕으로 삼아 관부를 설치하고, 관원을 임명하였다.

① 철령 이북의 지역을 수복하였다.
② 좌별초, 우별초, 신기군으로 구성되었다.
③ 일본에 국서를 보내어 연대하고자 하였다.
④ 포수, 사수, 살수 등 삼수병으로 조직되었다.

| 선지별 선택률 |

①	②	③	④
1.7%	41.1%	53.6%	3.6%

| 정답해설 |
제시문의 (가)는 고려시대 개경으로의 환도를 거부하며 대몽 항쟁을 전개한 '삼별초'이다. 최우 시기 조직된 삼별초는 개경 환도에 거부하며 배중손과 김통정의 지휘 아래 진도와 제주도에서 몽골에 저항(1270~1273)하였다.
③ 삼별초는 일본에 국서를 보내 연대를 시도하였으나, 여·몽 연합군에게 진압되었다.

| 오답해설 |
① 쌍성총관부 지역을 공격하여 철령 이북의 지역을 수복한 것은 고려 말 공민왕에 대한 내용이다.
② 삼별초는 본래 치안을 위한 야별초가 좌별초, 우별초로 확대되고 신의군이 추가된 무신 집권기 군사 조직이다. 한편 신기군은 여진 정벌을 위해 조직한 별무반의 기병 부대이다.
④ 포수, 사수, 살수 삼수병으로 구성된 조직은 조선 후기 선조 때 직업군으로 조직된 훈련도감이다.

07 중세의 역사 – 고려 〉 중세의 정치 〉 고려 중기의 역사적 사실
오답률 25% | 답 ③

다음 빈칸 시기에 발생한 사실로 옳은 것은?

> (가) 여진의 추장들은 땅을 돌려달라고 떼를 쓰면서 해마다 와서 분쟁을 벌였다. …… 이에 왕은 신하들을 모아 의논한 후에 그들의 요구에 따라 9성을 돌려주었다.
> (나)
> (다) 대부분의 신하들은 사대를 할 수 없다고 주장하였다. 이자겸과 척준경이 말하였다. '…… 작은 나라가 큰 나라를 섬기는 것은 선왕의 법도이다. 마땅히 먼저 사신을 보내어 예를 닦는 것이 옳다.' 왕이 이 건의를 받아들였다.
> (라)
> (마) 저고여가 돌아가는 길에 압록강 부근에서 피살되는 사건이 일어나자 살리타가 대군을 이끌고 침입하였다.

① (나) – 김부식이 『삼국사기』를 편찬하였다.
② (나) – 국경에 천리장성을 축조하였다.
③ (라) – 김사미와 효심의 난이 발생하였다.
④ (라) – 정동행성이 설치되었다.

| 선지별 선택률 |

①	②	③	④
7.1%	16.1%	**75%**	1.8%

| 정답해설 |
(가) 고려 중기 예종 때 윤관이 별무반을 이끌고 여진을 정벌하여 동북 9성을 쌓았다(1107). 그러나 여진의 요청과 관리의 어려움으로 1년 만에 다시 돌려주었다.
(다) 인종 때 이자겸은 자신의 정권 유지를 위해 금의 군신 관계 요구를 수락(1125)하였고 북진 정책은 좌절되었다.
(마) 무신 집권기에 몽골 사신 저고여 피살 사건(1225)을 구실로 살리타가 이끄는 몽골군이 고려에 침입하였다.
③ 무신 이의민 집권 시기에 발생한 김사미와 효심의 난(1193)이 (라) 시기에 해당한다.

| 오답해설 |
① 김부식이 『삼국사기』를 편찬한 시기는 인종 때인 1145년으로, (라) 시기에 해당한다.
② 거란과 여진의 침략에 대비하여 국경에 천리장성을 축조한 시기는 1033~1044년(덕종~정종)으로, (가) 이전 시기에 해당한다.
④ 정동행성은 원 간섭기인 충렬왕 때(1280)에 설치되었으며, (마) 이후 시기에 해당한다.

08 중세의 역사 – 고려 〉 중세의 사회 〉 몽골풍
오답률 23.2% | 답 ③

다음 밑줄 친 '이 시기'에 해당하는 사실로 가장 옳은 것은?

> 이 시기부터 왕실의 왕자, 공주들이 국왕과 왕후를 부를 때 '마마'라는 말이 사용되었고, 왕실에서는 왕의 식사를 부르는 표현인 '수

라'라는 말도 쓰이기 시작하였다. 또한 중류주의 한 종류인 소주, 소의 뼈를 삶아 끓여 낸 설렁탕 등이 유행하기 시작한 것도 이 시기부터이다.

① 사학 12도가 융성하였다.
② 의천이 해동 천태종을 창시하였다.
③ 실천적 성격의 성리학이 수용되었다.
④ 만적이 신분 해방 운동을 내세워 난을 일으켰다.

| 선지별 선택률 |

①	②	③	④
5.4%	7.1%	**76.8%**	10.7%

| 정답해설 |
제시문의 '마마, 수라' 등의 표현과 '소주, 설렁탕' 등의 식문화는 몽골풍과 관련된 것으로, 따라서 밑줄 친 '이 시기'는 원 간섭기(13세기 후반~14세기 초)에 해당한다.
③ 원 간섭기인 충렬왕 때 안향이 성리학을 들여왔다. 당시의 성리학은 실천적 성격의 신유학이었다.

| 오답해설 |
① 최충의 문헌공도를 비롯한 사학 12도가 융성한 시기는 고려 중기이다.
② 의천이 해동 천태종을 창시한 시기는 11세기 고려 중기 숙종 때이다.
④ 만적이 신분 해방 운동을 내세워 난을 일으킨 시기는 최충헌의 무신 집권기에 해당한다.

| 더 알아보기 | 원으로부터의 문물 수용

> 원 간섭기에는 몽골풍 이외에도 사회·문화적으로 많은 변화가 있었다. 사상적으로는 성리학이 수용되었으며, 원의 라마교에 영향을 받은 개성 경천사지 10층 석탑이 만들어졌다. 또한 송설체가 도입되고, 원의 농서인 『농상집요』가 소개되었으며, 화약이 보급되었다.

09 근대 태동기의 역사 – 조선 후기 〉 근대 태동기의 사회 〉 조선 후기의 신분 계층
오답률 7.2% | 답 ②

다음 〈표〉는 조선 후기 신분 계층의 비중 변화를 나타낸 것이다. 당시 (가)~(다) 신분의 비율 변화에 대한 탐구 활동으로 옳은 것을 〈보기〉에서 모두 고른 것은?

시기	(가)	(나)	(다)	합계
1729년	26.29%	59.78%	13.93%	100%
1765년	40.98%	57.01%	2.01%	100%
1804년	53.47%	45.61%	0.92%	100%
1867년	65.48%	33.96%	0.56%	100%

> 〈보기〉
> ㄱ. (가) – 족보의 구매와 위조의 사례를 조사해 본다.
> ㄴ. (나) – 이들이 형성한 동족 마을의 모습을 조사해 본다.
> ㄷ. (다) – 노비 세습 방식이 일천즉천으로 변화한 배경을 조사해 본다.
> ㄹ. (다) – 당시 정부의 재정 상황이 이들의 비중 변화에 끼친 영향을 분석해 본다.

① ㄱ, ㄴ
② ㄱ, ㄹ
③ ㄴ, ㄷ
④ ㄴ, ㄹ

| 선지별 선택률 |

①	②	③	④
3.6%	92.8%	0%	3.6%

| 정답해설 |
제시된 표는 조선 후기인 18~19세기 신분별 인구 비중의 동향이다. 조선 후기에는

양반의 수가 증가하고 상민과 노비의 수가 감소하는 현상이 발생하는데, 이는 나라에서 발행하는 납속책·공명첩을 통한 합법적인 방법 혹은 족보의 위조·매입 등을 통한 불법적인 방법을 통해 신분 상승이 가능했기 때문이다. 양반으로의 신분 상승 경향이 대두됨에 따라 조선 후기에는 신분제의 동요가 발생하게 되었다. 따라서 조선 후기에 가까워질수록 점차 그 비율이 높아지는 (가)는 양반에 해당하며, 반대로 (나)는 상민, (다)는 노비에 해당한다.

ㄱ. 조선 후기에는 족보의 구매 혹은 위조와 같은 불법적인 방법으로 양반 신분을 획득한 계층이 증가하였다.

ㄹ. 조선 후기에는 재정 문제의 해결을 위하여 공노비를 해방시키는 정책을 시행하였다(순조, 1801).

| 오답해설 |

ㄴ. 조선 후기에 동족(동성) 마을을 형성한 계층은 양반 사족들이다.

ㄷ. 노비 세습 방식은 조선 전기의 일천즉천(부모 중 한 명이 노비이면 자식 또한 무조건 노비가 되는 원칙)에서 조선 후기의 노비종모법(양인 어머니와 노비 아버지 사이에서 태어난 자식은 어머니를 따라 양인이 되도록 한 법)으로 변화하였다.

---

10 근세의 역사 – 조선 전기 〉 근세의 경제 〉 토지 제도
오답률 8.9% | 답 ③

다음 제시문의 (가), (나) 사이 시기에 시행된 토지 제도에 대한 설명으로 옳은 것은?

> (가) 수전자(受田者)가 죽은 뒤, 그 처가 자식을 가지고 수신(守信)하는 경우에는 남편의 과전 모두를 물려받고, 자식이 없이 수신하는 경우에는 반만 받으며, 수신하지 않는 경우에는 주지 않는다. 부모가 모두 죽고 자식들이 어리면 마땅히 휼양하여야 하니 아버지의 과전 모두를 물려받고, 20세가 되면 본인의 과등(科等)에 따라 받는다.
>
> (나) (대왕대비가) 전지하기를, "사람들이 직전(職田)이 폐단이 있다고 많이 말하기에 대신에게 의논하니, 모두 말하기를, '…… 조정 관원이 그 세(稅)를 지나치게 거두어 백성들이 심히 괴롭게 여긴다 한다.' 하였다. 한명회 등이 아뢰기를, "직전의 세는 관에서 거두어 관에서 주면(官收官給) 이런 폐단이 없을 것입니다." 하였다.

① 해당 지역의 조세와 역 징발권을 부여하였다.
② 국가에서 직접 세금을 거두어 관리에게 지급하였다.
③ 현직 관리에게만 수조권을 지급하고 수신전과 휼양전도 폐지하였다.
④ 인품과 관품에 따라 전지와 시지를 지급하였다.

| 선지별 선택률 |

①	②	③	④
0%	3.5%	91.1%	5.4%

| 정답해설 |

(가) 고려 말 신진 사대부의 경제적 기반 확보를 위해 시행된 '과전법'이다. 과전법은 경기도의 수조지를 전·현직 관리들에게 분급하였고, 지급된 과전은 수신전과 휼양전으로 세습이 가능하였다.

(나) 조선 성종 때 시행된 '관수관급제'이다. 관수관급제는 기존에 관리들이 가지고 있던 수조권을 국가가 행사하도록 개편한 제도이다.

따라서 (가)와 (나) 사이 시기에 시행된 토지 제도로는 세조 때 시행된 '직전법'이 있다.

③ 직전법은 현직 관리에게만 수조권을 지급하고, 수신전과 휼양전 명목을 폐지하였다. 하지만 직전법 시행 이후 관리들의 수조권 남용 현상이 대두되면서 조선 정부는 관리의 직접 수조를 지양하기 위한 관수관급제를 시행하였다.

| 오답해설 |

① 조세와 역 징발권을 부여한 것은 신라시대의 녹읍, 식읍이며, 조선시대에는 역 징발권이 부여되지 않았다.

② 국가에서 직접 세금을 거두어 관리에게 지급한 제도는 관수관급제이다.

④ 인품과 관품을 나누어 전지와 시지를 지급한 제도는 고려시대 시행된 전시과(시정 전시과, 경종)이다.

---

11 근세의 역사 – 조선 전기 〉 근세의 정치 〉 조광조
오답률 32.1% | 답 ③

다음과 같은 건의를 한 인물에 대한 설명으로 옳은 것은?

> 지방에선 감사·수령이, 한양에서는 홍문관·육경·대간이 천거한 뒤, 그 인재들을 한데 모아 왕이 직접 면담하여 시험한다면, 많은 인재를 얻을 수 있습니다. 이는 한나라에 시행했던 현량방정과와 같은 것입니다. 과거 시험의 문제점은, 글재주만 있는 자만 선발되기에 그 사람의 행실을 알 수 없다는 것입니다. 반면, 천거제는 행실 등도 모두 감안한 뒤 뽑는 것이므로 이상적입니다.

① 명종에게 백운동 서원의 사액을 건의하였다.
② 강화학파를 형성하여 양명학 연구에 힘썼다.
③ 『소학』 보급을 통해 유교 윤리를 확산시키려 하였다.
④ 길재의 학통을 이어받고 김굉필 등의 제자들을 길렀다.

| 선지별 선택률 |

①	②	③	④
10.7%	5.3%	67.9%	16.1%

| 정답해설 |

제시문의 '현량방정과', '천거제'를 통해 '조광조'의 개혁 정책인 '현량과'에 대한 내용임을 알 수 있다.

③ 조선 중기 사림인 조광조는 소격서를 폐지하고 공론을 중시하였으며, 향약과 『소학』의 보급을 통해 유교 윤리를 확산시키려 하였다. 또한 공납의 폐단을 시정하고자 하였고 경연의 강화를 꾀하였으나 위훈 삭제로 공신들의 반발을 사 기묘사화(중종, 1519)가 발생하였다.

| 오답해설 |

① 명종에게 백운동 서원의 사액을 건의하여 소수 서원으로 개칭하게 한 인물은 이황이다.

② 강화학파를 형성하여 양명학 연구에 힘쓴 인물은 조선 후기의 정제두이다.

④ 길재의 학통을 이어받고 김굉필 등의 제자들을 길러낸 인물은 김종직이다.

---

12 근대의 역사 – 개항기 〉 흥선 대원군의 개혁 정치와 문호의 개방 〉 병인양요와 외규장각 의궤
오답률 16.1% | 답 ②

제시문의 (가)와 관련된 내용으로 옳은 것은?

> 프랑스가 약탈해 간 (가) 의 반환 문제는 1992년 주불 한국 대사관이 반환을 요청하면서 논의되기 시작했다. 1993년 김영삼 대통령과 미테랑 대통령 간의 정상 회담에서 반환의 원칙이 합의되었으나 프랑스 정부 측에서 (가) 을/를 반환하는 대신 국내에 소장 중인 비슷한 가치를 지닌 우리 문화재를 프랑스에 내줄 것을 요구하여 합의는 무산되었다. 이후 시간이 흘러 2010년 G20 정상 회의에서 한국과 프랑스 양국은 (가) 을/를 5년 단위 갱신이 가능한 임대 형식으로 대여하기로 합의하며 마침내 2011년에 모두 국내로 반환되었다.

① 금속 활자로 인쇄한 기록물을 알아본다.
② 양헌수와 한성근의 활약상을 조사한다.
③ 제너럴셔먼호 사건의 영향을 파악한다.
④ 혜초의 인도 순례의 발자취를 탐구해 본다.

| 선지별 선택률 |

①	②	③	④
10.7%	83.9%	5.4%	0%

| 정답해설 |

제시문의 (가) 유물은 '외규장각 의궤'이다. 외규장각 도서는 흥선 대원군 집권 시기 발생한 '병인양요(1866)' 때 프랑스가 약탈해 갔으며, 2011년 영구 임대의 형식으로

로 국내에 반환되었다.
② 양헌수와 한성근은 병인양요 당시 각각 정족산성과 문수산성에서 적극 활약하였다.

| 오답해설 |
① 현존하는 가장 오래된 금속 활자 인쇄본인 『직지심체요절』에 대한 내용이다.
③ 제너럴셔먼호 사건은 신미양요(1871)의 원인이 되었다. 한편 신미양요 때 약탈당한 문화재로는 어재연 장군의 수(帥) 자기가 있다.
④ 신라 중대 혜초가 인도를 순례한 후 저술한 책은 『왕오천축국전』으로, 이 역시 프랑스에 보관되어 있다.

| 더 알아보기 | **프랑스로 반출된 한국의 문화유산**

- 『왕오천축국전』: 혜초의 인도 순례기인 『왕오천축국전』은 1908년 프랑스의 동양학자가 중국 북서 지방에서 발견하여 현재 프랑스 국립도서관에 보관되어 있다.
- 『직지심체요절』: 고려 말 청주 흥덕사에서 간행된 『직지심체요절』은 유네스코 세계 기록 유산으로 1886년 초대 프랑스 공사가 조선에서 수집하여 현재 프랑스 국립도서관에 보관되어 있다.
- 외규장각 의궤: 조선시대에 왕실이나 국가에서 열린 큰 행사를 그림과 문자로 정리한 책으로 1866년 병인양요 때 프랑스군이 약탈해 갔다. 프랑스 국립도서관 사서로 근무하였던 박병선 박사에 의해 세상에 존재가 알려진 의궤는 양국의 오랜 합의를 거쳐 2011년 영구 임대 형식으로 국내에 반환되었다.

13 근대의 역사 – 개항기 〉 근대 국가 수립 운동 〉 동학 농민 운동
오답률 8.9% | 답 ③

다음 제시된 사건이 발생한 시기를 (가)~(라)에서 옳게 고른 것은?

당시 조선 조정은 조선에 파병된 청군과 일본군에게 철수할 것을 요구했으나, 일본은 조선의 철군 요구를 무시하고 조선 땅에 계속 군대를 주둔하였다. 이어 일본군은 무력으로 경복궁을 점령하고 고종에게 청과 맺은 모든 조약을 파기하게 하도록 압력을 가하였다.

	(가)		(나)		(다)		(라)	
고부 봉기 발생		황토현 전투		전주성 점령		논산 집결		우금치 전투

① (가)　　② (나)　　③ (다)　　④ (라)

| 선지별 선택률 |

①	②	③	④
0%	0%	91.1%	8.9%

| 정답해설 |
제시문의 '일본은 조선의 철군 요구를 무시하고 조선 땅에 계속 군대를 주둔하였다.'를 통해 '동학 농민 운동(1894)' 당시의 상황임을 파악할 수 있다. 당시 조선 정부는 동학 농민군이 전주성을 점령하자 농민군을 진압하고자 청에 군대 파병을 요청하였으며, 일본은 톈진 조약을 구실로 군대를 파병하였다. 이에 조선 정부와 농민군은 전주 화약을 체결하고, 양국 군의 철수를 요청하였다. 하지만 일본은 이를 무시하고 경복궁을 점령, 청·일 전쟁을 일으키게 되었다. 일본군의 철수 거부와 전쟁을 계기로 농민군의 2차 봉기가 발생하였으나 논산에 집결한 동학군은 우금치 전투에서 패배하게 되었다. 따라서 이는 연표의 (다) 시기에 해당한다.

| 더 알아보기 | **동학 농민 운동의 세부 사건**

교조 신원 운동과 고부 봉기를 계기로 본격화된 동학 농민 운동은 1차 봉기 당시 백산 집결 이후 황토현·황룡촌 전투에서 관군을 격파하였다. 이후 동학 농민군이 전주성을 점령하자 정부는 청에 원군을 요청하였다. 톈진 조약을 근거로 일본군도 파병되자 정부는 농민군과 전주 화약을 체결하였고 양국 군대의 철수를 요청하였다. 그러나 일본은 이를 거부하였고, 이로 인해 청·일 전쟁이 발발하였다. 일본군의 철수 거부와 전쟁을 계기로 농민군의 2차 봉기가 발생하였으나 논산에 집결한 동학군은 우금치 전투에서 패배하게 되었다.

14 일제강점기 〉 일제의 식민 통치와 항일 민족 운동 〉 대한민국 임시 정부
오답률 35.7% | 답 ④

제시문의 원칙에 따라 출범한 조직에 대한 설명으로 옳지 않은 것은?

제1조 대한민국은 민주 공화제로 함
제2조 대한민국은 임시 정부가 임시 의정원의 결의에 의하야 차를 통치함
제3조 대한민국의 인민은 남녀 귀천 급 빈부의 계급이 무하고 일체 평등임
제4조 대한민국의 인민은 신교·언론·저작·출판·결사·집회·신서·주소 이전·신체 급 소유의 자유를 향유함

① 언론 활동을 위한 〈독립신문〉을 간행하였다.
② 미국에 구미 위원부를 두어 외교 활동을 전개하였다.
③ 국내와의 연락을 위해 연통제와 교통국을 운영하였다.
④ 군무부를 통해 1920년대 만주의 독립군 활동을 총괄하였다.

| 선지별 선택률 |

①	②	③	④
28.6%	5.4%	1.7%	64.3%

| 정답해설 |
제시문은 '대한민국 임시 정부' 헌법의 일부이다.
④ 초기 대한민국 임시 정부는 군무부를 두고 만주의 독립군 세력과 긴밀히 연락하고자 하였으나, 1919년 출범 초기부터 이를 직접 총괄하지는 못하였다.

| 오답해설 |
①, ②, ③ 대한민국 임시 정부는 3·1 운동(1919)을 계기로 상하이에서 출범하였으며, 삼권 분립을 표방한 민주 공화정의 형태를 띠었다. 또한 국내와의 연락을 위해 연통제와 교통국을 운영하였으며, 미국에는 구미 위원부를 두어 이승만을 중심으로 외교 활동을 전개하였다. 기관지로는 〈독립신문〉을 간행하였다.

15 일제강점기 〉 일제의 식민 통치와 항일 민족 운동 〉 민족 말살 통치
오답률 10.7% | 답 ①

다음의 제도가 시행되던 시기에 대한 설명으로 옳은 것은?

제1조 국가 총동원이란 전시에 국방 목적을 달성하기 위해 국가의 전력을 가장 유효하게 발휘하도록 인적 및 물적 자원을 운용하는 것을 말한다.
제4조 정부는 전시에 국가 총동원상 필요할 때는 칙령이 정하는 바에 따라 제국 신민을 징용하여 총동원 업무에 종사하게 할 수 있다. 단, 병역법의 적용을 방해하지 않는다.
제8조 정부는 전시에 국가 총동원상 필요할 때는 칙령이 정하는 바에 따라 물자의 생산·수리·배급·양도·기타의 처분, 사용·소비·소지 및 이동에 관하여 필요한 명령을 내릴 수 있다.

① 초등 교육 기관의 명칭을 국민학교로 바꾸었다.
② 회사령이 제정되고 한국인의 회사 설립이 어려워졌다.
③ 안정적인 미곡 생산을 위해 산미 증식 계획을 진행하였다.
④ 토지의 소유권과 가격에 대한 대대적인 조사를 진행하였다.

| 선지별 선택률 |

①	②	③	④
89.3%	0%	10.7%	0%

| 정답해설 |
제시문은 일제의 '민족 말살 통치 시기(1931~1945)'에 발표된 '국가 총동원법(1938)'이다. 이 시기에 일제는 쌀 공출제와 금속 공출제를 실시하여 전시 물자에 동원하기 위한 수탈을 가속화하였다. 또한 민족 말살 정책의 일환으로 한국어 사용을 금지시켜 한글 신문인 〈동아일보〉와 〈조선일보〉를 강제로 폐간시켰다.

① 일제는 1941년 국민학교령을 제정하여 초등 교육 기관의 명칭을 국민학교로 바꾸었다.

| 오답해설 |
② 1910년대 일제는 회사령을 제정하여 회사 설립의 요건을 허가제로 규정하였다.
③ 1920년부터 1934년까지 일제는 자국 내 쌀 생산 안정화 등을 위해 한반도의 미곡 생산량을 증대하는 산미 증식 계획을 진행하였다.
④ 1910년대 일제는 토지 조사 사업을 전개하여 토지의 소유권과 가격에 대한 대대적인 조사를 진행하였다.

16 일제강점기 > 일제의 식민 통치와 항일 민족 운동 > 독립군의 활동
오답률 30.4% | 답 ④

(가)~(라)의 사건들을 발생 순서대로 옳게 나열한 것은?

> (가) 중국 우한에서 조선 민족 전선 연맹 산하의 부대가 창설되었다.
> (나) 대한 독립 군단이 러시아 적색군의 공격을 받아 피해를 입었다.
> (다) 조선 혁명군이 중국 의용군과 연대하여 흥경성 전투를 전개하였다.
> (라) 조선 의용대의 병력 일부가 충칭의 한국광복군으로 합류하였다.

① (가) - (나) - (다) - (라)
② (가) - (나) - (라) - (다)
③ (나) - (가) - (다) - (라)
④ (나) - (다) - (가) - (라)

| 선지별 선택률 |

①	②	③	④
9%	0%	21.4%	69.6%

| 정답해설 |
④ 제시된 사건들의 순서는 다음과 같다.
(나) 만주의 독립군들이 소련으로 이동하였다가 적색군에 피해를 입은 자유시 참변(1921)이 발생하였다.
(다) 양세봉의 조선 혁명군이 중국 의용군과 연대하여 영릉가·흥경성 전투(1932~1933)에서 승리를 거두었다.
(가) 중국 우한에서 중국 관내 최초의 군사 조직인 김원봉의 조선 의용대가 조선 민족 전선 연맹 산하 부대로 창설(1938)되었다.
(라) 김원봉이 조선 의용대의 병력 일부를 이끌고 1942년 대한민국 임시 정부의 정규군인 한국광복군에 합류하였다.

오답률 TOP 1
17 근대의 역사 – 개항기 > 근대 국가 수립 운동 > 을미개혁
오답률 55.4% | 답 ②

다음의 개혁이 시행된 시대적 배경으로 옳은 것은?

> 제1조 국내의 육군을 친위와 진위 2종으로 나눈다.
> 제2조 친위는 경성에 주둔하여 왕성 수비를 전적으로 맡는다.
> 제3조 진위는 부(府) 혹은 군(郡)의 중요한 지방에 주둔하여 지방 진무와 변경 수비를 전적으로 맡는다.

① 김홍집·박영효 연립 내각의 출현
② 삼국 간섭 이후 세력을 만회하려는 일본
③ 개혁 추진 기구인 군국기무처의 설치
④ 자주 국권 확립을 위한 독립 협회의 노력

| 선지별 선택률 |

①	②	③	④
32.1%	44.6%	12.6%	10.7%

| 정답해설 |
제시문의 '친위와 진위'를 통해 을미개혁(1895) 당시 진행된 군제 개편임을 알 수 있다. 당시의 군제 개편은 훈련대 일부가 을미사변에 가담하였다는 비난에 따라 기존의 훈련대를 폐지하고 새로이 군대를 재편하며 진행되었다.
② 청·일 전쟁과 삼국 간섭 이후 명성 황후가 친러 정책을 추진하자 일본은 세력을 만회하기 위해 을미사변(1895)을 일으키고, 친일 내각을 중심으로 을미개혁을 추진하였다.

| 오답해설 |
① 김홍집·박영효 연립 내각은 제2차 갑오개혁 당시의 내각이며, 을미개혁 시기에는 4차 김홍집 친일 내각이 들어섰다.
③ 군국기무처는 제1차 갑오개혁 당시의 개혁 추진 기구이다.
④ 독립 협회는 을미개혁 이후인 1896년에 조직되었다.

18 현대의 역사 > 민주주의의 시련과 발전 > 헌법의 변천
오답률 37.5% | 답 ②

다음 (가)~(라)를 내용으로 하는 헌법이 적용되던 시기에 일어난 사건을 바르게 연결한 것은?

> (가) 대통령의 임기는 7년이며 중임할 수 없다.
> (나) 대통령과 부통령의 임기는 4년으로 하며, 1차 중임할 수 있다. 단, 이 헌법 공포 당시의 대통령에 대하여 중임 제한을 적용하지 아니한다.
> (다) 6년 임기의 대통령은 통일 주체 국민 회의에서 선출된다.

① (가) - 수출 100억 불을 달성하였다.
② (나) - 민주당이 '못살겠다 갈아보자'라는 구호를 내걸었다.
③ (다) - 노동자 전태일이 분신하는 사건이 발생하였다.
④ (나) - (가) - (다)의 순으로 개헌이 이루어졌다.

| 선지별 선택률 |

①	②	③	④
16.1%	62.5%	16.1%	5.3%

| 정답해설 |
(가) 대통령 임기 7년 단임을 규정한 '8차 개헌 헌법'이다(전두환 정부, 1980).
(나) 초대 대통령 중임 제한 예외를 명시한 '사사오입 개헌'이다(이승만 정부, 2차 개헌, 1954).
(다) 통일 주체 국민 회의를 통한 대통령 간선제를 명시한 '유신 헌법'이다(박정희 정부, 7차 개헌, 1972).
② 1956년 제3대 대통령 선거에서 야당인 민주당이 '못살겠다 갈아보자'라는 구호를 내걸었으며, 당시에는 사사오입 개헌 헌법이 적용되었다.

| 오답해설 |
① 수출 100억 불 달성은 유신 헌법 시기인 1977년의 일이다.
③ 전태일 분신 사건(1970)은 '3선 개헌(박정희 정부, 6차 개헌) 헌법'이 적용되던 시기에 발생하였다.
④ (나) - (다) - (가)의 순으로 개헌이 이루어졌다.

19 현대의 역사 > 북한의 변화와 통일을 위한 노력 > 통일을 위한 합의문
오답률 14.3% | 답 ④

다음 (가), (나)의 합의 사이에 발생한 사실로 옳지 않은 것은?

> (가) 첫째, 통일은 외세에 의존하거나 외세의 간섭을 받음이 없이 자주적으로 해결하여야 한다. 둘째, 통일은 서로 상대방을 반대하는 무력 행사에 의거하지 않고 평화적 방법으로 실현해야 한다.
> (나) 남과 북은 서로 상대방의 체제를 인정하고 존중한다. 남과 북은 상대방에 대하여 무력을 사용하지 않으며 상대방을 무력으로 침략하지 아니한다.

① 우리 정부가 7·7 선언을 발표하였다.
② 남북한이 UN에 동시 가입하였다.
③ 분단 이후 최초로 남북의 이산가족이 고향에 방문하였다.
④ 남북이 정상 회담에 합의하여 평양에서 최초 회담이 개최되었다.

| 선지별 선택률 |

①	②	③	④
7.1%	5.4%	1.8%	85.7%

| 정답해설 |
(가) 자주·평화·민족적 대단결의 원칙에 합의한 '7·4 남북 공동 성명(박정희 정부, 1972)'이다.
(나) 남북 화해·불가침·교류·협력의 내용을 담은 '남북 기본 합의서(노태우 정부, 1991)'이다.
④ 김대중 정부 시기인 2000년 평양에서 최초의 남북 정상 회담을 개최하였으며, 그 결과 6·15 남북 공동 선언을 채택하였다. 이는 (나) 이후에 해당한다.

| 오답해설 |
① 7·7 선언은 노태우 정부 초기인 1988년에 발표되었으며, 우리 정부는 이 선언을 통해 북한을 경쟁과 대립의 대상이 아닌 협력의 대상으로 바라보고자 하였다.
② 남북한 UN 동시 가입은 노태우 정부 시기인 1991년 9월에 이루어졌으며, 이후 남북 기본 합의서(1991. 12.)가 채택되었다.
③ 분단 이후 최초로 남북 이산가족의 고향 방문이 전두환 정부 시기인 1985년 진행되었다.

20 현대의 역사 〉 대한민국 정부의 수립과 6·25 전쟁 〉 이승만과 김구
오답률 14.2% | 답 ③

다음은 정부 수립에 대한 두 가지 상반된 주장이다. (가)와 (나)를 주장한 인물에 대한 설명으로 옳은 것은?

(가) 이제 무기한 휴회된 미·소 공동 위원회가 재개될 기색도 보이지 않으며, 통일 정부를 고대하나 여의케 되지 않으니, 남한만이라도 임시 정부, 혹은 위원회 같은 것을 조직하여 38도 이북에서 소련이 철회하도록 세계 여론에 호소해야 할 것이다.

(나) 나는 통일된 조국을 세우려다가 38도선을 베고 쓰러질지언정 일신의 구차한 안일을 취하여 단독 정부를 세우는 데는 협력하지 않겠다.

① (가) – 대한민국 임시 정부의 국민 대표 회의 당시 창조파였다.
② (나) – 삼균주의를 제창하여 대한민국 건국 강령을 작성하였다.
③ (가) – 6·25 전쟁 중에 발췌 개헌을 추진하여 대통령 재선에 성공하였다.
④ (나) – 좌·우 합작 운동을 전개하여 남조선 과도 입법 의원의 의장이 되었다.

| 선지별 선택률 |

①	②	③	④
7.1%	0%	85.8%	7.1%

| 정답해설 |
(가) 제1차 미·소 공동 위원회 결렬 이후 남한만의 단독 정부 수립을 주장한 이승만의 '정읍 발언(1946. 6.)'이다.
(나) UN의 단독 정부 수립 결정에 반발하여 통일 정부 수립을 주장한 김구의 '3천만 동포에게 읍고함(1948. 2.)'이다.
③ 이승만 대통령은 1952년 6·25 전쟁 중에 발췌 개헌을 추진하여 대통령 재선에 성공하였다.

| 오답해설 |
① 1923년 창조파는 국민 대표 회의 당시 임시 정부의 해체를 주장하였다. 반면에 이승만은 임시 정부를 유지하자는 입장이었다.
② 1941년 삼균주의를 제창하여 대한민국 건국 강령을 작성한 인물은 조소앙이다.
④ 좌·우 합작 운동(1946)을 전개한 대표적 인물로는 여운형·김규식 등이 있다. 한편 김규식은 남조선 과도 입법 의원의 의장이 되었다.

문제편 p.18

01	②	02	②	03	③	04	②	05	②
06	②	07	①	08	②	09	③	10	②
11	①	12	②	13	②	14	①	15	②
16	②	17	④	18	④	19	③	20	①

▶ 풀이시간: /14분 나의 점수: /100점

01 우리 역사의 기원과 형성 〉 국가의 형성 〉 부여   오답률 13.9% | 답 ②

다음 자료와 관련된 나라에 대한 설명으로 가장 옳은 것은?

> 사람을 죽인 사람은 사형에 처하고, 그 집안 사람은 노비로 삼는다. 도둑질을 하면 물건 값의 12배를 변상하게 하였다. 남녀 간에 음란한 짓을 한 사람이나 질투하는 부인은 모두 죽였다. 투기하는 것을 더욱 미워하여, 투기하는 사람을 죽이고 나서 그 시체를 나라의 남산 위에 버려서 썩게 한다.

① 10월에 무천이라는 제천 행사를 개최하였다.
② 형이 죽으면 형수를 아내로 삼는 풍습이 있었다.
③ 중대한 범죄자는 제가 회의를 열어 사형에 처했다.
④ 왕 밑에서 국무를 관장하던 상이라는 관직이 있었다.

| 선지별 선택률 |

①	②	③	④
0%	86.1%	2.8%	11.1%

| 정답해설 |
제시문은 『삼국지』에 소개된 '부여'의 4대 금법이다. 4대 금법에는 살인자에 대한 사형과 연좌제, 절도죄에 대한 12배 배상, 질투죄와 투기죄가 규정되어 있다.
② 형사취수제는 부여와 고구려에 공통적으로 존재하였던 풍속이다.

| 오답해설 |
① 무천은 초기 국가 동예의 제천 행사이다.
③ 제가 회의는 고구려의 귀족 회의이다.
④ 상, 대부, 장군 등은 고조선의 관직이다.

02 고대의 역사 〉 고대의 정치 〉 발해   오답률 27.8% | 답 ②

다음 글의 (가) 국가에 대한 설명으로 옳은 것은?

> 부여씨와 고씨가 망하게 되니 김씨가 그 남쪽을 차지하고, 대씨가 그 북쪽을 차지하여   (가)   (이)라고 하였다. 이를 남북국이라 한다. 그러니 마땅히 남북국의 역사책이 있어야 하는데, 고려가 이를 편찬하지 않은 것은 잘못이다. 대저 대씨는 어떤 사람인가? 바로 고구려 사람이다. 그들이 차지했던 곳은 어디인가? 바로 고구려 땅이다. …… 고려가 약한 나라가 된 것은   (가)   의 땅을 차지하지 못하였기 때문이다.

① 감찰 기관으로 사정부를 두었다.
② 중앙군으로서 10위를 운영하였다.
③ 당의 침입을 막기 위하여 천리장성을 축조하였다.
④ 거란의 침입을 물리치고 고구려 후계임을 인정받았다.

| 선지별 선택률 |

①	②	③	④
8.4%	72.2%	0%	19.4%

| 정답해설 |
제시문의 '남북국이라 한다.'를 통해 발해가 우리 역사라는 사실을 설명한 유득공의 『발해고』에 대한 내용임을 알 수 있다. 따라서 (가) 국가가 대조영이 세운 '발해'임을 알 수 있다. 참고로 남북국이라는 용어는 유득공의 『발해고』에서 처음 사용되었다.
② 발해는 중앙군으로서 10위를 두었으며, 지방군은 독립 부대로 운영하였다.

| 오답해설 |
① 감찰 기관 사정부는 신라의 기구이다. 발해는 감찰 기관으로 중정대를 두었다.
③ 7세기 당의 침입을 막기 위하여 천리장성을 축조한 국가는 고구려이다.
④ 거란의 1~3차 침입을 물리친 국가는 고려이다. 한편 고려는 거란의 1차 침입 때 서희의 외교 담판으로 고구려 후계임을 인정받았다.

03 고대의 역사 〉 고대의 문화 〉 고대의 고분   오답률 8.3% | 답 ③

다음의 밑줄 친 '이 무덤'에 대한 설명으로 옳은 것은?

> 이 무덤은 백제의 천도 후에 축조된 고분 중에서 확인된다. 그 중에서 대표적인 것이 송산리 6호분과 무령왕릉(송산리 7호분)이다. 이 무덤은 기본적으로 평면 형태가 장방형이고 천장은 아치의 연속 구조라 전체적으로 터널형을 띤다.

① 지안에 위치한 장군총이 대표적이다.
② 천마도와 같은 벽화가 발견되었다.
③ 중국 남조의 영향을 받아 벽돌로 제작되었다.
④ 돌로 1개 이상의 널방을 짜고 흙으로 덮은 무덤이다.

| 선지별 선택률 |

①	②	③	④
0%	2.7%	91.7%	5.6%

| 정답해설 |
제시문의 '송산리 6호분', '무령왕릉'을 통해 밑줄 친 '이런 무덤'이 백제 웅진 시기에 제작된 '벽돌무덤'임을 알 수 있다.
③ 백제의 벽돌무덤은 중국 남조의 영향을 받아 제작되었다.

| 오답해설 |
① 장군총은 돌무지무덤이다. 참고로 지안(집안)은 고구려 국내성이 위치해 있던 지역이다.
② 천마도가 발견된 천마총은 대표적인 신라의 돌무지덧널무덤이다. 참고로 천마도는 벽화가 아닌 말다래(다리에 흙이 튀지 않도록 안장 밑으로 늘어뜨린 판)에 그려진 그림이다.
④ 널방을 짜고 흙으로 덮은 무덤은 삼국시대 후기에 주로 제작된 굴식 돌방무덤이다.

04 중세의 역사 – 고려 > 중세의 경제 > 고려시대의 경제
오답률 30.6% | 답 ②

> 다음 글에서 설명하는 시대의 경제 상황에 대한 서술로 옳은 것은?
>
> > 왕이 명하기를, "경기의 주현들에서는 상공(常貢) 외에도 요역이 많고 무거워 백성들이 고통을 견디지 못하고 나날이 도망쳐 떠돌아다니고 있으니, 주관하는 관청에서는 그들의 공물과 역의 많고 적음을 파악하여 결정하고 시행하라. 구리, 철, 자기, 종이, 먹 등 여러 소(所)에서 별공(別貢)으로 바치는 물건들을 함부로 징수하여 장인들이 살기가 어려워 도망치고 있다. 해당 기관에 연락하여 각 소에서 별공과 상공으로 내는 물건의 많고 적음을 파악하여 결정한 다음, 왕에게 아뢰어 재가를 받도록 하라."라고 하였다.
>
> ① 이모작이 전국적으로 성행하였다.
> ② 상평창을 설치하여 물가를 조절하였다.
> ③ 토지의 비옥도에 따라 6등급으로 나누었다.
> ④ 현직 관리에게만 수조권을 지급하는 직전법이 실시되었다.

| 선지별 선택률 |

①	②	③	④
19.4%	**69.4%**	2.9%	8.3%

| 정답해설 |
제시문의 '소(所)'는 고려시대 존재하였던 특수 행정 구역이다. 향·부곡·소와 같은 특수 행정 구역의 주민들은 일반 군현에 비하여 세금 부담이 무겁고 거주 이전의 자유도 제한되는 차별을 받았다. 따라서 해당 시기는 '고려시대'에 해당한다.
② 상평창은 물가 조절 기구로서 고려와 조선시대에 설치·운영되었다.

| 오답해설 |
① 모내기법은 고려 말에 도입되었으나 모내기법을 이용한 이모작은 고려시대에는 남부 지방에 제한적으로 보급되었고, 조선 후기에 이르러서야 전국적으로 보급된다.
③ 토지를 비옥도에 따라 6등급으로 나눈 공법(전분 6등법)은 조선 초 세종 때 시행되었다.
④ 현직 관리에게만 수조권을 지급한 직전법은 조선 초 세조 때 시행되었다.

05 근세의 역사 – 조선 전기 > 근세의 정치 > 6조 직계제
오답률 5.6% | 답 ②

> 다음 (가), (나) 시기에 있었던 사실로 가장 옳지 <u>않은</u> 것은?
>
> > (가) 의정부의 여러 일을 나누어 6조에 귀속시켰다. …… 처음에 왕은 의정부의 권한이 막중함을 염려하여 이를 없앨 생각이 있었지만, 신중히 여겨 서둘지 않았다가 이때에 이르러 단행하였다. 의정부가 관장한 일은 사대 문서와 중죄수의 심의에 관한 것뿐이었다.
> >
> > (나) 상왕이 나이가 어려 무릇 조치하는 바는 모두 대신에게 맡겨 논의 시행하였다. 지금 내가 명을 받아 왕통을 물려받아 군국 서무를 아울러 자세히 듣고 헤아려 다 조종의 옛 제도를 되살린다. 지금부터 형조의 사형수를 뺀 모든 서무는 6조가 저마다 직무를 맡아 직계한다.
>
> ① (가) – 사병을 철폐하고 호패법을 시행하였다.
> ② (가) – 홍문관을 두어 주요 관리들을 경연에 참여하게 하였다.
> ③ (나) – 수신전과 휼양전을 폐지하는 직전법을 시행하였다.
> ④ (나) – 이시애의 난을 계기로 유향소를 폐지하였다.

| 선지별 선택률 |

①	②	③	④
5.6%	**94.4%**	0%	0%

| 정답해설 |
(가) 태종의 6조 직계제, (나) 세조의 6조 직계제 시행에 대한 내용이다. 태종과 세조는 6조 직계제를 통하여 강력한 왕권을 바탕으로 하는 정치 체제를 구현하고자 하였다.
② 홍문관을 두어 경연을 열었던 왕은 성종이다.

| 오답해설 |
① 조선 초 태종은 사병을 철폐하고 호패법을 시행하였다.
③, ④ 조선 초 세조는 이시애의 난(1467)을 계기로 유향소를 폐지하였다. 또한 세조는 수신전과 휼양전을 폐지하는 직전법을 시행(1466)하였다.

| 더 알아보기 | 태종과 세조의 정책

태종	• 1·2차 왕자의 난을 통해 권력 장악, 한양 재천도
	• 왕권 강화 정책
	  – 외척·종친 배제, 사병 혁파
	  – 6조 직계제 실시, 의정부 권한 약화
	  – 사간원 독립
	• 수취 제도 및 민생 정책: 호패법 실시, 신문고 설치
	• 유교 정치 사상 확립: 서얼차대법, 재가금지법 제정
	• 대외 관계: 친명 정책, 공도 정책

세조	• 권력 장악
	  – 계유정난을 통해 권력 장악 → 이징옥의 난 진압
	  – 사육신 주도의 단종 복위 운동 진압
	• 왕권 강화 정책
	  – 종친의 권한 증대
	  – 6조 직계제 실시(의정부 권한 약화)
	  – 집현전 폐지, 경연 폐지, 유향소 폐지(이시애의 난 계기)
	• 국방 정책: 보법, 5위제, 진관 체제 실시
	• 불교 정책: 간경도감 설치, 원각사지 10층 석탑 설립
	• 통치 정책: 직전법 실시, 『경국대전』 편찬 시작

06 중세의 역사 – 고려 > 중세의 경제 > 대외 무역
오답률 33.3% | 답 ②

> 고려시대의 대외 무역 활동에 대한 설명으로 옳은 것은?
>
> ① 울산항이 송나라 상인뿐 아니라 아라비아 상인까지 왕래하며 국제 무역항으로 번성하였다.
> ② 서해안의 해로를 통해 송나라로 종이, 인삼 등 수공업품과 토산물을 수출하는 한편, 왕실과 귀족의 수요품을 수입하였다.
> ③ 일본은 11세기 후반부터 식량, 인삼, 서적을 가지고 와서 수은, 황과 바꾸어 갔다.
> ④ 북방의 거란과 여진에게는 은, 모피, 말을 수출하고, 고려는 농기구, 곡식을 수입하였다.

| 선지별 선택률 |

①	②	③	④
22.2%	**66.7%**	5.5%	5.6%

| 정답해설 |
② 고려시대에는 송에 금, 은, 종이, 인삼 등을 수출하고, 지배층의 수요품을 수입하였다.

| 오답해설 |
①, ③, ④ 고려시대의 국제 무역은 주로 벽란도를 통해 이루어졌다. 고려는 북방의 거란과 여진에게서 은, 모피, 말을 수입하고, 농기구, 곡식을 수출하였으며, 일본과는 11세기 후반부터 수은, 황을 수입하고 와서 식량, 인삼, 서적을 수출하였다. 한편 울산항은 신라시대의 국제무역항이다.

| 더 알아보기 | 고려시대 대외 무역

구분	수입	수출
중국	비단, 장식품, 약재, 서적(귀족 수요품)	금, 은, 인삼, 직물, 세공품
거란·여진(북방)	토산물(모피)	곡식
일본	토산물	곡식, 비단

07 단원통합 〉 불교　　　　　　오답률 19.4% | 답 ①

다음 불교와 관련된 내용을 시대순으로 바르게 나열한 것은?

> (가) 일심 사상을 바탕으로 종파 간의 대립을 극복하고자 하였다.
> (나) 사명 대사가 일본으로 건너가 전쟁 중에 사로잡힌 우리 포로들을 송환해 왔다.
> (다) 유불일치설을 바탕으로 심성의 도야를 강조하여 장차 성리학을 수용할 수 있는 사상적 토대를 마련하였다.
> (라) 이론의 연마와 실천을 강조하여 교관겸수(敎觀兼修)·내외겸전(內外兼全)을 주창하였다.

① (가) – (라) – (다) – (나)
② (다) – (나) – (가) – (라)
③ (다) – (라) – (가) – (나)
④ (가) – (다) – (나) – (라)

| 선지별 선택률 |

①	②	③	④
80.6%	2.8%	8.3%	8.3%

| 정답해설 |

① 제시된 내용의 순서는 다음과 같다.
(가) 통일 신라 시기 원효는 일심 사상을 바탕으로 종파 간의 대립을 극복하고자 하였다.
(라) 고려 중기 의천은 이론의 연마와 실천을 강조하는 교·선종 통합 운동을 전개하며 교관겸수(敎觀兼修)·내외겸전(內外兼全)을 주창하였다.
(다) 고려 무신 집권기 혜심은 유불일치설을 바탕으로 심성의 도야를 강조하여 장차 성리학을 수용할 수 있는 사상적 토대를 마련하였다.
(나) 임진왜란 이후 사명 대사가 일본으로 건너가 전쟁 중에 사로잡힌 우리 포로들을 송환해 왔다.

08 단원통합 〉 문화유산의 제작 시기　　　　　　오답률 16.7% | 답 ②

다음 (가)~(라)의 문화유산이 제작된 시기를 순서대로 바르게 나열한 것은?

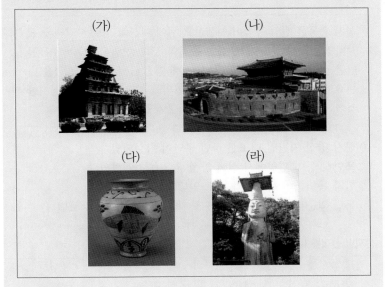

(가)　　　　(나)
(다)　　　　(라)

① (가) – (다) – (라) – (나)
② (가) – (라) – (다) – (나)
③ (라) – (가) – (나) – (다)
④ (라) – (가) – (다) – (나)

| 선지별 선택률 |

①	②	③	④
8.4%	83.3%	0%	8.3%

| 정답해설 |

② 제시된 문화유산의 제작 순서는 다음과 같다.
(가) 백제 무왕 시기에 건립된 익산 미륵사지 석탑
(라) 고려 전기에 건립된 논산 관촉사 석조 미륵보살 입상
(다) 고려 말에서 조선 초까지 유행한 분청사기
(나) 조선 후기 정조 때 건립된 수원 화성

09 중세의 역사 – 고려 〉 중세의 정치 〉 공민왕　　　　　　오답률 5.6% | 답 ③

밑줄 친 '왕'의 재위 시기에 발생한 사실로 적절한 것은?

> 신돈은 왕에게 전민변정도감을 설치할 것을 청원하고, "…… 근래에 기강이 파괴되어 …… 공전과 사전을 권세가들이 강탈하였다. …… 스스로 토지를 반환하는 자는 과거를 묻지 않는다."라고 공포하였다. 권세가들이 강점했던 전민(田民)을 그 주인에게 반환하였으므로 온 나라가 모두 기뻐하였다.

① 삼별초의 난이 제주도에서 진압되었다.
② 이성계가 황산 대첩에서 왜구를 격퇴하였다.
③ 홍건적의 침입으로 왕이 복주로 피난하였다.
④ 윤관이 별무반을 이끌고 여진족을 정벌하였다.

| 선지별 선택률 |

①	②	③	④
0%	2.8%	94.4%	2.8%

| 정답해설 |

제시문의 밑줄 친 '왕'은 신돈을 등용하여 전민변정도감을 설치한 고려 말의 '공민왕'이다. 공민왕은 전민변정도감을 통해 토지를 본래 주인에게 돌려주고 노비를 해방시키는 등 당시 권문세족으로 인한 사회·경제적 폐단을 시정하고자 하였다.
③ 홍건적의 2차 침입으로 공민왕이 복주(안동)로 피난하였으며 이후 정세운, 이방실, 이성계 등이 홍건적을 격퇴하였다.

| 오답해설 |

① 삼별초의 난이 제주도에서 진압된 것은 고려의 개경 환도 직후인 원종 시기에 해당한다.
② 이성계가 황산 대첩에서 왜구를 격퇴한 것은 고려 말 우왕 시기에 해당한다.
④ 윤관이 별무반을 이끌고 여진족을 정벌한 것은 고려 중기 예종 시기에 해당한다.

10 근대의 역사 – 개항기 〉 근대 국가 수립 운동 〉 유길준
　　　　　　오답률 28.6% | 답 ②

다음의 주장을 한 인물에 대한 설명으로 옳은 것은?

> 우리나라가 아시아의 인후에 처해 있는 지리적 위치는 유럽의 벨기에와 같고, 중국에 조공하던 처지는 터키에 조공하던 불가리아와 같다. …… 대저 우리나라가 아시아의 중립국이 된다면 러시아를 방어하는 큰 기틀이 될 것이고, 또한 아시아의 여러 대국들이 서로 보전하는 정략도 될 것이다. …… 이것은 …… 여러 나라가 서로 보전하는 계책도 될 것이니 무엇이 괴로워서 하지 않겠는가?

① 제2차 갑오개혁 때 내무대신으로 참여하였다.
② 7년간의 연금 생활 이후 『서유견문』을 작성하였다.
③ 갑신정변 이후 미국으로 망명하여 미국 시민권을 얻었다.
④ 조·미 수호 통상 조약의 전권대신으로서 미국의 슈펠트와 서명하였다.

| 선지별 선택률 |

①	②	③	④
5.8%	71.4%	11.4%	11.4%

| 정답해설 |

제시문은 우리나라를 중립국으로 설정하자고 주장하였던 '유길준'의 중립국화론에 대한 내용이다. 중립국화론은 영국이 러시아 견제를 목적으로 거문도를 불법 점령한 거문도 사건(1885)이 배경이 되었으며, 독일의 부들러도 유사한 주장을 제기하였다.

② 조선 최초의 국비 유학생 출신인 유길준은 이후 급진 개화파로 몰려 7년간의 연금 생활을 하였으며, 미국 유학 중에 보고 배운 것을 바탕으로 『서유견문』(1895)을 집필하였다.

| 오답해설 |

① 제2차 갑오개혁(2차 김홍집 내각) 때 내무대신으로 참여한 인물은 박영효이다.
③ 갑신정변 이후 미국으로 망명하여 미국 시민권을 얻은 인물은 급진 개화파 서재필이다.
④ 조·미 수호 통상 조약의 전권대신으로서 미국의 슈펠트와 서명한 조선의 대표는 신헌이다.

11 근대의 역사 – 개항기 > 일제의 침략과 국권 수호 운동 > 국권 피탈 조약
오답률 41.7% | 답 ①

다음 국권 피탈 조약에 대한 설명으로 옳지 <u>않은</u> 것은?

(가) 한국 고등 관리의 임면은 통감의 동의로써 이를 시행한다.
(나) 대한제국 정부는 대일본 제국 정부를 확신하여 시정 개선에 관한 충고를 받아들인다.
(다) 대한제국 정부는 대일본 제국 정부가 추천하는 일본인 1명을 재정 고문으로 삼아 재무에 관한 사항은 모두 그의 의견을 따른다.

① (가) – 초대 통감이 파견되고 대한제국이 일제의 보호국이 되었다.
② (나) – 일본이 대한제국의 국외 중립 선언을 무시하고 체결하였다.
③ (다) – 이에 따라 메가타와 스티븐스가 고문으로 임명되었다.
④ (나) – (다) – (가)의 순서로 체결되었다.

| 선지별 선택률 |

①	②	③	④
58.3%	16.7%	2.8%	22.2%

| 정답해설 |

제시문은 모두 러·일 전쟁 발발 이후 대한제국과 일본 사이에 체결된 국권 피탈 조약이다.

(가) 차관 정치를 명시한 한·일 신협약(정미 7조약, 1907)
(나) 일제의 군용지 사용권과 충고 정치를 명시한 한·일 의정서(1904)
(다) 고문 정치를 명시한 제1차 한·일 협약(1904)

① 을사조약(을사늑약, 1905)의 체결에 따라 초대 통감 이토 히로부미가 파견되고 대한제국이 일제의 보호국이 되었다.

| 오답해설 |

② 러·일 전쟁 발발 직후 대한제국은 국외 중립을 선포하였으나 일본이 이를 무시하고 한·일 의정서(1904)를 체결하였다.
③ 제1차 한·일 협약(1904)의 체결에 따라 메가타와 스티븐스가 고문으로 임명되었다.
④ (나) – (다) – (가) 순으로 체결되었다.

| 더 알아보기 | 국권 피탈 조약

	한·일 의정서 (1904)	• 군사 요충지 사용권 명시 • 충고 정치
러·일 전쟁 중	제1차 한·일 협약 (1904)	• 고문 정치 – 재정 고문: 메가타 – 외교 고문: 스티븐스
러·일 전쟁 이후	을사조약 (을사늑약, 제2차 한·일 협약, 1905)	• 통감부 설치 – 내정 간섭 기구 – 초대 통감: 이토 히로부미 • 외교권 박탈
	한·일 신협약 (정미 7조약, 1907)	• 차관 정치(일본인 차관 임명) • 부수 비밀 각서 체결: 대한제국 군대 해산(1907)

기유각서(1909)	사법권 박탈, 경찰권 박탈(1910)
한·일 병합 조약 (경술국치, 1910)	국권 강탈, 대한제국의 통치권을 일본에 영구히 이양

12 단원통합 > 고려 말 조선 초의 정치적 사건
오답률 11.1% | 답 ②

다음 (가)~(라) 시기에 있었던 사실로 옳지 <u>않은</u> 것은?

1356		1377		1388		1419		1446
	(가)		(나)		(다)		(라)	

철령 이북 수복　　화통도감 설치　　위화도 회군　　대마도 정벌　　훈민정음 반포

① (가) – 이성계가 원의 나하추 침입을 격퇴하였다.
② (나) – 전제 개혁이 단행되어 과전법이 마련되었다.
③ (다) – 박포의 난을 진압하고 이방원이 왕위에 올랐다.
④ (라) – 김종서가 두만강 일대에 6진을 개척하였다.

| 선지별 선택률 |

①	②	③	④
5.6%	88.9%	2.7%	2.8%

| 정답해설 |

② 위화도 회군(1388) 이후 전제 개혁이 단행되어 과전법이 마련(1391)되었다. 따라서 연표상 (다) 시기에 해당한다.

| 오답해설 |

① 고려가 철령 이북의 땅을 수복하자 이를 되찾기 위해 침입한 원의 나하추를 이성계가 격퇴하였다(1362).
③ 이방원은 박포의 난(제2차 왕자의 난, 1400)을 진압한 이후 왕위에 올랐다.
④ 세종 시기에 김종서가 두만강 일대에 6진(1434)을 개척하였다.

13 일제강점기 > 일제의 식민 통치와 항일 민족 운동 > 민족 분열 통치
오답률 36.1% | 답 ②

제시문의 밑줄 친 '새로운 정책'이 시행되던 시기의 상황으로 옳은 것은?

신임 총독은 전임 총독이 시행한 정책에 대신해 <u>새로운 정책</u>을 실시하였다고 말한다. …… 신임 총독의 정책 중에서 그나마 주목할 만한 것이 있다면 지방 제도를 개정해 일정 금액 이상의 세금을 내는 조선인들에게 선거권을 주고 부협의회 선거를 처음으로 실시한 것 정도이다. 하지만 그것도 자문 기구에 불과하다.

① 군사 양성 기관인 대조선 국민 군단이 창설되었다.
② 조만식 등이 평양에서 실력 양성 운동을 전개하였다.
③ 한국 독립군이 북만주와 간도 일대에서 활약하였다.
④ 독립 의군부가 조선 총독부에 국권 반환 요구 서신을 보냈다.

| 선지별 선택률 |

①	②	③	④
5.6%	63.9%	27.8%	2.7%

| 정답해설 |

제시문의 '지방 제도를 개정해 …… 조선인들에게 선거권을 주고 부협의회 선거를 처음으로 실시한 것'을 통해 밑줄 친 '새로운 정책'이 '1920년대' 일제가 실시한 '지방 자치제'에 대한 내용임을 알 수 있다. 당시 일제는 1919년 3·1 운동 이후 문화 통치라는 '새로운 통치 방식'을 표방하였으나, 실질적으로는 친일파를 양성하는 민족 분열 통치를 꾀하였다.

② 1920년대 들어 조만식 등이 평양에서 실력 양성 운동의 일환으로 물산 장려 운동을 전개하였다.

| 오답해설 |
① 1914년에 박용만의 주도로 군사 양성 기관인 대조선 국민 군단이 하와이에서 창설되었다.
③ 지청천의 한국 독립군이 북만주와 간도 일대에서 활약한 시기는 1930년대이다.
④ 1912년 임병찬이 조직한 독립 의군부가 조선 총독부에 국권 반환을 요구하는 서신을 보냈다.

14 근대의 역사 – 개항기 〉 개항 이후의 경제·사회·문화 〉 근대 문물의 도입

오답률 50% | 답 ①

다음 (가)~(라) 시기에 들어갈 역사적 사실로 올바른 것은?

	1882		1894		1896		1904		1910
		(가)		(나)		(다)		(라)	
	임오군란		청·일 전쟁		아관 파천		러·일 전쟁		한·일 병합

① (가) – 아펜젤러가 배재 학당을 세웠다.
② (나) – 〈독립신문〉이 한글과 영문판으로 발간되었다.
③ (다) – 장지연이 「시일야방성대곡」을 게재하였다.
④ (라) – 알렌이 최초의 서양식 의료 기관을 설립하였다.

| 선지별 선택률 |

①	②	③	④
50%	16.7%	33.3%	0%

| 정답해설 |
① 아펜젤러가 배재 학당을 세운 시기는 1885년으로, (가)에 해당된다.

| 오답해설 |
② 〈독립신문〉은 아관 파천(1896. 2.) 이후인 1896년 4월에 처음 한글과 영문판으로 발간되었다.
③ 을사조약 체결 이후인 1905년에 장지연은 〈황성신문〉에 「시일야방성대곡」을 게재하였다.
④ 알렌은 1885년에 최초의 서양식 의료 기관인 광혜원을 설립하였다.

15 일제강점기 〉 일제의 식민 통치와 항일 민족 운동 〉 연해주

오답률 27.8% | 답 ②

다음 제시문의 밑줄 친 '이곳'에서 발생한 역사적 사실로 옳은 것을 〈보기〉에서 모두 고르면?

이곳에서는 한인 집단 거주지인 신한촌이 형성되어 자치 기구와 학교가 만들어졌으며, 다양한 독립운동이 일어났다. 이곳에서 이상설 등은 성명회를 조직하여 독립운동을 벌였고, 이후 임시 정부의 성격을 가진 대한 국민 의회가 전로 한족회 중앙 총회로부터 개편·조직되었다.

〈보기〉
ㄱ. 독립운동 단체인 권업회가 조직되었다.
ㄴ. 자치 기관인 경학사와 부민단이 만들어졌다.
ㄷ. 최초의 망명 정부인 대한 광복군 정부가 조직되었다.
ㄹ. 서전서숙, 신흥 강습소 등의 설립으로 민족 교육 운동이 전개되었다.

① ㄱ, ㄴ
② ㄱ, ㄷ
③ ㄴ, ㄹ
④ ㄷ, ㄹ

| 선지별 선택률 |

①	②	③	④
5.5%	72.2%	16.7%	5.6%

| 정답해설 |
제시문의 '신한촌', '성명회', '전로 한족회 중앙 총회', '대한 국민 의회' 등을 통해 밑

줄 친 '이곳'이 '연해주'임을 알 수 있다. 1910년대 연해주에서는 권업회와 한인 사회당, 대한 광복군 정부 등이 조직되면서 활발한 독립운동이 전개되었다.
ㄱ. 연해주 블라디보스토크에 독립운동 단체인 권업회가 조직되었다.
ㄷ. 연해주 블라디보스토크에 최초의 망명 정부인 대한 광복군 정부가 조직되었다.

| 오답해설 |
ㄴ. 한인 자치 기관인 경학사와 부민단은 서간도 지역에 설립되었다.
ㄹ. 서전서숙은 북간도, 신흥 강습소는 서간도 지역에 설립되어 민족 교육 운동이 전개되었다.

오답률 TOP 1

16 일제강점기 〉 민족 문화 수호 운동 〉 신간회

오답률 69.4% | 답 ②

1920년대 발표된 다음 선언문의 결과 국내에서 결성된 단체의 활동 내용을 바르게 서술한 것은?

동일한 목적과 동일한 성공을 위해 운동하고 투쟁하는 혁명자들은 반드시 하나의 기치 아래 모여 하나의 호령 아래 단결해야만 비로소 상당한 효과를 거둘 수 있다는 것은 말할 필요도 없다. …… '단결은 약자의 무기다.'라는 말은 자명한 진리이다. 그 단결의 길은 일시적인 권모술수에 있는 것이 아니고 단지 정대한 주의와 광명뇌락한 정신을 근거로 한 당적 결합에 있는 것으로 믿는다. …… 일본 제국주의를 타도하라! 한국의 절대 독립을 주장하라! 민족 혁명의 유일한 전선을 만들라!

① 이들은 혁명적 적색 운동으로 발전하였다.
② 조선인 본위의 교육 제도를 확립할 것을 주장하였다.
③ 태극 서관과 자기 회사를 설립하여 민족 자본의 형성을 꾀하였다.
④ 순종의 장례일에 3·1 운동과 같은 거족적 만세 시위 운동을 계획하였다.

| 선지별 선택률 |

①	②	③	④
30.6%	30.6%	13.8%	25%

| 정답해설 |
제시문의 '단결은 약자의 무기', '일본 제국주의를 타도', '민족 혁명의 유일한 전선'을 통해 민족 유일당 건설을 위해 조직한 '한국 독립 유일당 북경 촉성회(1926)'의 선언문임을 알 수 있다. 해당 선언문 발표 결과 국내에서 결성된 단체는 '신간회(1927~1931)'이다. 신간회는 1920년대 민족주의와 사회주의의 단결을 꾀한 민족 유일당 운동의 결과 창립되었다.
② 신간회는 조선인 본위의 교육 제도와 의무 교육제를 주장하였다.

| 오답해설 |
① 사회주의 사상과 결합하면서 혁명적 적색 운동으로 발전한 것은 1930년대의 쟁의 활동이다. 참고로 1920년대 노동·농민 쟁의 활동은 생존권 투쟁적 성격에 해당한다.
③ 태극 서관과 자기 회사를 설립하여 민족 자본의 형성을 꾀한 단체는 신민회(1907~1911)이다.
④ 순종의 인산일(장례일)에 맞추어 일어난 만세 운동은 6·10 만세 운동(1926)으로, 사회주의 세력과 천도교 세력, 학생 운동 세력 등이 중심이 되어 진행되었다. 이를 계기로 민족주의 계열과 사회주의 계열의 연대 가능성이 제기되면서 민족 유일당 운동으로까지 이어지게 되었다.

| 더 알아보기 | **신간회(1927~1931)**

성격 및 의의	• 합법적 공개 단체 • 일제강점기 최대 민족 운동 단체 • 민족 유일당 운동의 결과물: 비타협적 민족주의 + 사회주의
활동	• 전국 순회 강연 활동 • 노동·농민 운동 지원: 원산 총파업 지원, 갑산군 화전민 사건 진상 규명 • 광주 학생 항일 운동에 조사단 파견, 민중 대회 개최 시도: 전국적 항일 운동으로 확산 추진, 일제에 사전 발각되어 실패
해소	• 이후 합법적(온건) 활동으로 전환: 민족주의, 타협적 움직임 • 사회주의자들의 비판 + 코민테른의 노선 변화 → 사회주의자 중심으로 해소 주장 가결(1931)

17 현대의 역사 〉 대한민국 정부의 수립과 6·25 전쟁 〉 5·10 총선거

오답률 25% | 답 ④

> 밑줄 친 '총선거'에 대한 설명으로 옳은 것은?
>
> > 1948년 5월 10일, 마침내 남한에서는 유엔 한국 임시 위원단의 감시 아래 총선거가 실시되었다. 이 선거를 통해 구성된 제헌 국회는 국호를 대한민국으로 정하고, 7월 17일에 헌법을 제정·공포하였다.
>
> ① 이 선거를 통해 선출된 국회 의원들은 발췌 개헌안을 통과시켰다.
> ② 이 선거 실시 직전 이승만은 북한과의 협상을 지지하는 성명을 발표하였다.
> ③ 이 선거에 참여할 수 있는 투표권은 만 19세 이상 모든 국민에게 주어졌다.
> ④ 이 선거에 반대한 좌익 세력과 경찰이 충돌하면서 많은 민간인 희생자가 발생하였다.

| 선지별 선택률 |

①	②	③	④
22.2%	2.8%	0%	75%

| 정답해설 |
제시문의 밑줄 친 '총선거'는 유엔 소총회가 임시 위원단의 활동이 가능한 남한 지역에서만 실시하도록 결정하여 진행된 '5·10 총선거(1948)'이다. 5·10 총선거는 우리 역사상 최초로 진행된 민주주의 선거로, 이 선거를 통해 임기 2년의 제헌 국회 의원을 선출하였다. 그러나 통일 정부 수립을 추진한 김구와 김규식은 선거에 나서지 않았고, 당시 좌익 세력은 정부 수립을 물리적으로 저지하고자 제주도에서 유혈 충돌을 일으켜 4·3 사건을 야기하였다.
④ 5·10 총선거는 우익 중심으로 전개되었다. 이에 반대한 좌익 세력과 경찰이 충돌하며 제주 4·3 사건 등이 일어나 많은 민간인 희생자가 발생하였다.

| 오답해설 |
① 5·10 총선거에 따라 선출된 제헌 국회 의원의 임기는 1948년에서 1950년까지이며, 발췌 개헌(1952)은 2대 국회 당시의 사실이다.
② 이승만은 단독 정부 수립을 주장하며 북한과의 남북 협상에 반대하는 입장이었다.
③ 5·10 총선거에 참여할 수 있는 투표권은 만 21세 이상 모든 국민에게 주어졌다.

오답률 TOP 2
18 현대의 역사 〉 민주주의의 시련과 발전 〉 6월 민주 항쟁

오답률 55.6% | 답 ④

> 다음의 사건과 관련하여 발생한 민주화 운동에 대한 설명으로 적절한 것은?
>
> > 국민 평화 대행진(6·10 대회)에 출정하기 위한 결의 대회를 마친 학생들이 정문 앞에서 시위를 벌이던 중 연세대학교 경영학과 2학년에 재학 중이던 이한열이 경찰이 발사한 최루탄을 맞고 쓰러졌다. 그는 바로 병원으로 옮겨져 세브란스 병원 중환자실에서 치료를 받았으나, 의식을 회복하지 못한 채 그해 7월 5일 뇌 손상으로 인한 심폐 기능 정지로 사망하였다.
>
> ① 이를 진압하고자 당시 정부는 전국에 계엄령을 선포하였다.
> ② 사건 발생 이후 국가 보위 비상 대책 위원회가 수립되었다.
> ③ 김주열의 사망과 이 사건을 계기로 민주 헌법 쟁취를 위한 민주화 운동이 일어났다.
> ④ 이 사건으로 여야 합의에 의한 개헌 절차가 진행되었다.

| 선지별 선택률 |

①	②	③	④
16.7%	8.3%	30.6%	44.4%

| 정답해설 |
제시문의 '이한열' 등을 통해 '6월 민주 항쟁'에 관한 내용임을 알 수 있다. 6월 민주 항쟁은 전두환 정권 말기인 1987년 4·13 호헌 조치와 이한열의 죽음이 도화선이 되어 일어난 민주화 운동이다.
④ 대통령 직선제 개헌을 요구한 6월 민주 항쟁의 결과 6·29 선언이 발표되어 여야 합의에 의한 개헌(9차 개헌, 1987) 절차가 진행되었다.

| 오답해설 |
① 6월 민주 항쟁 당시 계엄령은 선포되지 않았다. 계엄령은 대표적으로 유신 헌법 공포 직전(1972)과 서울의 봄(1980)을 진압하기 위해서 선포되었다.
② 국가 보위 비상 대책 위원회는 1980년 5·18 민주화 운동을 진압한 신군부가 수립한 것으로, 이를 중심으로 7년 단임의 대통령제를 골자로 하는 8차 개헌을 진행하였다.
③ 김주열의 사망은 1960년 4·19 혁명의 발발 원인으로 작용하였다.

오답률 TOP 3
19 일제강점기 〉 일제의 식민 통치와 항일 민족 운동 〉 의열단

오답률 55% | 답 ③

> 다음 선언문에 입각한 독립운동 단체의 활동 내용으로 옳은 것은?
>
> > 민중은 우리 혁명의 대본영이다. 폭력은 우리 혁명의 유일 무기이다. 우리는 민중 속에 가서 민중과 손잡고 끊임없는 폭력·암살·파괴·폭동으로써 강도 일제의 통치를 타도하고, 우리 생활에 불합리한 일체 제도를 개조하여 인류가 인류를 압박하지 않으며, 사회가 사회를 수탈하지 않는 이상적 조선을 건설할지니라.
>
> ① 김원봉, 윤세주 등이 중국 상하이에서 조직하였다.
> ② 조명하가 대만에서 일본 천황의 장인을 암살하였다.
> ③ 무정부주의를 표방하였으며 폭력 투쟁활동을 전개하였다.
> ④ 새로 부임하는 사이토 조선 총독에게 폭탄을 투척하는 의거를 일으켰다.

| 선지별 선택률 |

①	②	③	④
47.2%	0%	45%	7.8%

| 정답해설 |
제시문은 민중의 폭력 혁명을 추구한 신채호의 「조선 혁명 선언(1923)」으로 '의열단'의 지침이 되었다.
③ 의열단은 무정부주의(아나키즘)를 표방하였으며, 김익상, 최수봉, 김상옥, 김지섭, 나석주 등이 폭력 투쟁 활동을 펼쳤다.

| 오답해설 |
① 의열단은 김원봉, 윤세주 등이 만주 지린성에서 조직하였다.
② 조명하가 대만에서 일본 천황의 장인을 암살(1928)한 사실은 옳은 내용이나, 이는 의열단과 무관한 개별적 투쟁 활동이었다.
④ 사이토 조선 총독에게 폭탄을 투척한 의거는 대한 노인단 강우규의 활약이다.

20 현대의 역사 〉 민주주의의 시련과 발전 〉 현대사 사건

오답률 11.1% | 답 ①

> 다음 현대사의 역사적 사건들을 시기 순서대로 나열한 것은?
>
> > ㄱ. 부정 선거로 자유당이 대통령과 부통령 선거에서 모두 승리했다.
> > ㄴ. 수출 100억 달러를 달성하고 '한강의 기적'이라 불리는 경제 발전을 이룩하였다.

ㄷ. 북한 민족 보위성 정찰국 소속의 무장 공비 31명이 청와대를
   기습하였다.

ㄹ. 대통령을 대통령 선거인단에서 선출하고, 임기는 7년으로 하
   는 개헌이 단행되었다.

① ㄱ - ㄷ - ㄴ - ㄹ
② ㄱ - ㄹ - ㄷ - ㄴ
③ ㄹ - ㄱ - ㄴ - ㄷ
④ ㄹ - ㄷ - ㄴ - ㄱ

| 선지별 선택률 |

①	②	③	④
88.9%	8.3%	0%	2.8%

| 정답해설 |

① 제시된 사건의 순서는 다음과 같다.

ㄱ. 이승만 정부 시기에 발생한 3·15 부정 선거(1960)

ㄷ. 박정희 3공화국 정부 시기에 발생한 북한의 무력 도발인 청와대 습격 사건
   (1·21 사태, 1968)

ㄴ. 1970년대 제3·4차 경제 개발 5개년 계획 시기에 수출 100억 달러를 달성(1977)
   하고 '한강의 기적'이라 불리는 경제 발전 이룩

ㄹ. 전두환 신군부 세력에 의한 8차 개헌(1980)

문제편 p.24

01	③	02	④	03	③	04	④	05	②
06	①	07	②	08	④	09	③	10	①
11	③	12	②	13	②	14	④	15	②
16	③	17	③	18	①	19	①	20	④

▶ 풀이시간:　　/13분　나의 점수:　　/100점

※ 해당 회차는 1초 합격예측 서비스의 데이터 누적 기간이 충분하지 않아 [오답률] 기재를 생략하고 [난이도]로 표기하였습니다.

01 우리 역사의 기원과 형성 > 선사 시대와 우리 역사 > 청동기 시대
난이도 하 | 답 ③

다음 (가)가 제작된 시대의 모습으로 옳은 것은?

> (가) 은/는 말 그대로 '돌을 고였다' 하여 붙여진 이름으로, 무덤 속에는 주검만을 묻는 것이 아니라 그 안에 토기나 석기, 청동기 등의 다양한 유물을 넣기도 한다. 유네스코는 2000년에 우리나라의 (가) 유적지를 세계 유산으로 지정하였다.

① 초기 형태의 농경과 목축이 시작되었다.
② 뗀석기를 이용해 사냥을 하고, 각종 식물을 채집하였다.
③ 잉여 생산물이 발생함에 따라 계급 분화가 발생하고, 군장이 등장하였다.
④ 바닥면이 뾰족한 빗살무늬 토기를 제작하여 음식을 조리하거나 저장하는 데 활용하였다.

| 정답해설 |
제시문의 (가)는 '청동기 시대'의 유적인 '고인돌'로, 청동기 시대 지배자인 군장의 무덤이다. 고인돌은 고창, 강화, 화순 지역에 주로 분포하고 있으며, 해당 지역의 고인돌 유적지는 2000년에 유네스코 세계 문화유산으로 등재되었다.
③ 평등 사회였던 신석기 시대와 달리 청동기 시대에는 잉여 생산물의 증가 등으로 계급의 분화가 발생하여 군장과 같은 지배자가 등장하였다.

| 오답해설 |
①, ④ 처음으로 농경과 목축을 시작하고, 빗살무늬 토기를 제작한 시기는 신석기 시대이다.
② 뗀석기를 이용한 시기는 구석기 시대이다.

| 더 알아보기 | 한국의 유네스코 세계 문화유산

시기	문화유산
선사 시대	고창, 화순, 강화의 고인돌 유적
고대	경주 역사 유적 지구, 백제 역사 유적 지구, 석굴암, 불국사
고려시대	해인사 장경판전
조선시대	종묘, 창덕궁, 조선 왕릉, 남한산성, 한국의 서원, 수원 화성
기타	한국의 산사, 하회마을, 양동마을

02 우리 역사의 기원과 형성 > 국가의 형성 > 단군 신화
난이도 중 | 답 ④

밑줄 친 ㄱ~ㄹ에 대한 해석으로 적절한 것을 〈보기〉에서 모두 고른 것은?

> 옛날 ㄱ. 환인의 아들 환웅이 자주 세상에 내려가 인간 세상을 구하고자 하였으므로, 아버지가 아들의 뜻을 알고 삼위 태백(三危太伯)을 내려다보니 ㄴ. 널리 인간을 이롭게 할만 했다. 아버지가 환웅의 뜻을 헤아려 천부인(天符印) 3개를 주어 세상에 내려가 사람을 다스리게 하였다. 환웅이 3,000명의 무리를 이끌고 태백산 꼭대기의 신단수 밑에 내려와 그곳을 신시(神市)라 하였다. 환웅은 풍백, 우사, 운사를 거느리고 곡식, 생명, 질병, 형벌, 선악 등 인간의 360여 가지의 일을 주관하여 인간 세상을 다스리고 교화하였다. 이때 ㄷ. 곰과 호랑이가 사람이 되기를 원하므로 환웅은 이들에게 쑥과 마늘을 주고 …… 21일 만에 곰은 여자의 몸이 되었다. 환웅과 웅녀(熊女)가 혼인하여 아들을 낳으니 그가 곧 ㄹ. 단군왕검이다.

〈보기〉
ㄱ. 풍요를 기원하는 당시의 생각이 반영되었다.
ㄴ. 홍익인간이라는 지배 이념을 파악할 수 있다.
ㄷ. 특정 동식물을 신성시하는 애니미즘의 특징을 갖고 있다.
ㄹ. 정치적 지배자와 제사장이 일치하는 사회였음을 알 수 있다.

① ㄱ, ㄴ　　② ㄴ, ㄷ　　③ ㄷ, ㄹ　　④ ㄴ, ㄹ

| 정답해설 |
제시문은 단군 신화이다. 단군 신화에는 '인간을 널리 이롭게 하라'는 ㄴ. 홍익인간의 이념이 담겨 있으며, '단군왕검'이라는 칭호를 통해서 고조선이 ㄹ. 정치적 지배자와 제사장이 일치하는 사회였음을 알 수 있다.

| 오답해설 |
ㄱ. '환인의 아들 환웅'을 통해서 고조선의 지배 세력이 천손 사상 혹은 선민사상을 가지고 있었음을 알 수 있다. 한편, 풍요를 기원하는 생각은 청동기 시대의 울산 반구대 바위그림을 통해서 엿볼 수 있다.
ㄷ. 특정 동식물을 수호신으로 여기는 생각은 토테미즘이다. 애니미즘은 자연물에 영혼이 존재함을 믿는 태도를 말한다.

03 고대의 역사 > 고대의 정치 > 무령왕
난이도 하 | 답 ③

다음 (가) 왕의 업적으로 옳은 것은?

> 1971년 7월 6일 공주시 송산리 고분군 배수로 공사 과정에서 벽돌무덤 하나가 발견되었다. 무덤 입구는 벽돌과 백회로 빈틈없이 막혀 있어 도굴꾼의 손이 전혀 닿지 않은 채 수많은 껴묻거리와 무덤의 모습이 고스란히 세상 빛을 보았다. 한편 무덤 입구의 지석에는 (가) 와/과 왕비를 대묘로 안장했다는 내용이 해서체로 새겨져 있었다.

① 북위에 국서를 보냈다.
② 익산 천도를 추진하였다.
③ 중국 남조와 적극 교류하였다.
④ 중앙 관청으로 22개의 부를 설치하였다.

| 정답해설 |

제시문은 공주 송산리 고분군 배수로 공사 중에 발견된 '무령왕릉'에 대한 것으로, (가) 왕이 백제 '무령왕'임을 알 수 있다. 무령왕릉은 중국 남조 방식의 벽돌무덤 양식으로, 피장자가 무령왕과 왕비임을 알려주는 지석이 발견되었다.
③ 6세기 백제 무령왕은 중국 남조의 양과 적극 교류하였다.

| 오답해설 |

① 고구려 장수왕의 공격에 대비하고자 북위에 국서를 보낸 왕은 백제 개로왕이다(5세기).
② 익산 천도를 추진하여 미륵사를 건립한 왕은 백제 무왕이다(7세기).
④ 중앙 관청으로 22개의 부를 설치한 왕은 백제 성왕이다(6세기). 무령왕 시기에는 지방 행정 조직으로 22담로를 두었다.

04 고대의 역사 〉 고대의 정치 〉 삼국의 통일 　난이도 중 | 답 ④

(가), (나) 사이의 시기에 있었던 사실로 옳은 것은?

> (가) 왕은 당과 신라 군사들이 이미 백강과 탄현을 지났다는 소식을 듣고 장군 계백에게 결사대 5천 명을 거느리고 황산으로 가서 신라 군사와 싸우게 하였는데, 4번 싸워서 모두 이겼으나 군사가 적고 힘이 모자라서 마침내 패하고 계백이 사망하였다.
>
> (나) 사찬 시득이 수군을 거느리고 설인귀와 소부리주 기벌포에서 싸웠는데 연이어 패배하였다. 다시 나아가 크고 작은 22번의 싸움에서 승리하여 4천여 명을 죽였다.

① 최초의 진골 출신 왕이 즉위하였다.
② 백제가 신라를 공격하여 대야성을 함락시켰다.
③ 양만춘이 안시성에서 당의 대군을 격퇴하였다.
④ 안승이 금마저에서 신라의 지원을 받아 보덕국을 세웠다.

| 정답해설 |

(가) 신라 김유신과 백제의 계백이 맞붙은 '황산벌 전투(660)'이다. 황산벌 전투에서 패한 백제는 사비성이 함락되고, 이후 멸망(663)하였다.
(나) 나·당 전쟁 당시 기벌포에서 신라가 당에게 승리한 '기벌포 전투(676)'이다. 기벌포 전투의 승리로 신라는 한반도에서 당을 축출하여 삼국 통일을 달성하였다.
④ 고구려 안승은 금마저에서 신라의 지원을 받아 보덕국(674)을 세웠다. 이는 고구려 멸망(668) 후 전개된 부흥 운동으로 (가)와 (나) 사이 시기에 해당한다.

| 오답해설 |

① 최초의 진골 출신인 왕은 무열왕(김춘추)으로, (가) 이전 시기에 해당한다.
② 백제가 신라를 공격하여 대야성을 함락시킨 것은 백제 의자왕과 신라 선덕 여왕 시기의 사건으로, (가) 이전에 해당한다.
③ 고구려의 양만춘이 안시성에서 당의 대군을 격퇴한 것은 연개소문 집권 시기의 사건으로, (가) 이전에 해당한다.

05 중세의 역사 – 고려 〉 중세의 정치 〉 태조 왕건 　난이도 중 | 답 ②

다음 (가) 왕이 재위한 시기에 해당하는 역사적 사실에 대한 설명으로 옳은 것은?

> (가) 은/는 역분전을 제정하면서 사람들의 성품, 행동의 선악과 공로의 대소를 살펴 차등 있게 토지를 나누어 주었다. 특별히 박수경에게는 토지 2백 결을 내려 주었다.

① 광군을 설치하였다.
② 만부교 사건이 발생하였다.
③ 문신월과법을 시행하였다.
④ 백관의 공복을 제정하였다.

| 정답해설 |

제시문의 '역분전'을 통해 (가) 왕이 '태조 왕건'임을 알 수 있다.
② 태조 왕건 시기 거란 사신을 유배 보내고 낙타를 개성 만부교 밑에 매어 굶어 죽게 한 만부교 사건이 발생하였다.

| 오답해설 |

① 거란의 침입에 대비하고자 광군을 설치한 것은 고려 초 정종 시기에 해당한다.
③ 문치주의를 중시하여 문신월과법을 시행한 것은 고려 초 성종 시기에 해당한다.
④ 백관의 공복을 제정하여 관리들의 위계 서열을 정비한 것은 고려 초 광종 시기에 해당한다.

06 중세의 역사 – 고려 〉 중세의 정치 〉 최충헌 　난이도 중 | 답 ①

다음 (가) 인물에 대한 설명으로 옳은 것을 〈보기〉에서 모두 고른 것은?

> (가) 은/는 이의민 세력을 숙청하고 정권을 잡자 무신 정권 초기의 혼란을 극복하기 위하여 봉사 10조와 같은 사회 개혁책을 제시하였다. 그렇지만 오히려 많은 토지와 노비를 차지하고 사병을 양성하여 권력 유지에 치중하였다.

〈보기〉
ㄱ. 사병 조직인 도방을 설치하였다.
ㄴ. 문신 등용 기구로 서방을 두었다.
ㄷ. 정치 권력 기구로 교정도감을 설치하였다.
ㄹ. 강화도에 대장도감을 설치하여 대장경을 조판하였다.
ㅁ. 김생, 유신, 탄연과 더불어 신품 4현으로 일컬어졌다.

① ㄱ, ㄷ　　　　② ㄴ, ㄷ
③ ㄷ, ㅁ　　　　④ ㄹ, ㅁ

| 정답해설 |

제시문의 (가)는 이의민을 제거하고 최씨 무신 정권의 시작을 연 '최충헌'이다. 최충헌은 명종에게 봉사 10조를 올리고 흥녕부를 설치하여 정치, 경제적 절대 권력을 행사하였다.
ㄱ. 도방은 무신 정권의 사병 조직으로서, 경대승이 최초로 조직하였다가 이의민 때 폐지되었으나, 이후 최충헌이 다시 부활시켰다.
ㄷ. 최충헌은 최고 정치 권력 기구로 교정도감을 설치하였다.

| 오답해설 |

ㄴ, ㄹ, ㅁ. 최충헌의 아들 최우는 문신 등용 기구인 서방과 인사 행정 기구인 정방을 설치하였다. 또한 몽골의 침입이 발생하자 강화도로 천도하였으며, 대장도감을 설치하여 팔만대장경을 조판하였다. 한편, 최우는 김생, 유신, 탄연과 더불어 신라와 고려의 대표적인 서예가로서 신품 4현으로 일컬어졌다.

07 중세의 역사 – 고려 〉 중세의 문화 〉 『삼국사기』 　난이도 중 | 답 ②

다음 내용과 관련된 역사서에 대한 설명으로 옳은 것을 〈보기〉에서 모두 고른 것은?

> 오늘날의 사람들은 유교 경전이나 중국의 역사에 대해서는 널리 통하여 자세히 말하는 사람이 있으나, 우리나라의 일에 대해서는 도리어 잘 알지 못하니 매우 한탄스러운 일이다. 삼국이 중국과 통하였으므로 중국 역사서에 삼국의 열전이 있지만, 삼국의 역사는 상세하게 실리지 않았다. 또한, 삼국에 관한 옛 기록은 문체가 거칠고 졸렬하며 빠진 부분이 많으므로, 군왕의 선악, 신하의 충성스러움과 간사함, 국가의 안위 등에 관한 것을 모두 밝혀서 후세에 권계(勸戒)를 보이지 못했다. 그러므로 마땅히 삼장(三長)을 갖춘 인재를 구하여 일관된 역사를 완성하고 만대에 물려주어 해와 별처럼 빛나도록 해야 하겠다.

<보기>
ㄱ. 현존하는 우리나라 최고(最古)의 역사서이다.
ㄴ. 단군을 민족의 시조로 파악한 최초의 통사이다.
ㄷ. 유교적인 합리주의 사관에 따라 편년체로 서술되었다.
ㄹ. 열전에는 김유신을 비롯한 신라인이 편중되어 수록되었다.

① ㄱ, ㄴ   ② ㄱ, ㄹ
③ ㄴ, ㄷ   ④ ㄷ, ㄹ

| 정답해설 |
제시문은 김부식이 『삼국사기』를 편찬하며 왕에게 올린 글이다. 『삼국사기』는 ㄱ. 현존 최고(最古)의 역사서이나 고조선이 누락되어 있고, ㄹ. 신라 편향적이라는 비판을 받고 있다.

| 오답해설 |
ㄴ. 단군을 민족의 시조로 파악한 최초의 역사서는 고려 말 일연의 『삼국유사』이며, 최초의 편년체 통사는 조선 초 성종 때 편찬된 『동국통감』이다.
ㄷ. 『삼국사기』는 유교 합리주의 사관에 기초하여 본기, 지, 열전, 표로 구성된 기전체의 서술 방식이 사용되었다.

08   중세의 역사 – 고려 〉 중세의 정치 〉 서경   난이도 중 | 답 ④

다음 (가) 지역에 대한 설명으로 옳지 않은 것은?

나는 삼한(三韓) 산천의 음덕을 입어 대업을 이루었다.   (가)   은/는 수덕(水德)이 순조로워 우리나라 지맥의 뿌리가 되니 대업을 만대에 전할 땅이다. 왕은 춘하추동 네 계절의 중간달에 그곳에 가 100일 이상 머물러서 나라를 안녕케 하라.

― 『고려사』 ―

① 조위총의 난이 발생한 지역이다.
② 묘청이 천도를 주장한 지역이다.
③ 몽골이 동녕부를 설치한 지역이다.
④ 홍건적 침입 때 왕이 피신한 지역이다.

| 정답해설 |
제시문은 고려 태조 왕건이 후대 왕에게 유언으로 남긴 '훈요 10조'이다. 이 글에서 태조는 풍수지리 사상의 개념을 차용하여 서경(평양)을 중시할 것을 당부하였다. 따라서 (가) 지역이 '서경(평양)'임을 알 수 있다.
④ 고려 말 공민왕 때 홍건적의 침입으로 왕이 피신한 지역은 복주(안동)이다.

| 오답해설 |
① 고려 후기인 무신 집권 초기 서경 유수 조위총이 난을 일으켰다.
② 고려 중기 인종 때 묘청은 풍수지리설을 배경으로 서경 천도 운동을 주도하였다.
③ 대몽 항쟁 과정에서 몽골은 철령에 쌍성총관부, 서경 지역에 동녕부, 제주도에 탐라총관부를 설치하였다.

09   근세의 역사 – 조선 전기 〉 근세의 정치 〉 임진왜란   난이도 중 | 답 ③

다음은 임진왜란 중에 발생한 사건들이다. (가)~(라)를 일어난 시기 순으로 바르게 나열한 것은?

(가) 일본의 재침입에 대비하고자 훈련도감이 설치되었다.
(나) 원균이 지휘하는 조선 수군이 칠천량에서 왜군에 대패하였다.
(다) 이순신은 노량 앞바다에서 적선 수백 척을 추격하여 대승을 거두었다.
(라) 김시민이 이끄는 조선군과 백성들이 진주성에서 왜군을 크게 격퇴하였다.

① (가) – (나) – (다) – (라)
② (가) – (나) – (라) – (다)
③ (라) – (가) – (나) – (다)
④ (라) – (나) – (가) – (다)

| 정답해설 |
③ 제시된 사건의 순서는 다음과 같다.
(라) 임진왜란(1592)의 발발 이후 줄곧 열세였던 조선군은 이순신의 승리를 계기로 반전을 만들었다. 이후 김시민이 이끄는 조선군과 백성들이 진주성에서 왜군을 크게 격퇴하였다.
(가) 전세가 역전된 일본은 휴전을 제의하였고, 이에 명과 일본 간의 협상이 전개되었다. 당시 조선은 일본의 재침입에 대비하고자 훈련도감을 설치하였다.
(나) 휴전 협상은 결렬되어 일본이 재침입(정유재란, 1597)하였는데, 당시 원균이 지휘하는 조선 수군이 칠천량에서 왜군에 대패하였다.
(다) 이순신이 명량 해전에서 대승을 거둔 이후 도요토미 히데요시가 사망하자 일본은 항복을 선언하며 본국으로의 퇴각을 시도하였다. 그러나 이순신은 노량 앞바다에서 적선 수백 척을 추격하여 대승을 거두었다.

| 더 알아보기 | 임진왜란의 세부 사건

• 일본 정명가도 요구 • 조선 거절 • 일본(조총 무장) 침입
↓
• 정발, 부산진 전투 패배 • 송상현, 동래성 전투 패배
↓
• 신립, 충주 탄금대 전투 패배 • 일본군 북상
↓
선조, 의주 피난
↓
• 한양 함락 • 일본, 평안도와 함경도 침입
↓
• 명 원군 파병 • 평양성 탈환

10   근대 태동기의 역사 – 조선 후기 〉 근대 태동기의 정치 〉 병자호란   난이도 중 | 답 ①

다음 글에서 설명하는 사건 이후의 사실로 옳은 것은?

청나라 태종은 일찍이 마전포에 진을 치고 단을 설치하여 9층 계단을 만들었다. …… 수하의 정병 수만 명으로 네모지게 진을 치게 하고는 우리나라 임금으로 하여금 100보 가량을 걸어서 조정 대신들을 데리고 삼배구고두(三拜九叩頭)의 예를 평지에서 행하도록 하였다.

① 송시열, 이완 등이 북벌 운동을 전개하였다.
② 이괄이 논공행상에 불만을 품고 난을 일으켰다.
③ 명나라 모문룡의 군대가 가도에 주둔하였다.
④ 사명 대사가 일본에 파견되어 협상을 전개하였다.

| 정답해설 |
제시문의 '청나라 태종', '삼배구고두'를 통해 '병자호란(1636)' 당시 인조가 청에게 항복한 내용임을 알 수 있다. 청의 침입으로 병자호란이 발생하자 남한산성에서 항전하던 인조는 청에게 굴복하여 삼배구고두(三拜九叩頭)의 예를 행하며 청과 군신 관계를 맺었다.
① 청과의 군신 관계 체결 이후인 효종 때 서인 송시열, 이완 등이 청을 정벌하자는 북벌 운동을 전개하였다.

| 오답해설 |
② 정묘호란의 원인이 되는 이괄의 난은 인조반정 직후 이괄이 논공행상에 불만을 품고 난을 일으키며 발생하였다.
③ 서인 정권이 친명 배금 정책을 추진하자 명나라 모문룡의 군대가 가도에 주둔한 사건은 인조가 왕위에 오른 이후에 해당한다.
④ 사명 대사가 일본에 파견되어 포로 협상을 전개한 시기는 임진왜란 이후로 선조 시기에 해당한다.

11 근세의 역사 – 조선 전기 〉 근세의 문화 〉 15세기의 문화
난이도 중 | 답 ③

아래의 그림이 제작된 시기의 문화 예술에 대한 설명으로 옳은 것은?

① 세계 지도인 「곤여만국전도」가 전래되었다.
② 시사를 중심으로 위항 문학이 유행하였다.
③ 음의 높이 표현을 위해 「정간보」를 창안하였다.
④ 「파한집」과 「보한집」과 같은 시화집이 편찬되었다.

| 정답해설 |
제시된 그림은 조선 초 15세기 '세종' 때 안평 대군의 꿈을 소재로 안견이 제작한 「몽유도원도」이다. 「몽유도원도」는 현실과 이상 세계를 표현한 작품으로 유명하다.
③ 조선 초 세종은 음의 높이 표현을 위해 「정간보」를 창안하였고, 「여민락」을 작곡하였다.

| 오답해설 |
① 이광정이 세계 지도인 「곤여만국전도」를 들여온 것은 조선 후기 선조 시기에 해당한다.
② 시사와 위항 문학이 유행한 시기는 조선 후기이다. 조선 후기 중인 등의 중류층은 시사를 중심으로 활동하였으며, 이를 통해 위항 문학이 유행하였다.
④ 이인로의 「파한집」과 최자의 「보한집」과 같은 시화집이 편찬된 시기는 고려 후기에 해당한다.

12 근대 태동기의 역사 – 조선 후기 〉 근대 태동기의 경제 〉 대동법
난이도 중 | 답 ②

다음 제도에 대한 설명으로 옳은 것을 〈보기〉에서 모두 고른 것은?

공물을 각종 현물 대신 쌀로 통일하여 징수하였고, 과세의 기준도 종전의 가호에서 토지의 결수로 변경하였다. 토지를 가진 농민들은 토지 1결당 쌀 12두만 납부하면 되었기 때문에 공납의 부담이 경감되었고 무전 농민이나 영세 농민은 일단 이 부담에서 해방되었다. 또 쌀을 납부하기 어려운 지방에서는 포목, 동전 등으로 대신하도록 하였다.

〈보기〉
ㄱ. 1결당 2두의 결작미를 거두었다.
ㄴ. 공인이 성장하는 계기로 작용하였다.
ㄷ. 관리하는 기관으로 선혜청이 설치되었다.
ㄹ. 호(戶)를 기준으로 하였기 때문에 농민의 세금 부담이 줄어들었다.

① ㄱ, ㄴ   ② ㄴ, ㄷ
③ ㄴ, ㄹ   ④ ㄷ, ㄹ

| 정답해설 |
제시문은 공납 제도의 폐단을 시정하고자 제정된 '대동법'에 대한 내용이다. 대동법은 기존 방납의 폐단에 따른 농민 부담을 경감시키기 위하여 광해군 때 경기도에서 시험적으로 시행하였으며, 이후 점차 확대되어 숙종 때 전국적으로 시행되었다.
ㄴ. 대동법의 시행은 공인이 성장하는 계기로 작용하였다.
ㄷ. 대동법을 관리하는 관청으로 선혜청을 설치하여 운영하였다.

| 오답해설 |
ㄱ. 군포 징수의 방식을 개편한 균역법은 영조 때 시행되었다. 이는 군포의 부담을 2필에서 1필로 감한 것으로, 부족한 재정을 보충하기 위해 1결당 2두의 결작미를 거두었다.
ㄹ. 대동법은 기존의 호(戶)를 기준으로 공물을 부담하던 방식에서 벗어나 토지의 결수를 기준으로 이를 징수하였다.

13 근대의 역사 – 개항기 〉 근대 국가 수립 운동 〉 1차 갑오개혁
난이도 중 | 답 ②

밑줄 친 '개혁'의 내용으로 옳은 것은?

1894년 6월 21일 일본군이 경복궁을 점령한 다음 흥선 대원군을 추대한 친일파 정권이 수립되었다. 이에 이전부터 논의되어 오던 제도 개혁을 실시하고 새로운 정권의 탄생에 따른 여러 가지 정치적 문제를 해결하기 위한 기구가 필요하게 되었다. 그렇게 조직된 군국기무처의 총재는 영의정 김홍집이, 부총재는 박정양이 겸임하였다.

① 토지의 균등 분배
② 고문과 연좌제의 금지
③ 지방 행정 제도를 23부로 개편
④ 호조로 재정을 일원화

| 정답해설 |
제시문의 '일본군이 경복궁을 점령한 다음 흥선 대원군을 추대', '군국기무처'를 통해 밑줄 친 '개혁'이 '1차 갑오개혁'임을 알 수 있다. 1차 갑오개혁의 중앙 기구였던 군국기무처는 일본군이 경복궁을 점령한 이후 조직되었다. 한편, 1차 갑오개혁은 흥선 대원군의 섭정 아래 1차 김홍집 내각의 주도로 시행되었다.
② 1차 갑오개혁의 주요 내용으로는 신분제와 각종 악습(고문, 연좌제, 과부의 재혼 금지, 조혼, 인신매매)의 철폐가 있다. 이 외에도 6조를 80문으로 개편하고, 과거제를 폐지하는 등의 개혁을 단행하였다.

| 오답해설 |
① 토지의 균등 분배는 동학 농민군이 폐정 개혁안 12개조를 통해 요구한 사항이다.
③ 지방 행정 제도를 23부로 개편한 것은 2차 갑오개혁에 해당한다.
④ 호조로의 재정 일원화를 추진한 것은 갑신정변 당시 14개조 개혁 정강에 해당한다.

14 근대의 역사 – 개항기 〉 일제의 침략과 국권 수호 운동 〉 정미의병
난이도 중 | 답 ④

다음 자료의 의병에 대한 설명으로 옳은 것은?

전군에 명령을 전하여 일제히 진군을 재촉하여 동대문 밖으로 진격할 때, 대군은 긴 뱀의 형세로 천천히 전진하게 하고, …… 3백명을 인솔하고 선두에 서서 동대문 밖 삼십 리 되는 곳에 나아가 전군이 모이기를 기다려 일거에 서울로 공격하여 들어가기로 계획하더니, 전군이 모이는 시기가 어긋나고 일본군이 갑자기 진격해 오는지라.

① 당시 활약한 최익현은 순창에서 봉기하였다.
② 국왕의 해산 권고 조칙으로 대부분 해산하였다.
③ 잔여 세력은 이후 활빈당의 주축이 되었다.
④ 국제법상 교전 단체로 인정받고자 하였다.

| 정답해설 |

제시문의 '동대문 밖으로 진격', '서울로 공격'을 통해 1907년 일제에 의한 대한제국 군대 해산을 계기로 확산된 '정미의병'에 대한 내용임을 알 수 있다. 일제에 의해 해산된 대한제국 군인들은 정미의병 당시 일본군과 시가전을 벌였으며, 지방군들 역시 의병에 합류하여 13도 창의군을 결성하고 서울 진공 작전을 세우기도 하였다.
④ 정미의병 당시 이인영은 각국 영사관에 자신들을 국제법상 교전 단체로 인정해 줄 것을 요구하였다.

| 오답해설 |

① 최익현이 순창에서 봉기한 의병은 1905년 체결된 을사조약을 계기로 발생한 을사의병이다.
② 고종의 해산 권고 조칙으로 자진 해산한 의병은 1895년 을미사변과 단발령을 계기로 발생한 을미의병이다.
③ 활빈당은 1900년에 활동한 단체로 정미의병 이전 시기에 조직되었다. 한편 동학 농민 운동의 잔여 세력이 활빈당에 가담하기도 하였다.

15 일제강점기 > 일제의 식민 통치와 항일 민족 운동 > 지청천
난이도 중 | 답 ②

다음 제시문의 밑줄 친 '그'의 활동으로 옳은 것은?

> 그가 50~56년 쓴 일기가 처음 공개됐다. 이는 독립운동사와 50년대 정치사에 있어 중요한 사료로 평가받는다. 일기를 작성했던 그는 일본 육사를 졸업한 뒤 1919년 만주로 망명했다. 이듬해 김좌진·홍범도 장군과 함께 청산리 대첩을 이끌고 40년 이후엔 한국 광복군에서 총사령관으로 활약했다.

① 조선 의용대의 결성을 주도하였다.
② 중국 호로군과 연합하여 쌍성보 전투 등에서 일본군을 격파하였다.
③ 광복 이후 신탁 통치 반대 운동을 주도하였다.
④ 상하이 훙커우 공원에서 폭탄을 투척하였다.

| 정답해설 |

제시문의 '40년 이후엔 한국광복군에서 총사령관으로 활약'을 통해 '그'가 대한민국 임시 정부의 정규군인 한국광복군의 총사령관으로 취임했던 '지청천'임을 알 수 있다.
② 지청천은 1930년대 만주에서 한국 독립군을 이끌고 중국 호로군과 연합하여 쌍성보, 대전자령, 사도하자 전투 등에서 일본군을 격파하였다.

| 오답해설 |

① 조선 의용대는 1938년 김원봉이 조직한 무장 부대이다.
③ 광복 이후 신탁 통치 반대 운동을 주도한 세력은 우익 계열이며, 대표적인 인물로는 김구가 있다. 한편, 지청천 역시 우익 계열 인사이나, 광복 이후에도 중국에 머물다가 신탁 통치 반대 운동이 일어난 이후인 1947년에 귀국하였다.
④ 상하이 훙커우 공원 의거를 일으킨 인물은 한인 애국단원 윤봉길이다.

16 일제강점기 > 일제의 식민 통치와 항일 민족 운동 > 서간도
난이도 중 | 답 ③

다음 제시문의 밑줄 친 '이곳'에서 발생한 역사적 사실로 옳은 것을 〈보기〉에서 모두 고르면?

> 1910년 일본에게 국권을 빼앗기자, 신민회를 비롯한 독립운동 단체들이 해외에 독립운동 기지를 건설하였다. 독립운동 단체들은 청년들을 해외 독립운동 기지로 이주시켜 무관을 양성하고, 독립 전쟁에 대비하려 하였다. 삼원보 역시 이러한 배경 아래에 1911년 이곳에 설립된 독립운동 거점이었다.

〈보기〉
> ㄱ. 권업회가 조직되고, 기관지로 〈권업신문〉을 간행하였다.
> ㄴ. 신흥 무관 학교를 설립하여 독립군 간부를 양성하였다.
> ㄷ. 서전서숙과 명동학교 등 민족 교육 기관이 설립되었다.
> ㄹ. 3·1 운동 이후 부민단을 한족회로 개편하고, 군사기관으로 서로 군정서를 설립하였다.

① ㄱ, ㄴ
② ㄱ, ㄷ
③ ㄴ, ㄹ
④ ㄷ, ㄹ

| 정답해설 |

제시문의 밑줄 친 '이곳'은 신민회가 중심이 되어 삼원보를 건설한 '서간도(남만주)' 지역이다. ㄴ. 신흥 무관 학교와 ㄹ. 부민단, 한족회, 서로 군정서 등이 서간도 지역에 설립되어 국외 민족 운동을 이끌었다.

| 오답해설 |

ㄱ. 권업회가 조직되고, 기관지로 〈권업신문〉을 간행한 지역은 연해주이다.
ㄷ. 서전서숙과 명동학교 등 민족 교육 기관이 설립된 지역은 북간도(북만주)이다.

17 일제강점기 > 일제의 식민 통치와 항일 민족 운동 > 조선 혁명군
난이도 중 | 답 ③

다음 (가)의 활동에 대한 설명으로 옳은 것은?

> 1920년대 후반 독립운동 단체들은 효율적인 항일 독립운동의 수행을 위해 민족 유일당 운동을 추진하였다. 이에 따라 만주 지역의 정의·신민·참의 3부가 국민부와 혁신 의회로 통합·재편되었다. 1930년대 이후 국민부 계통은 ____(가)____ 을/를 조직하여 남만주를 중심으로 활약하였다.

① 지청천이 총사령관으로 역임하였다.
② 일제의 요충지인 보천보를 습격하여 일제의 주요 관공서를 점령하였다.
③ 영릉가 전투에서 일본군을 격파하였다.
④ 러시아 적색군의 공격을 받아 큰 피해를 입었다.

| 정답해설 |

1920년대 민족 유일당 운동의 결과로 결성된 국민부는 이후 조선 혁명당으로 개편되었으며, 산하 군사 기관으로 조선 혁명군을 조직하여 남만주 지역에서 일본군과 전투를 전개하였다. 따라서 (가)는 '조선 혁명군'에 대한 내용임을 알 수 있다. 참고로 혁신 의회 계통은 이후 한국 독립당으로 개편되고, 산하에 한국 독립군을 조직하였다.
③ 1930년대 초 양세봉은 조선 혁명군을 이끌고 영릉가, 흥경성 전투에서 일본군을 격파하였다.

| 오답해설 |

① 지청천이 총사령관으로 역임했던 단체는 1931년에 조직된 한국 독립군으로, 한국 독립당의 산하 군사 기관이다. 지청천의 한국 독립군은 중국 의용군과 연합하여 쌍성보, 대전자령, 사도하자 전투에서 일본군을 상대로 승리를 거두었다.
② 혜산진 보천보를 습격하여 일제의 경찰 주재소와 면사무소 등 주요 관공서를 점령·파괴한 보천보 전투(1937)는 1936년에 조직된 동북 항일 연군이 주도하였다.
④ 소련 영내 자유시에서 러시아 적색군의 공격(1921)을 받아 큰 피해를 입은 단체는 대한 독립 군단이다.

18 일제강점기 > 일제의 식민 통치와 항일 민족 운동 > 일제의 식민 통치
난이도 상 | 답 ①

다음 일제강점기에 제정된 법령을 시기순으로 순서대로 나열한 것은?

(가) 제1차 조선 교육령	(나) 관세 철폐령
(다) 여자 정신 근로령	(라) 국가 총동원법
(마) 조선 사상범 보호 관찰령	

① (가) – (나) – (마) – (라) – (다)
② (가) – (나) – (라) – (마) – (다)
③ (나) – (가) – (다) – (마) – (라)
④ (나) – (가) – (다) – (라) – (마)

| 정답해설 |

① 제시된 정책의 순서는 다음과 같다.
(가) 1910년대 무단 통치 시기에 학제 차별을 내용으로 한 제1차 조선 교육령이 제정되었다(1911).
(나) 1920년대 들어 일제는 자국의 산업 자본을 지원할 목적으로 관세를 철폐하였다(1923).
(마) 1930년대 일제는 독립운동가를 탄압할 목적으로 조선 사상범 보호 관찰령을 제정하였다(1936).
(라) 중·일 전쟁(1937)이 발발하자 일제는 국가 총동원법을 제정하였다(1938).
(다) 태평양 전쟁(1941) 발발 이후 일제는 여성 노동력을 징발하는 여자 정신 근무령을 발표하였다(1944).

| 더 알아보기 | **조선 사상범 보호 관찰령 및 조선 사상범 예방 구금령**

일제는 조선 사상범 보호 관찰령(1936)을 제정한 이후 국가 총동원법(1938)을 발표하였다. 일제는 기존의 조선 사상범 보호 관찰령을 강화할 목적으로 조선 사상범 예방 구금령(1941)을 제정·시행하였다.

19 현대의 역사 > 대한민국 정부의 수립과 6·25 전쟁 > 여운형
난이도 상 | 답 ①

다음의 연설을 한 인물에 대한 설명으로 가장 적절한 것은?

조선 민족의 해방의 날은 왔습니다. 어제 15일, 엔도 정무총감이 나를 불러 가지고 "과거 두 민족이 합하였던 것이 조선에 잘못됐던가는 다시 말하고 싶지 않다. 오늘 나누는 때에 서로 좋게 나누는 것이 좋겠다. 오해로 피를 흘리고 불상사를 일으키지 않도록 민중을 지도하여 주기를 바란다."라고 하였습니다.

① 조선 인민당을 창당하였다.
② 제헌 국회 의원으로 당선되었다.
③ 남조선 과도 정부의 민정장관으로 취임하였다.
④ 김규식과 함께 평양에 방문하여 협상을 전개하였다.

| 정답해설 |

제시문은 광복 직전 일본과 협상을 전개한 '여운형'의 연설이다.
① 여운형은 광복 직후 조선 건국 준비 위원회를 조직하였으며, 중도 좌파 계열 중심의 조선 인민당을 창당하였다. 이후 좌·우 합작 운동을 전개하여 통일 정부를 수립하고자 하였다.

| 오답해설 |

② 여운형은 제헌 국회 출범 이전인 1947년 암살당했다.
③ 남조선 과도 정부의 민정장관으로 취임한 인물은 안재홍이다.
④ 김규식과 함께 평양에 방문하여 남북 협상을 전개한 인물은 김구이다. 참고로 남북 협상에 참가한 북측 인물로는 김일성과 김두봉이 있다.

20 현대의 역사 > 민주주의의 시련과 발전 > 헌법 개정
난이도 상 | 답 ④

(가), (나) 헌법이 제정된 시기 사이에 있었던 사실로 옳은 것은?

(가) 제39조 ① 대통령은 대통령 선거인단에서 무기명 투표로 선거한다.
　　 제40조 ① 대통령 선거인단은 국민의 보통·평등·직접·비밀 선거에 의하여 선출된 대통령 선거인으로 구성한다.
　　 제45조 대통령의 임기는 7년으로 하며, 중임할 수 없다.
(나) 제67조 ① 대통령은 국민의 보통·평등·직접·비밀 선거에 의하여 선출한다.
　　 ② 제1항의 선거에 있어서 최고 득표자가 2인 이상인 때에는 국회의 재적 의원 과반수가 출석한 공개 회의에서 다수표를 얻은 자를 당선자로 한다.
　　 제70조 대통령의 임기는 5년으로 하며, 중임할 수 없다.

① 호헌 조치에 반대한 시위에 김주열이 사망하였다.
② 석유 파동의 위기 극복을 위해 중동에 진출하였다.
③ 반공 이념을 명시한 국민 교육 헌장이 제정되었다.
④ 교복 자율화와 야간 통행 금지 해제 조치가 이뤄졌다.

| 정답해설 |

(가) 대통령 간선제와 임기 7년의 단임제를 명시한 8차 개헌 헌법(1980)으로 전두환 집권 시기에 해당한다.
(나) 6월 민주 항쟁의 결과 대통령의 직선제와 임기 5년의 단임제로 헌법을 개정한 9차 개헌 헌법(1987)으로 노태우 정권부터 현재까지 시행되고 있는 헌법이다.
④ 전두환 정부 시기에 유화책으로서 교복 자율화와 야간 통행 금지 해제 조치가 이루어졌다.

| 오답해설 |

① 4·13 호헌 조치는 당시 전두환 대통령이 국민들의 민주화 요구를 묵살하고 간선제를 유지하는 등 개헌 논의를 중단한 조치이다. 이는 6월 민주 항쟁(1987)의 배경 중 하나가 되었으며, 서울대학교 학생 박종철 군 고문치사 사건, 호헌 조치 반대 시위에 참가한 연세대학교 학생 이한열 군의 사망으로 대규모 민주화 시위가 발생하자 직선제 개헌안을 포함한 6·29 선언이 발표되었다. 한편 김주열은 이승만 정부의 3·15 부정 선거에 반대하는 시위에 참가하였던 고등학생으로, 김주열 군의 사망이 계기가 되어 4·19 혁명(1960)이 발발하게 되었다.
② 제1차 석유 파동은 1970년대 발생한 사건으로, 당시 박정희 정부는 위기 극복을 위해 중동에 진출하였다.
③ 반공 이념을 명시한 국민 교육 헌장은 제3공화국 시기(박정희 정부)인 1968년에 제정되었다.

문제편 p.30

01	①	02	②	03	②	04	④	05	②
06	③	07	③	08	①	09	④	10	②
11	①	12	③	13	③	14	②	15	①
16	③	17	②	18	②	19	③	20	③

▶풀이시간: 　/15분　나의 점수: 　/100점

01 우리 역사의 기원과 형성 〉 선사 시대와 우리 역사 〉 청동기 시대

오답률 13% | 답 ①

다음 글에서 묘사하는 시대의 유물로 올바른 것은?

> 당시의 집터는 주춧돌을 사용한 지상 가옥의 형태로서 집터의 모양은 대체로 직사각형의 형태이다. 또한 화덕은 벽 가장자리로 옮겨지고, 저장 구덩은 따로 설치하거나 밖으로 빼내어 저장 시설을 따로 만들었다.

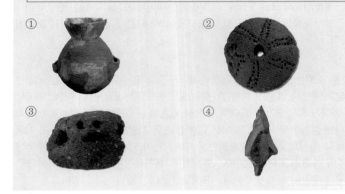

| 선지별 선택률 |

①	②	③	④
87%	13%	0%	0%

| 정답해설 |
제시문의 '주춧돌을 사용한 지상 가옥', '화덕은 벽 가장자리', '저장 구덩은 따로 설치' 등을 통해 '청동기 시대'의 집터에 대한 설명임을 알 수 있다.
① 항아리 양쪽에 손잡이가 달린 미송리식 토기는 청동기 시대의 대표적인 유물이다. 참고로 신석기 시대에는 이른 민무늬 토기, 덧무늬 토기, 눌러찍기 무늬 토기, 빗살무늬 토기가 제작되었다.

| 오답해설 |
②, ③ 가락바퀴와 흙으로 빚은 얼굴은 신석기 시대 유물에 해당한다.
④ 슴베찌르개는 후기 구석기 시대 유물에 해당한다.

02 고대의 역사 〉 고대의 정치 〉 근초고왕

오답률 13% | 답 ②

제시문과 같은 상황이 전개되던 시기의 삼국 정세에 대한 설명으로 옳은 것은?

> 백제국은 본래 고려(高驪)와 더불어 요동(遼東)의 동쪽 1000여 리 밖에 있었다. 그 후 고려는 요동을, 백제는 요서(遼西)를 경략하여 차지하였다. 백제가 통치한 곳은 진평군(晉平郡) 진평현(晉平縣)이라 한다.
> － 『송서』 －

① 고구려 국내성이 공격을 받아 동천왕이 피난을 떠났다.
② 백제에서 칠지도가 제작되고 역사서 『서기』가 편찬되었다.
③ 신라는 왜의 세력을 물리치는 과정에서 장수왕의 도움을 받았다.
④ 가야는 신라와 결혼 동맹을 맺어 국제적 고립에서 벗어나려 하였다.

| 선지별 선택률 |

①	②	③	④
0%	87%	8.7%	4.3%

| 정답해설 |
제시문의 '요서를 경략하여'를 통해 '근초고왕' 당시 백제가 요서 지역으로 진출하는 내용임을 알 수 있다. 근초고왕 당시의 백제(4세기)는 마한을 장악하고 고구려 평양성을 공격하였으며 중국의 요서, 산동 일대 및 일본 규슈 지방까지 진출하였다.
② 칠지도는 근초고왕 당시 제작되어 일본에 전해졌다. 또한 고흥이 역사서 『서기』를 편찬한 시기도 근초고왕 재위 당시에 해당한다.

| 오답해설 |
① 고구려 동천왕이 피난을 떠난 시기는 근초고왕 이전인 3세기에 해당한다.
③ 신라가 고구려 군대의 도움을 받아 왜군을 물리친 시기는 4세기 후반 내물 마립간 때이며, 당시의 고구려 왕은 장수왕이 아닌 광개토 대왕이다.
④ 가야와 신라의 결혼 동맹은 6세기 초의 일로써 당시 신라의 왕은 법흥왕이다.

03 고대의 역사 〉 고대의 정치 〉 장보고

오답률 13% | 답 ②

다음 글의 밑줄 친 '궁파'에 대한 설명으로 옳은 것은?

> 신무 대왕이 잠저에 있을 때 협사 궁파에게 말하기를, "나에게 한 하늘 밑에서 살 수 없는 원수가 있는데, 네가 나를 위해 제거해 주면 내가 대위(大位)를 차지한 후 네 딸에게 장가를 들어 비(妃)로 삼겠다."고 했다. 궁파가 수락하고는 협심 동력하여 군사를 일으켜 서울을 침범해 그 일을 이루었다. 이미 왕위를 찬탈하고 궁파의 딸을 비로 삼으려 하니, 여러 신하들이 지극히 간하기를 "궁파는 비천한데, 상(上)께서 그의 딸을 비로 삼아서는 안 됩니다." 하니, 왕이 따랐다.

① 6두품 출신으로 『제왕연대력』, 『계원필경』을 저술하였다.
② 서남해안의 해상 무역을 장악하였으며, 일본 승려 엔닌의 귀국을 도왔다.
③ 상대등을 역임하였으나 여자 군주의 왕위 계승에 반발하여 난을 일으켰다.
④ 왕위 계승에 불만을 품고 국호를 장안, 연호를 경운으로 하여 반란을 일으켰다.

| 선지별 선택률 |

①	②	③	④
8.7%	87%	0%	4.3%

| 정답해설 |
제시문의 '신무 대왕', '네 딸에게 장가를 들어 비(妃)로 삼겠다.' 등을 통해 밑줄 친 '궁파'가 '장보고'임을 알 수 있다. 장보고는 자신의 딸을 신무왕에게 시집보내려고 하였으나 실패하자 반란을 일으켰고, 이후 피살되었다.
② 장보고는 청해진을 기반으로 서남해안의 해상 무역을 장악하였으며, 일본 승려 엔닌의 귀국을 돕기도 하였다.

| 오답해설 |
① 6두품 출신으로 『제왕연대력』, 『계원필경』을 저술한 인물은 신라 말 최치원이다.
③ 상대등을 역임하였으나 여자 군주의 왕위 계승에 반발하여 난을 일으킨 인물은

신라 선덕 여왕 시기의 비담이다.
④ 국호를 장안, 연호를 경운으로 하여 반란을 일으킨 인물은 신라 하대의 김헌창이다.

04 고대의 역사 〉 고대의 사회 〉 화랑도　　오답률 26.1% | 답 ④

다음의 계율이 적용된 조직에 대한 설명으로 옳은 것은?

> 불계에는 보살계가 있는데, 그 종목이 열 가지이다. 너희들이 (세속의) 신하로서는 아마도 이를 감당하지 못할 것이다. 지금 세속 오계(世俗五戒)가 있으니, 첫째는 임금 섬기기를 충(忠)으로써 하고, 둘째는 어버이 섬기기를 효(孝)로써 하며, 셋째는 친구 사귀기를 신(信)으로써 하고, 넷째는 전쟁에 나가서는 물러서지 말며, 다섯째는 생명 있는 것을 죽이되 가려서 할 것이다. 너희들은 이것을 실행함에 소홀히 하지 말라.

① 왕권을 견제하고 귀족의 입장을 대변하였다.
② 유학을 확산시키는 최고 국립 교육 기관이다.
③ 폐쇄적인 신분 제도로서 신라의 발전을 저해하였다.
④ 계층 간의 대립과 갈등을 완화시키는 역할을 하였다.

| 선지별 선택률 |

①	②	③	④
17.4%	8.7%	0%	73.9%

| 정답해설 |
제시문은 신라 '화랑도'의 규율로서 원광 법사가 제정한 '세속 오계'이다. 세속 오계는 사군이충, 사친이효, 교우이신, 임전무퇴, 살생유택의 다섯 가지 규율을 말한다.
④ 진흥왕 때 국가 조직으로 개편된 화랑도는 귀족과 평민을 망라하여 구성되었기에 계층 간의 대립과 갈등을 완화시키는 역할을 하였다.

| 오답해설 |
① 왕권을 견제하고 귀족의 입장을 대변한 조직은 화백 회의이다. 화백 회의는 신라 귀족의 회의 기구로 왕권을 견제하는 기능을 담당하였으며, 만장일치 결정 방식의 운영을 통해 집단의 결속을 강화시키고 부정을 막는 기능을 하였다.
② 신라의 국립 유교 교육 기관은 신문왕 때 설립된 국학이다.
③ 신라의 폐쇄적인 신분 제도는 골품제이다.

05 중세의 역사 – 고려 〉 중세의 정치 〉 광종　　오답률 4.3% | 답 ②

밑줄 친 '왕'의 업적에 대한 설명으로 가장 옳은 것은?

> 왕은 여러 가지 과감한 조처를 통하여 왕권을 강화시켰다. 혁신 정치를 대체적으로 일단락 지은 즉위 11년에 칭제 건원하고, 개경을 황도, 서경을 서도라 칭한 것은 그와 같은 기반 위에서 취한 자부심의 한 표현이라 볼 수 있다.

① 호장·부호장 등의 향리직제가 마련되었다.
② 백관의 4색 공복 제도를 마련하였다.
③ 12목을 설치하고 지방관을 파견하였다.
④ 서경 천도를 시도하였으나 실패하였다.

| 선지별 선택률 |

①	②	③	④
0%	95.7%	4.3%	0%

| 정답해설 |
제시문의 '왕권을 강화', '칭제 건원', '개경을 황도, 서경을 서도'를 통해 밑줄 친 '왕'이 고려 초 '광종'임을 알 수 있다.
② 광종은 백관의 4색 공복(자색·단색·비색·녹색) 제도를 마련하였다.

| 오답해설 |
①, ③ 성종은 지방에 12목을 설치하여 지방관을 파견하고, 향리 제도를 마련하였다.
④ 고려 초 정종과 인종 시기에 서경 천도를 시도하였으나 실패하였다.

| 더 알아보기 | 광종의 정책

정치	• 노비안검법 실시: 호족의 경제력·군사력 약화 • 과거제 시행: 호족의 정치적 권한 약화(쌍기 건의), 유학 능력 위주 선발 • 호족 공신 숙청 • 백관의 공복 제정(자색·단색·비색·녹색): 위계 서열 확립 • 황제 칭호 사용(칭제 건원, 황도·서도), 연호 사용(광덕·준풍)
경제	• 주현 공부법 실시 • 제위보 설치
문화	• 불교 정책: 왕사·국사 제도 마련 • 불교 활동: 균여의 귀법사 창건, 혜거(법안종), 의통·제관 중국 천태종 도입
외교	송과 수교(친선 관계)

06 중세의 역사 – 고려 〉 중세의 정치 〉 거란의 침입　　오답률 39.1% | 답 ③

다음 대화의 (가)~(다)에 대한 설명으로 옳은 것은?

> 소손녕: (가) 은/는 옛 신라 땅에서 나라를 세웠고, 고구려의 옛 땅은 (나) 의 소유인데 (가) 이/가 차지하였다. 또 (가) 은/는 (나) 와/과 국경을 맞대고 있는데도 송을 섬기고 있어 출병하였다.
>
> 서　희: 그렇지 않다. 우리 (가) 은/는 고구려의 후예이다. 그래서 나라 이름도 (가) 라고 하였다. 오히려 (나) 의 동경이 우리 국경 안에 있다. 그리고 압록강 근처도 우리 땅인데 현재 (다) 이/가 차지하여 길을 막아 (나) 와/과 국교를 이루지 못하고 있다. (다) 을/를 쫓아내고 길을 통하면 국교를 통할 수 있을 것이다.

① (가) – 담판의 결과 동북 9성을 축조하였다.
② (나) – (가)에 군신 관계를 요구하여 관철시켰다.
③ (다) – 이를 정벌하기 위한 승병 부대가 조직되었다.
④ (나)와 (다)의 대립으로 (가)는 중립 외교를 시행하였다.

| 선지별 선택률 |

①	②	③	④
17.4%	0%	60.9%	21.7%

| 정답해설 |
제시문의 '소손녕', '서희'를 통해 거란의 1차 침입 당시(성종) 고려 대표 서희와 거란의 소손녕 사이에 진행된 외교 담판에 대한 내용임을 알 수 있다. 따라서 (가)는 고려, (나)는 거란, (다)는 여진에 해당한다. 고려는 서희의 외교 담판 결과 거란과 교류할 것을 약속하는 대가로 고구려의 후계자임을 인정받았으며, 강동 6주를 고려의 영토로 편입하게 되었다.
③ 고려 중기 숙종 때 여진을 정벌하기 위한 신기군·신보군·항마군으로 구성된 별무반이 조직되었는데, 그중 항마군이 승병 부대였다.

| 오답해설 |
① 고려는 서희의 외교 담판의 결과 강동 6주를 획득하였다. 동북 9성은 고려 중기 여진을 정벌하고 쌓은 성이다.
② 고려 중기 인종 때 여진(금)은 고려에 군신 관계를 요구하여 관철시켰다.
④ 중립 외교는 조선 후기 광해군이 명과 후금 사이에서 실리를 추구하기 위해 실시한 정책이다.

| 더 알아보기 | 고려와 여진과의 관계

• 여진은 과거 고려를 부모의 나라로 따르며 섬겼으나 부족을 통일한 이후 고려의 국경을 침범하였다.
• 고려군이 여진과의 전투에서 크게 패배한 이후 윤관의 건의로 신기군(기병)·신보군(보병)·항마군(승병)으로 구성된 별무반을 조직(숙종), 여진 정벌을 진

행하여 그 자리에 동북 9성을 축조(예종)하였다.
- 여진족의 계속되는 침입과 요청으로 동북 9성은 다시 여진족에게 반환하였다.
- 여진족이 금을 건국(1115)하여 거란(요)과 송을 멸망(이후 남송 시대)시킨 이후 고려에 사대의 예를 요구하였다.
- 당시 문벌 귀족 이자겸이 금나라의 사대 요구를 수락하여 북진 정책이 중단(1125)되었다.

오답률 TOP 1

07 중세의 역사 – 고려 〉 중세의 경제 〉 전시과　오답률 65.2% | 답 ③

다음 고려시대의 토지 제도가 실시된 시기에 대한 설명으로 옳은 것은?

> 관료에게 지급하는 토지가 부족해지면서 기존의 전·현직 관료 모두에게 지급하던 방식을 현직 관료에게만 지급하기 시작하였다. 이에 따라 관료들은 퇴직과 함께 토지를 국가에 반납하여야 했다.

① 빈민 구제 기금 제위보가 만들어졌다.
② 강조의 정변을 계기로 거란이 침입하였다.
③ 이자겸이 인종을 감금하고 궁을 불태웠다.
④ 사심관 제도와 기인 제도가 처음 시행되었다.

| 선지별 선택률 |

①	②	③	④
26.1%	34.8%	**34.8%**	4.3%

| 정답해설 |
제시문의 '현직 관료에게만 (토지를) 지급'을 통해 '경정 전시과'에 대한 내용임을 알 수 있다. 고려 중기 '문종' 때 제정(1076)된 경정 전시과는 현직 관료에게만 토지를 지급하였다. 경정 전시과는 고려 중기인 무신 집권 시기에 이르러 붕괴되었다.
③ 이자겸이 인종을 감금하고 궁을 불태운 사건은 고려 중기 인종 때로서, 경정 전시과가 적용된 시기였다.

| 오답해설 |
① 제위보는 고려 초 광종 때 설치되었으며, 당시에는 전시과 제도가 제정되지 않았다.
② 강조의 정변은 목종이 폐위되고 현종이 옹립된 사건으로, 당시에는 개정 전시과(목종)가 적용되었다.
④ 사심관 제도와 기인 제도는 고려 초 태조 때 시행된 호족 견제 정책으로서, 당시에는 전시과 제도가 제정되지 않았다.

08 중세의 역사 – 고려 〉 중세의 문화 〉 고려의 불상과 석탑
오답률 17.4% | 답 ①

아래 (가)~(라)에 대한 설명으로 옳은 것을 고르면?

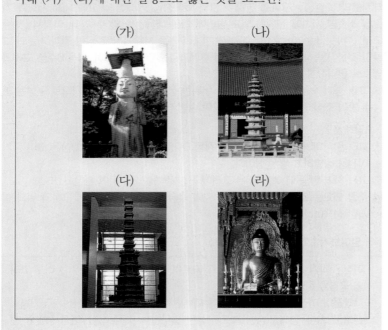

① (가) – 지역색이 강하고 파격적인 고려의 불상이다.
② (나) – 송나라 양식으로 제작되었으며, 원각사지 10층 석탑에도 영향을 주었다.
③ (다) – 목탑 양식이 반영되었다.
④ (라) – 팔만대장경이 보관되어 있는 사찰에 위치하고 있다.

| 선지별 선택률 |

①	②	③	④
82.6%	8.7%	8.7%	0%

| 정답해설 |
(가) 고려 전기 관촉사 석조 미륵보살 입상
(나) 고려 전기 월정사 8각 9층 석탑
(다) 고려 후기 경천사지 10층 석탑
(라) 고려의 부석사 소조 아미타여래 좌상
① 관촉사 석조 미륵보살 입상은 지역색이 강하고 파격적인 고려 불상의 특징을 잘 보여준다.

| 오답해설 |
② 고려 전기 월정사 8각 9층 석탑은 송나라에서 영향을 받았다. 한편 조선 세조 때 지어진 원각사지 10층 석탑에 영향을 준 것은 고려 후기의 경천사지 10층 석탑이다.
③ 고려 후기 경천사지 10층 석탑은 원의 라마교 영향을 받았으며, 대리석으로 제작되었다. 한편 목탑 양식이 반영된 석탑은 백제의 익산 미륵사지 석탑이다.
④ 소조 아미타여래 좌상은 영주 부석사에 있으며, 팔만대장경이 보관되어 있는 사찰은 합천 해인사이다.

오답률 TOP 3

09 근대 태동기의 역사 – 조선 후기 〉 근대 태동기의 사회 〉 서얼
오답률 56.5% | 답 ④

다음 상소의 밑줄 친 '저희들'에 대한 당시의 설명으로 가장 옳은 것은?

> 작위의 높고 낮음은 조정에서만 써야 할 것이고 적자와 서자의 구별은 한 집안에서만 통용되어야 할 것입니다. …… 공사천 신분이었다가 면천된 이들은 벼슬을 받기도 하고 아전이었다가 관직을 받은 이들은 높은 자리에 오르기도 하는데 저희들은 한번 낮아진 신분이 대대로 후손에게 이어져 영구히 서족이 되어 훌륭한 임금이 다스리는 세상임에도 그저 버려진 사람들이 되어 있습니다.

① 외래 문화 수용에 선구적 역할을 담당하였다.
② 포구에서 상품 매매를 중개하며 부를 축적하였다.
③ 향약과 서원 등을 기반으로 하여 세력을 확장하였다.
④ 중앙 관직으로의 진출이 활발해지며 왕의 정책을 뒷받침하였다.

| 선지별 선택률 |

①	②	③	④
21.7%	13.1%	21.7%	43.5%

| 정답해설 |
제시문의 '한번 낮아진 신분이 대대로 후손에게 이어져 영구히 서족이 되어'를 통해 밑줄 친 '저희들'이 조선시대의 '서얼'임을 알 수 있다. 양반 첩의 자식인 서얼은 문과 응시가 금지되었고, 승진에도 많은 제약을 받았다.
④ 조선 후기 서얼들의 중앙 관직 진출이 활발해지면서 영조와 정조의 탕평책을 뒷받침하였다. 이후 이들에 대한 제도적 차별은 철종 때 완전하게 사라지게 된다.

| 오답해설 |
① 외래 문화 수용에 선구적 역할을 담당한 계층은 중인 중 역관이다.
② 포구에서 상품 매매를 중개하며 부를 축적한 계층은 조선 후기 객주와 여각 또는 그 외 민간 업자들이다.
③ 향약과 서원 등을 기반으로 하여 세력을 확장한 계층은 양반이다.

10 근세의 역사 – 조선 전기 〉 근세의 문화 〉 「혼일강리역대국도지도」
오답률 34.8% | 답 ②

밑줄 친 '이 지도'에 대한 설명으로 옳은 것은?

> 1402년 제작된 이 지도는 조선 학자들에 의해 제작된 세계 지도이다. 권근의 글에 의하면 중국에서 수입한 「성교광피도」와 「혼일강리도」를 기초로 하고, 우리나라와 일본의 지도를 합해서 제작하였다고 한다.

① 이 지도는 유럽과 아메리카 대륙까지 묘사하였다.
② 이 지도가 제작된 왕 시기에 창덕궁이 건설되었다.
③ 이 지도가 제작된 왕 시기에 갑인자가 주조되었다.
④ 이 지도 제작에 백리척을 사용하여 과학화에 기여하였다.

| 선지별 선택률 |

①	②	③	④
26.1%	65.2%	0%	8.7%

| 정답해설 |
제시문의 밑줄 친 '이 지도'는 15세기 조선 초 '태종' 때 편찬된 세계 지도 「혼일강리역대국도지도」이다. 「혼일강리역대국도지도」는 현존하는 동양 최고(最古)의 세계 지도이다. 중화사상이 반영되어 중국이 가운데 그려져 있으며, 원나라 당시의 이슬람 지도학의 영향을 받아 유럽과 아프리카까지 표현되어 있다.
② 창덕궁은 태종 때 처음 건설되었다.

| 오답해설 |
① 아메리카 대륙까지 묘사된 지도는 조선 후기의 「곤여만국전도」이다.
③ 태종 때에는 계미자가 주조되었다. 갑인자는 세종 때 주조되었다.
④ 백리척이 최초로 사용된 것은 조선 후기에 편찬된 정상기의 「동국지도」이다.

11 근세의 역사 – 조선 전기 〉 근세의 문화 〉 성균관 오답률 26.1% | 답 ①

다음과 같은 특징을 가진 교육 기관에 대한 설명으로 옳은 것은?

> 조선 왕조의 한양 천도에 따라 새 도읍지의 동북부 지역인 숭교방 부근에 터가 정해져서 1395년(태조 4)부터 건축 공사가 시작되었다. 3년 만에 대성전과 동무·서무의 문묘(文廟)를 비롯하여 명륜당·동재·서재 등의 건물이 완성됨으로써 새로운 모습을 보이게 되었다. 이 밖에도 도서관인 존경각은 1478년(성종 9)에 갖추어졌다.

① 입학 자격은 생원, 진사를 원칙으로 하였다.
② 초등 교육을 담당하는 사립 교육 기관이었다.
③ 주세붕이 안향을 기리기 위해 처음 설립하였다.
④ 중등 교육 기관으로 부·목·군·현에 각각 하나씩 설립되었다.

| 선지별 선택률 |

①	②	③	④
73.9%	4.3%	4.3%	17.5%

| 정답해설 |
제시문의 '대성전', '문묘', '명륜당·동재·서재', '존경각'을 통해 조선시대 최고의 국립 교육 기관인 '성균관'에 대한 내용임을 알 수 있다.
① 성균관은 소과 합격자인 생원과 진사의 입학을 원칙으로 하였다.

| 오답해설 |
② 초등 교육을 담당한 사립 교육 기관은 서당이다.
③ 조선 중종 때 주세붕이 안향을 기리기 위해 설립한 사당은 백운동 서원이다.
④ 지방의 관학이자 중등 교육 기관으로 부·목·군·현에 각각 하나씩 설립된 교육 기관은 향교이다.

| 더 알아보기 | 조선시대 교육 기관

조선시대 교육 기관은 관학 교육 기관과 사립 교육 기관으로 구분할 수 있다. 관학 교육 기관으로는 중앙에 설치한 4부 학당과 성균관, 지방에 설치한 향교가 있다. 사립 교육 기관으로는 향촌 양반들이 건립한 서원이 대표적이다. 이 중에서 성균관은 중앙에 설치한 최고 국립 교육 기관으로 문묘를 포함한 대성전, 명륜당, 동재와 서재, 존경각 등을 갖추고 있다.

12 근대의 역사 – 개항기 〉 흥선 대원군의 개혁 정치와 문호의 개방 〉 임오군란
오답률 26.1% | 답 ③

다음 글에서 언급하는 사건의 결과로 옳은 것을 〈보기〉에서 고른 것은?

> 영의정 홍순목이 아뢰기를, "…… 지금 선혜청에 무슨 저축된 곡식이 있습니까? 다만 전날 군자감에서 급료를 내줄 때의 일을 가지고 말하더라도, 도감의 군졸들이 받은 곡식이 섬이 차지 않는다면서 두 손으로 각각 1섬씩 들고 하는 말이 '13개월 동안 급료를 주지 않다가 지금 겨우 한 달분을 분급한 것이 바로 이와 같은가?'라고 하면서 해당 고지기를 구타하여 현재 생사를 분간하기 어렵습니다. 이어 대청 위에 돌을 마구 던져 해당 낭관이 도피하기까지 하였으니 이 어찌 작은 문제이겠습니까?" 하니, 하교하기를, "13개월이나 급료를 내주지 못한 것도 이미 민망스러운 일인데 게다가 섬이 차지 않은 것은 또한 무슨 까닭인가?"

〈보기〉
ㄱ. 김윤식이 영선사로 청에 파견되었다.
ㄴ. 조선에 대한 청의 내정 간섭이 시작되었다.
ㄷ. 일본에 배상금을 지불하고 공사관에 경비병을 주둔시켰다.
ㄹ. 일본이 청과 동등하게 조선에 대한 파병권을 획득하였다.

① ㄱ, ㄷ
② ㄱ, ㄹ
③ ㄴ, ㄷ
④ ㄴ, ㄹ

| 선지별 선택률 |

①	②	③	④
13%	4.4%	73.9%	8.7%

| 정답해설 |
제시문의 '군졸들이 받은 곡식이 섬이 차지 않는다면서', '13개월 동안 급료를 주지 않다가 지금 겨우 한 달분을 분급한 것'을 통해 '임오군란(1882)'에 대한 내용임을 알 수 있다. 임오군란의 결과 조선에는 청의 고문이 파견되고, 조·청 상민 수륙 무역 장정이 체결되었다. 해당 장정은 조선이 청의 속방임을 명시하고 있으며, 영사재판권, 내지 통상권 등 청 상인의 특권을 보장하였다.
ㄴ. 임오군란의 발발을 계기로 조선에 대한 청의 내정 간섭이 시작되었다.
ㄷ. 임오군란의 결과 체결된 제물포 조약에 따라 일본에 배상금을 지불하고 공사관에 경비병을 주둔시켰다.

| 오답해설 |
ㄱ. 임오군란(1882)이 벌어지기 이전인 1881년 김윤식이 영선사로 청에 파견되었다.
ㄹ. 갑신정변(1884)의 결과 체결된 톈진 조약으로 일본은 청과 동등하게 조선에 대한 파병권을 획득하였다.

오답률 TOP 2
13 근대의 역사 – 개항기 〉 근대 국가 수립 운동 〉 대한제국
오답률 60.9% | 답 ③

다음 법령이 발표된 시기에 추진된 개혁의 내용으로 가장 적절한 것은?

> 제1조 대한국은 세계 만국에 공인된 자주독립 제국이니라.

제2조 대한국의 정치는 만세 불변할 전제 정치이니라.

제3조 대한국 대황제께서는 무한한 군권을 향유하시느니라.

제5조 대한국 대황제께서는 육·해군을 통솔하시고 계엄·해엄을 명하시느니라.

① 진위대를 설치해 황제가 군대를 통솔하였다.

② 지계를 발급하여 지주 전호제를 폐지하였다.

③ 간도 관리사를 두고 간도에 이범윤을 파견하였다.

④ 구본신참의 원칙에 따라 입헌 군주제의 도입을 시도하였다.

| 선지별 선택률 |

①	②	③	④
26.1%	17.4%	**39.1%**	17.4%

| 정답해설 |

제시문은 황제권 강화를 명시한 대한제국의 '대한국 국제(1899)'이다. 대한제국은 황제가 군권을 장악하기 위하여 원수부를 설치하였다. 또한 근대적 토지 소유 증명서라 할 수 있는 지계를 발급하였고, 식산흥업 정책을 통해 상공업을 적극 육성하고자 노력하였다.

③ 대한제국은 간도 관리사를 두고 이범윤을 파견하여 간도를 함경도의 일부로 편입시켰다.

| 오답해설 |

① 대한제국은 원수부를 설치해 황제가 군대를 통솔하였다. 진위대는 대한제국 이전인 을미개혁 시기에 조직된 지방군이다.

② 대한제국이 토지 소유 증명서인 지계를 발급한 것은 맞으나, 지주 전호제를 폐지하지는 않았다.

④ 대한제국의 광무개혁이 구본신참의 원칙에 따라 시행된 것은 맞으나, 이는 황제권을 강화하는 전제 군주제 개혁으로서 입헌 군주제와는 거리가 있다.

14 일제강점기 > 민족 문화 수호 운동 > 백남운　　오답률 21.7% | 답 ②

밑줄 친 '나'에 대한 설명으로 옳은 것은?

나의 조선경제사 기도(企圖)는 사회의 경제적 구성을 기축으로 대체로 다음과 같은 제 문제를 취급하려 하였다.

제1. 원시 씨족 공산체의 태양(態樣)

제2. 삼국의 정립 시대의 노예 경제

제3. 삼국시대 말기경부터 최근세에 이르기까지의 아시아적 봉건 사회의 특질

제4. 아시아적 봉건 국가의 붕괴 과정과 자본주의 맹아 형태

제5. 외래 자본주의 발전의 일정과 국제적 관계

제6. 이데올로기 발전의 총 과정

① 역사를 '아(我)'와 '비아(非我)'의 투쟁의 기록이라고 하였다.

② 유물 사관에 근거하여 역사 발전의 법칙성을 강조하였다.

③ 혁신적이고 실천적인 양명학을 발전시킬 것을 주장하였다.

④ 랑케 사관에 근거하여 역사학의 순수 학문을 표방하였다.

| 선지별 선택률 |

①	②	③	④
8.7%	78.3%	13%	0%

| 정답해설 |

제시문의 '조선경제사', '원시 씨족 공산체', '봉건 국가의 붕괴 과정과 자본주의 맹아'를 통해 밑줄 친 '나'가 사회주의를 전제한 역사 발전의 법칙성을 강조하였던 사회 경제 사학자 '백남운'임을 알 수 있다.

② 사회 경제 사학자 백남운은 유물 사관을 바탕으로 세계사적 보편적 발전 법칙을 강조하며 일제의 정체성론을 비판하였다.

| 오답해설 |

① 역사를 '아(我)'와 '비아(非我)'의 투쟁의 기록이라고 한 인물은 민족주의 사학자 신채호이며, 해당 내용은 신채호의 저서 『조선상고사』에서 언급하고 있다.

③ 혁신적이고 실천적인 양명학을 발전시킬 것을 주장한 인물은 박은식으로 대표적 저술로는 『유교구신론』이 있다.

④ 랑케 사관에 근거하여 역사학의 순수 학문을 표방한 단체는 진단 학회로, 손진태, 이병도 등이 실증주의 사학을 표방하며 조직하였다.

15 일제강점기 > 일제강점기 사회 운동 > 소년 운동　　오답률 39.1% | 답 ①

다음 선언문이 발표된 때로부터 가장 가까운 시기에 있었던 사실로 적절한 것은?

1. 어린이를 재래의 윤리적 압박으로부터 해방하여 그들에 대한 완전한 인격적 예우를 허하게 하라.

2. 어린이를 재래의 경제적 압박으로부터 해방하여 만 14세 이하의 그들에 대한 무상 또는 유상의 노동을 폐하게 하라.

3. 어린이 그들이 고요히 배우고 즐겁게 놀기에 족한 각양의 가정 또는 사회적 시설을 행하게 하라.

① 상하이에서 국민 대표 회의가 열렸다.

② 좌·우 협력 단체인 신간회가 해소되었다.

③ 김원봉이 주도한 통합 정당 민족 혁명당이 출범하였다.

④ 공화 정부 수립을 목표로 활동한 대한 광복회가 결성되었다.

| 선지별 선택률 |

①	②	③	④
60.9%	8.7%	21.7%	8.7%

| 정답해설 |

제시문의 '어린이'를 통해 1920년대에 발생한 '소년 운동(1923)'에 대한 내용임을 알 수 있다. 1920년대에는 소년 운동, 형평 운동, 여성 운동과 같은 각종 사회 운동이 활발하게 전개되었다.

① 대한민국 임시 정부의 주도로 1923년 상하이에서 국민 대표 회의가 개최되었다.

| 오답해설 |

② 좌·우 협력 단체인 신간회는 1927년 창립되어 1931년에 해소되었다.

③ 민족 혁명당은 김원봉이 주도한 통합 정당 조직으로 1935년에 조직되었다.

④ 박상진을 총사령으로 하며 공화정 수립을 추구한 대한 광복회는 1915년 대구에서 결성된 비밀 결사 단체이다.

| 더 알아보기 | 1920년대 사회 운동

소년 운동	• 천도교 방정환 중심 • 어린이날 제정(1923) • 잡지 〈어린이〉 발간
형평 운동	• 백정 차별: 호적에 '도한', 붉은 점 표시 • 사회적 철폐 운동, 진주에서 시작 • 조선 형평사(1923)
여성 운동	• 여성 계몽, 남녀 평등 주장 • 근우회 조직(신간회 자매 단체, 1927)

16 일제강점기 > 일제의 식민 통치와 항일 민족 운동 > 조선 의용대　　오답률 52.2% | 답 ③

제시문의 (가)에 대한 설명으로 옳은 것은?

박차정은 근우회에서 활동하다가 보다 적극적인 독립운동을 위해 중국으로 망명하였다. 그녀는 1938년 우한에서 조선 민족 전선 연맹 산하의 군사 조직으로 창설된 □(가)□ 의 부녀복무단장으로 무장 투쟁을 전개하다가 35세의 젊은 나이로 순국하였다.

① 총사령 지청천의 지휘 아래 활동하였다.
② 민정 기관과 군정 기관을 갖춘 자치 정부 형태였다.
③ 중국 국민당 정부와 연대하여 군사 활동을 전개하였다.
④ 중국 의용군과 연대하여 흥경성 전투의 승리를 이끌어냈다.

| 선지별 선택률 |

①	②	③	④
13%	13%	47.8%	26.2%

| 정답해설 |

제시문의 '조선 민족 전선 연맹 산하의 군사 조직'을 통해 (가)가 1938년 창설된 '조선 의용대'임을 알 수 있다. 참고로 박차정은 약산 김원봉의 부인으로서 조선 의용대에서 활약한 독립운동가이다.
③ 조선 의용대는 중국 우한에서 창설된 중국 관내 최초의 한인 군사 조직으로 중국 국민당 정부의 지원을 받아 군사 활동을 전개하였다.

| 오답해설 |

① 지청천은 1930년대 초 만주에서 활동한 한국 독립군의 총사령관이었다.
② 민정 기관과 군정 기관을 갖춘 자치 정부는 1920년대 만주에서 조직된 3부(참의부·정의부·신민부)에 해당한다.
④ 중국 의용군과 연대하여 흥경성 전투 등에서 승리한 단체는 1930년대 초 만주에서 활동한 양세봉의 조선 혁명군이다.

17 근대의 역사 – 개항기 〉 근대 국가 수립 운동 〉 개혁 정책과 주장
오답률 30.4% | 답 ②

다음 주장과 관련된 개혁에 대한 설명으로 옳은 것은?

(가) 탐관오리 엄징, 노비 문서 소각, 과부의 재가 허용, 토지의 평균 분작
(나) '건양' 연호 사용, 단발령 실시, 태양력 사용, 종두법 시행
(다) 청과의 의례적 사대 관계 폐지, 문벌 폐지, 지조법 개혁, 혜상공국 혁파

① (가) – 개혁의 주장이 제기된 후에 농민군이 전주성을 점령하였다.
② (나) – 김홍집 친일 내각이 주도한 개혁으로 의병 봉기를 유발하였다.
③ (다) – 개혁의 결과 중앙에 친위대, 지방에 진위대 군대가 설치되었다.
④ (가) – (나) – (다)의 순으로 개혁이 추진되었다.

| 선지별 선택률 |

①	②	③	④
21.7%	69.6%	8.7%	0%

| 정답해설 |

(가) 동학 농민 운동(1894) 당시의 폐정 개혁안 12개조이다.
(나) 을미개혁(1895)에 관한 내용이다.
(다) 갑신정변(1884) 당시 발표된 14개조 개혁 정강이다.
② 을미개혁은 을미사변의 발발 이후 4차 김홍집 친일 내각이 주도하여 을미의병 봉기를 유발하였다.

| 오답해설 |

① 폐정 개혁안 12개조는 동학 농민군과 조선 정부 사이에서 전주 화약을 체결한 이후 집강소를 설치하여 실시한 개혁 정책으로, 전주성 점령 이후의 사실이다.
③ 중앙에 친위대, 지방에 진위대가 설치된 시기는 을미개혁이다.
④ (다) – (가) – (나) 순으로 전개되었다.

18 현대의 역사 〉 대한민국 정부의 수립과 6·25 전쟁 〉 여운형
오답률 21.7% | 답 ②

다음의 요구 조건을 제시한 인물에 대한 설명으로 옳은 것은?

• 전국적으로 정치범과 경제범을 즉시 석방할 것
• 3개월 간의 식량을 확보해 줄 것
• 치안 유지와 건국 운동을 위한 모든 정치 운동에 대하여 절대로 간섭하지 말 것
• 학생과 청년을 훈련·조직하는 일에 간섭하지 말 것
• 노동자와 농민을 건국 사업에 동원·조직하는 일에 간섭하지 말 것

① 5·10 총선거에 참여하였다.
② 좌·우 합작 운동을 주도하였다.
③ 신탁 통치 반대 운동을 전개하였다.
④ 평양에서 열린 남북 협상에 참여하였다.

| 선지별 선택률 |

①	②	③	④
13%	78.3%	8.7%	0%

| 정답해설 |

제시문은 광복 직전 '여운형'이 일제와 협상을 벌일 때 제시한 요구 조건이다.
② 여운형은 광복 이전 조직한 조선 건국 동맹을 기반으로 광복 직후에 새로이 조직된 조선 건국 준비 위원회(1945. 8.) 활동을 주도하였으며 이후 김규식과 함께 좌·우 합작 운동(1946~1947)을 주도하였다.

| 오답해설 |

① 5·10 총선거(1948)는 미국이 한반도 문제를 유엔으로 이관한 이후 유엔 소총회의 결정에 따라 실시된 선거이다.
③ 신탁 통치 반대(반탁) 운동은 우익들이 주도하였다. 여운형은 찬탁의 입장이었다.
④ 평양에서 열린 남북 협상(1948. 4.)에 참여한 인물은 김구와 김규식, 김일성, 김두봉이다. 여운형은 해당 협상 이전에 암살(1947)되었다.

19 현대의 역사 〉 대한민국 정부의 수립과 6·25 전쟁 〉 정전 협정
오답률 21.7% | 답 ③

다음의 협정과 관련한 설명으로 옳지 않은 것은?

군사 분계선을 확정하고 쌍방이 이 선에서 2km씩 후퇴하여 비무장 지대를 설정한다. 비무장 지대는 완충 지대로서 적대 행위로 인해 우려되는 사건을 미리 방지한다.

① 협정 체결 이전 발췌 개헌이 단행되었다.
② 협정 체결 직전 정부는 반공 포로를 석방하였다.
③ 당시 이승만 정부는 협상 막판에 서명하였다.
④ 한·미 상호 방위 조약 체결에 영향을 주었다.

| 선지별 선택률 |

①	②	③	④
13.1%	4.3%	78.3%	4.3%

| 정답해설 |

제시문의 '2km씩 후퇴하여 비무장 지대를 설정'을 통해 '정전 협정(1953. 7.)'에 대한 내용임을 알 수 있다.
③ 한국 정부는 정전 협정 체결에 참여하지 못했다. 참고로 휴전 협상 과정에서 이승만은 휴전에 반대하였고 이에 동의하는 당시의 국민들은 휴전 반대 운동을 전개하였다.

| 오답해설 |

① 발췌 개헌 파동은 부산 정치 파동(1952)으로, 정전 협정 타결 이전에 해당한다.
② 당시 이승만 정부는 휴전 협상 타결 직전 거제도의 반공 포로를 석방(1953. 6.)하였다.

④ 휴전 협정의 조인 이후 한국과 미국은 한·미 상호 방위 조약(1953. 10.)을 체결하였다.

20 현대의 역사 〉 민주주의의 시련과 발전 〉 현대사의 주요 사건

오답률 21.7% | 답 ③

다음 자료와 관련된 사건을 순서대로 바르게 나열한 것은?

ㄱ. 정부 당국에서는 17일 야간에 계엄령을 확대 선포하고 일부 학생과 민주 인사, 정치인을 도무지 믿을 수 없는 구실로 불법 연행했습니다. 이에 우리 시민 모두는 의아해했습니다.

ㄴ. 나이 어린 학생 김주열의 참시(慘屍)를 보라! 그것은 가식 없는 전제주의 전횡의 발가벗은 나상(裸像)밖에 아무 것도 아니다.

ㄷ. 우리는 …… 민족 자립으로 가는 어떠한 길도 폐색되어 있음을 분명히 인식한다. 굴욕적인 한·일 회담의 즉시 중단을 엄숙히 요구한다.

① ㄱ - ㄴ - ㄷ
② ㄴ - ㄱ - ㄷ
③ ㄴ - ㄷ - ㄱ
④ ㄷ - ㄴ - ㄱ

| 선지별 선택률 |

①	②	③	④
0%	8.7%	**78.3%**	13%

| 정답해설 |

③ 제시된 사건의 순서는 다음과 같다.

ㄴ. 3·15 부정 선거에 대항하였던 고등학생 김주열의 죽음을 계기로 확산된 4·19 혁명(1960)에 대한 내용이다.

ㄷ. 박정희 정부의 한·일 국교 정상화에 굴욕 외교라 반발하며 일어난 6·3 시위(1964)에 대한 내용이다.

ㄱ. 신군부의 5·17 비상계엄 확대에 반발하며 일어난 5·18 민주화 운동(1980)에 대한 내용이다.

| 더 알아보기 | 민주화 운동의 순서

- 4·19 혁명(1960)
- 6·3 시위(1964)
- 부·마 항쟁(1979)
- 5·18 민주화 운동(1980)
- 6월 민주 항쟁(1987)

문제편 p.36

01	③	02	③	03	②	04	③	05	③
06	②	07	③	08	②	09	③	10	②
11	③	12	④	13	③	14	③	15	①
16	④	17	④	18	③	19	④	20	①

▶풀이시간: 　/13분　나의 점수: 　/100점

01 우리 역사의 기원과 형성 〉 국가의 형성 〉 동예와 부여

오답률 25% | 답 ③

다음 자료에 해당하는 초기 국가에 대한 설명으로 옳은 것은?

> (가) 동성끼리는 결혼하지 않는다. 부락을 함부로 침범하면 벌로 노비와 소, 말을 부과한다.
> (나) 사람들 체격이 매우 크고 성품이 강직하고 용맹하며, 근엄하고 후덕하여 다른 나라를 노략질하지 않았다. …… 형이 죽으면 형수를 아내로 삼는 것은 흉노의 풍속과 같았다.

① (가) - 제천 의림지와 같은 수리 시설을 축조하였다.
② (가) - 음란하거나 질투하는 부인이 있다면 모두 죽였다.
③ (나) - 동이 지역 가운데 가장 넓고 평탄하다고 기록되어 있다.
④ (나) - 혼인은 신랑이 신부 집에서 큰 본채 뒤에 작은 별채를 지어 시작한다.

| 선지별 선택률 |

①	②	③	④
0%	5%	75%	20%

| 정답해설 |
제시문은 모두 초기 국가들에 대한 『삼국지』 위서 동이전의 기록으로 (가)는 족외혼과 책화의 풍속을 가지고 있는 동예, (나)는 형사취수제의 풍속이 존재하는 부여임을 알 수 있다.
③ 『삼국지』에 따르면 부여가 동이 지역 가운데 가장 넓고 평탄하다고 한다.

| 오답해설 |
① 벼농사를 비롯한 농경이 발달한 삼한에서 제천 의림지와 같은 수리 시설을 축조하였다.
② 간음죄와 투기죄 등의 4대 금법이 존재하여 음란하거나 질투하는 부인이 있다면 모두 죽이는 풍습이 존재한 국가는 부여이다.
④ 신랑이 신부 집에서 큰 본채 뒤에 작은 별채인 서옥(婿屋)을 짓고 혼인한 후, 자식을 낳아 장성하면 자신의 집에 데리고 오는 결혼 풍습이 존재한 국가는 고구려이다.

02 고대의 역사 〉 고대의 정치 〉 발해 무왕

오답률 20% | 답 ③

다음의 글이 작성된 시기에 발해에서 있었던 사실로 가장 옳은 것은?

> 당 현종은 태복 원외랑 김사란을 신라에 보내 군사를 출동하여 발해의 남경을 공격하게 하였다. 신라는 군사를 내어 발해의 남쪽 국경선 부근으로 진격하였다. 이에 발해가 군사를 등주에서 철수하였다.
> — 『신당서』 —

① 거란족의 침입으로 상경성이 함락되었다.
② 해동성국이라 불릴 정도로 최대 전성기를 맞이하였다.
③ 북방의 돌궐, 남쪽의 일본과 친교를 맺어 우호 관계를 추진하였다.
④ 넓어진 영토를 관리하기 위해 5경 15부 62주로 지방 행정 제도를 정비하였다.

| 선지별 선택률 |

①	②	③	④
5%	5%	80%	10%

| 정답해설 |
제시문에서 당과 신라가 발해를 공격하였다는 내용을 통해 8세기 초 '발해 무왕' 시기에 해당함을 알 수 있다.
③ 발해는 무왕 때 당·신라와 대립하면서 북방의 돌궐, 남쪽의 일본과는 친교를 맺어 우호 관계를 유지하였다.

| 오답해설 |
① 거란족의 침입으로 상경성이 함락되고 발해가 멸망한 시기는 10세기 초 대인선 때에 해당한다.
② 발해가 해동성국이라고 불린 시기는 9세기 초 선왕 이후부터이다.
④ 넓어진 영토를 관리하기 위해 5경 15부 62주로 지방 행정 제도를 정비한 시기는 9세기 초 선왕 때이다.

03 고대의 역사 〉 고대의 사회 〉 골품제

오답률 20% | 답 ②

밑줄 친 인물들이 속한 신분층에 대한 설명으로 옳은 것은?

> • 진덕 여왕 2년, 김춘추가 돌아오는 길에 고구려의 순라병을 만났는데, 종자인 온군해가 대신 피살되었고 그는 무사히 신라로 귀국했다.
> • 마침 알천의 물이 불어 김주원이 왕궁으로 건너오지 못하니, 상대등 김경신이 왕위에 올랐다.
> — 『삼국사기』 —

① 중위제의 적용을 받았다.
② 중앙 관부의 장관직을 독점하였다.
③ 관등과 상관없이 자색의 관복을 입었다.
④ 성주 혹은 장군으로 불리며 독자 세력을 형성하였다.

| 선지별 선택률 |

①	②	③	④
5%	80%	5%	10%

| 정답해설 |
제시문의 밑줄 친 '김춘추', '김주원', '김경신'은 모두 신라의 '진골'에 해당한다.
② 진골은 중앙 관부와 지방 행정 조직의 장관직에 오를 수 있었고, 각종 관직을 독점하였다.

| 오답해설 |
① 관등상의 특진 제도인 중위제는 6두품 이하 신분들이 적용받았다.
③ 진골은 모든 관등을 맡을 수 있었으며, 담당 관등에 따라 자색·비색·청색·황색 공복을 입었다. 그중 자색 공복은 1~5관등이 입을 수 있었으며, 1~5관등은 오직 진골만 오를 수 있었다.
④ 신라 말 지방 세력인 호족들은 성주 혹은 장군으로 불리며 독자적인 세력을 형성하였다.

| 더 알아보기 | 신라의 골품 제도

진골	• 중앙과 지방의 장관 및 군대 최고 지휘관 독점 • 1~5관등과 자색 공복 독점(자색·비색·청색·황색 공복 가능)
6두품	• 중대: 왕권 결탁, 왕의 정치적 조언자 역할 • 하대: 호족 결탁, 반신라 세력으로 부상, 학문과 종교 활약 • 6관등 아찬까지만 승진 가능(비색·청색·황색 공복 가능)
5두품	10관등 대나마까지만 승진 가능(청색·황색 공복 가능)
4두품	12관등 대사까지만 승진 가능(황색 공복 가능)

오답률 TOP 3

04 중세의 역사 – 고려 > 중세의 정치 > 묘청의 서경 천도 운동

오답률 50% | 답 ③

다음의 (가), (나) 및 제시문에 대한 설명으로 옳지 <u>않은</u> 것은?

> "낭불 양가 대 유가의 싸움이며 국풍파 대 한학파의 싸움이며 독립당 대 사대당의 싸움이며 진취 사상 대 보수 사상의 싸움이니, (가) 은/는 곧 전자의 대표요, (나) 은/는 곧 후자의 대표가 되는 것이다. 이 전투에서 (가) 이/가 패하고 (나) 이/가 승리하여 조선 역사가 사대적·보수적·속박적 사상, 즉 유교 사상에 정복되고 말았거니와 만일 이와 반대로 묘청이 승리했다면 독립적·진취적 방면으로 나아갔을 것이니, 이 사건을 어찌 1천년래의 제일 대사건이라 하지 않으랴."
>
> – 『조선사 연구초』 –

① (가) – 여진 정벌과 칭제 건원을 주장하였다.
② (나) – 과거제와 음서, 공음전을 기반으로 성장하였다.
③ (가) – 풍수지리설을 사상적 기반으로 하여 난을 일으켰으나 권문세족 중심의 개경파 김부식에 의해 진압당하였다.
④ 본 사건은 고려의 지역, 이념, 사상 등의 충돌로 파악된다.

| 선지별 선택률 |

①	②	③	④
20%	25%	50%	5%

| 정답해설 |
제시문은 신채호가 『조선사 연구초』에서 '1천년래 제일 대사건'이라 평가한 고려 중기에 벌어진 묘청의 '서경 천도 운동(1135)'이다. 이 사건은 당시 (가) 서경파와 (나) 개경파의 갈등을 보여주었으며, 고려 문벌 귀족 사회가 붕괴되는 계기가 되어 이후 무신 정변이 발생하였다.
③ 묘청은 풍수지리 사상을 기반으로 난을 일으켰으나, 문벌 귀족 김부식에 의해 진압당하였다. 참고로 권문세족은 원 간섭기의 지배층이다.

| 오답해설 |
① 서경파는 여진(금) 정벌과 칭제 건원을 주장하였다.
② 고려 중기 당시 문벌 귀족들(개경파)은 과거제와 음서 및 공음전을 기반으로 성장하였다.
④ 묘청의 서경 천도 운동은 고려의 지역(서경과 개경), 이념(고구려와 신라 계승), 사상(유교와 풍수지리 사상) 등의 충돌로 파악할 수 있다.

05 근세의 역사 – 조선 전기 > 근세의 사회 > 유교적 사회 질서

오답률 20% | 답 ③

다음 (가), (나) 시책이 추진되었던 공통적인 목적으로 가장 적절한 것은?

> (가) 소격서는 본래 이단이며 예(禮)에도 어긋나는 것이니 비록 수명을 빌고자 해도 복을 얻을 수 없습니다. 소비가 많고 민폐도 커서 나라의 근본을 손상시키니 어찌 애석하지 않겠습니까.

> (나) 이제부터 우리 고을 선비들이 하늘이 부여한 본성을 근본으로 하고 국가의 법을 준수하여 집에서나 고을에서 각기 질서를 바로잡으면 나라에 좋은 선비가 될 것이요, 출세하든지 가난하게 살든지 서로 의지가 될 것이다. 굳이 약속을 만들어 서로 권할 필요도 없으며 벌을 줄 필요도 없을 것이다. 진실로 이를 알지 못하고 올바른 것을 어기고 예의를 해침으로써 우리 고을 풍속을 무너뜨리는 자는 바로 하늘의 뜻을 거역하는 백성이다.

① 민족의 자주성과 주체성을 확립하고자 하였다.
② 지배층의 수탈을 금지하여 농민 생활의 안정을 꾀하였다.
③ 성리학적 유교주의 사회 질서를 확립하고 강화하고자 하였다.
④ 중앙 집권 정책을 통해 국가 재정 기반의 확대를 추구하였다.

| 선지별 선택률 |

①	②	③	④
15%	5%	80%	0%

| 정답해설 |
(가) 소격서 폐지, (나) 향약에 관한 내용이다. 소격서 폐지와 향약 모두 '유교 질서'를 기반으로 향촌 자치와 왕도 정치를 추구한 '사림'들과 관련이 있는 내용이다.
③ 사림은 성리학 외의 사상을 배타적으로 바라보면서 유교적 사회 질서를 강화하고자 하였다.

06 중세의 역사 – 고려 > 중세의 정치 > 공민왕

오답률 15% | 답 ②

다음 밑줄 친 '왕'의 재위 기간의 사실로 옳지 <u>않은</u> 것은?

> <u>왕</u>이 원의 제도를 따라 변발과 호복을 하고 궁전에 올라앉으니, 이연종이 간언하려고 문밖에서 기다렸다. 왕이 사람을 시켜 물으니 이연종이 말하기를, "왕의 앞에 가서 얼굴을 맞대고 말씀드리기를 바랍니다."라고 하고 들어가니 왕이 좌우를 물리치자, 이연종이 이르기를, "변발과 호복은 선왕의 제도가 아니므로 원컨대 전하께서는 본받지 마소서."라고 하였다. 왕이 기뻐하며 곧 변발을 풀고 옷과 이불을 하사하였다.
>
> – 『고려사』 –

① 원의 연호를 폐지하고 친원 세력을 숙청하였다.
② 왜구의 침입으로 이성계가 황산 대첩에서 활약하였다.
③ 유인우로 하여금 철령 이북의 영토를 수복하게 하였다.
④ 복주에서의 피난에서 돌아오는 길에 흥왕사의 변이 발생하였다.

| 선지별 선택률 |

①	②	③	④
0%	85%	10%	5%

| 정답해설 |
제시문의 '변발을 풀고'를 통해 밑줄 친 '왕'이 몽골풍을 폐지한 고려 말의 '공민왕'임을 알 수 있다.
② 왜구의 침입으로 이성계가 황산 대첩(1380)에서 활약한 시기는 공민왕 이후인 우왕 시기이다.

| 오답해설 |
①, ③, ④ 공민왕은 반원 정책을 시행하여 쌍성총관부 지역(철령 이북)을 무력으로 수복하고, 기철과 같은 친원파를 숙청하였다. 또한 관제 복구, 정방 폐지, 전민변정도감 설치를 시행하여 왕권 강화를 꾀하였으며, 성균관을 순수 유학 교육 기관으로 개편하였다. 한편 공민왕은 홍건적의 침입으로 복주까지 피난을 갔다가 돌아오는 길에 흥왕사의 변(김용의 난, 1363)을 겪었다.

07 단원통합 〉 유물·유적의 제작 시기　　오답률 0% | 답 ③

다음의 (가)~(마)가 제작된 시기를 순서대로 바르게 묶은 것은?

(가) (나) (다) (라) (마)

① (가) – (나) – (다) – (라) – (마)
② (나) – (가) – (다) – (라) – (마)
③ (가) – (나) – (마) – (다) – (라)
④ (나) – (가) – (다) – (마) – (라)

| 선지별 선택률 |

①	②	③	④
0%	0%	100%	0%

| 정답해설 |
③ 제시된 유물·유적의 제작 시기는 다음과 같다.
(가) 백제 미륵사지 석탑(무왕, 7세기)
(나) 통일 신라 석굴암 본존 불상(경덕왕, 8세기)
(마) 고려 초 논산 관촉사 석조 미륵보살 입상
(다) 조선 초 강희안의 「고사관수도」
(라) 조선 후기 수원 화성(정조, 18세기)

오답률 TOP 1

08 단원통합 〉 조선시대 건축물　　오답률 60% | 답 ②

다음의 건축물들이 지어진 시기의 사회 모습으로 옳은 것을 〈보기〉에서 고른 것은?

(가) 금산사 미륵전　　(나) 해인사 장경판전

〈보기〉
ㄱ. (가) – 밭을 논으로 바꾸는 현상이 확산되었다.
ㄴ. (가) – 박지원의 한글 소설과 같은 서민 문화가 출현하였다.
ㄷ. (나) – 순백자기가 전국의 자기소와 도기소에서 널리 만들어졌다.
ㄹ. (나) – 우리나라를 기준으로 한 역법서인 『칠정산』이 편찬되었다.

① ㄱ, ㄴ
② ㄱ, ㄹ
③ ㄴ, ㄷ
④ ㄴ, ㄹ

| 선지별 선택률 |

①	②	③	④
40%	40%	10%	10%

| 정답해설 |
(가) 금산사 미륵전은 17세기 '조선 후기'에 지어진 다층 건축물로 양반과 지주들의 경제적 성장을 반영하고 있다.
(나) 해인사 장경판전은 15세기 '조선 전기'에 지어진 건축물로 팔만대장경판을 보관하고 있다.
ㄱ. 조선 후기에는 이앙법의 확산과 함께 밭을 논으로 바꾸는 현상이 확산되었다.
ㄹ. 조선 초기에 중국의 수시력과 아라비아의 회회력을 참고하여 우리나라를 기준으로 한 역법서인 『칠정산』이 편찬되었다(세종, 이순지, 1444).

| 오답해설 |
ㄴ. 박지원이 조선 후기의 인물인 것은 옳은 내용이나, 박지원의 저술인 「양반전」, 「호질」, 「허생전」 등은 양반 사회를 풍자한 한문 소설이다.
ㄷ. 순백자는 조선 중기인 16세기에 유행하였으며, 조선 전기인 15세기에는 분청사기가 유행하였다. 한편 조선 후기에는 청화 백자가 유행하였다.

| 더 알아보기 | 조선시대의 건축물

구분	특징	대표적 건축물
15세기	신분에 따라 장식·크기 제한	• 궁궐 및 도성(경복궁, 창덕궁, 창경궁, 숭례문 등) • 해인사 장경판전, 무위사 극락전
16세기		옥산 서원, 안동 서원
17세기	큰 다층 건물 (지주의 후원)	금산사 미륵전, 법주사 팔상전, 화엄사 각황전
18세기	장식성 강함 (부농의 후원)	논산 쌍계사, 부안 개암사, 안성 석남사

09 중세의 역사 – 고려 〉 중세의 문화 〉 팔만대장경　　오답률 25% | 답 ③

밑줄 친 '이것'에 대한 설명으로 옳은 것은?

이것은 고려시대에 판각되었기 때문에 '고려대장경판'이라고 한다. 이보다 앞서서 고려 현종 때 새긴 판을 '초조대장경판'이라 하는데, 고려 고종 때 몽골의 침입으로 불타버려 다시 새겼기 때문에 '재조대장경판(再雕大藏經板)'이라고도 한다. 또한 당시 대장도감을 설치하여 새긴 것이기 때문에 '고려대장도감판(高麗大藏都監板)'이라고도 한다.

① 의천이 주도하여 편찬하였다.
② 본래 대구 부인사에 보관되어 있었다.
③ 유네스코 세계 기록 유산으로 등재되었다.
④ 거란의 침입을 격퇴하기 위하여 간행하였다.

| 선지별 선택률 |

①	②	③	④
5%	5%	75%	15%

| 정답해설 |
제시문의 밑줄 친 '이것'은 몽골의 침입을 격퇴하기 위해 제작하기 시작한 '팔만대장경(재조대장경)'이다. 최우 정권 때 대장도감을 설치하여 제작하기 시작한 팔만대장경은 완성 후 강화도 선원사에 보관되었다가 조선 초에 합천 해인사로 이전되었다.
③ 팔만대장경은 2007년에 유네스코 세계 기록 유산으로 등재되었다.

| 오답해설 |
① 고려 중기 대각 국사 의천은 흥왕사에 교장도감을 설치하여 교장(속장경)을 간행하였다.
②, ④ 거란의 침입을 격퇴하기 위하여 간행한 초조대장경은 대구 부인사에 보관되어 있었으나, 몽골의 침입 때 불타 소실되어 현재 일부만 남아있다.

10 근대의 역사 – 개항기 〉 근대 국가 수립 운동 〉 『조선책략』
오답률 15% | 답 ②

제시문의 (가)에 대한 설명으로 가장 옳은 것은?

> 조선 땅은 실로 아시아의 요충을 차지하고 있어 열강들이 서로 차지하려고 할 것이다. 조선이 위태로우면 중국도 위급해진다. (가) 이/가 영토를 넓히고자 한다면 반드시 조선이 첫 번째 대상이 될 것이다. …… 그렇다면 오늘날 조선이 세워야 할 책략으로 (가) 을/를 막는 것보다 더 급한 일이 없다. (가) 을/를 막는 책략은 무엇인가? 중국과 친하고, 일본과 맺고, 미국과 이어짐으로서 자강을 도모할 뿐이다.

① 남하 정책을 추진하여 거문도를 불법 점령하였다.
② 절영도와 용암포의 조차를 시도하며 세력 확대를 꾀하였다.
③ 을미사변을 자행하였으며, 이로 인해 신변의 위협을 느낀 고종이 피신하였다.
④ 조선이 최초로 조약을 체결한 서양 국가이다.

| 선지별 선택률 |

①	②	③	④
10%	85%	5%	0%

| 정답해설 |
제시문은 2차 수신사 김홍집이 유포(1880)한 황쭌셴의 『조선책략』 중 일부이다. 『조선책략』에는 러시아의 방어를 위해 조선이 미국과 수교해야 함을 주장하였다. 따라서 (가)는 '러시아'이다.
② 러시아는 절영도(1898)와 용암포(1903)의 조차를 시도하며 한반도 내의 세력 확대를 꾀하였다.

| 오답해설 |
① 러시아가 남하 정책을 추진한 것은 사실이나, 이를 저지하기 위해 거문도를 불법 점령한 국가는 영국이다(거문도 사건, 1885).
③ 을미사변(1895)은 일본이 명성 황후를 시해한 사건으로, 이로 인해 신변의 위협을 느낀 고종은 러시아 공사관으로 피신(아관 파천, 1896)하였다.
④ 서양 국가 중에 우리나라와 최초로 조약을 체결한 국가는 미국(조·미 수호 통상 조약, 1882)이다.

오답률 TOP 2

11 근대의 역사 – 개항기 〉 근대 국가 수립 운동 〉 폐정 개혁안
오답률 55% | 답 ③

다음 밑줄 친 부분에 해당하는 농민군의 요구 사항으로 〈보기〉에서 가장 옳지 **않은** 것은?

> 동학 농민 운동은 안으로 정치와 사회 개혁을 이루고 밖으로는 외세의 침략을 막으려 했던 대규모 농민 운동이었다. 비록 정부와 일본군의 공격으로 실패하였지만 농민군의 반봉건적 개혁 요구는 갑오개혁에 영향을 끼쳐 전통적 봉건 질서의 붕괴를 촉진하였다. 그리고 반침략적 정신은 의병 운동에 투영되어 외세에 저항하는 구국 무장 투쟁으로 이어졌다.

〈보기〉
ㄱ. 청에 의존하는 생각을 버린다.
ㄴ. 청춘 과부의 재가를 허용한다.
ㄷ. 왜적(倭賊)과 통하는 자는 엄징한다.
ㄹ. 7종 천인의 차별을 개선하여 백정의 평량갓을 없앤다.

① ㄱ
② ㄱ, ㄴ
③ ㄱ, ㄷ
④ ㄷ, ㄹ

| 선지별 선택률 |

①	②	③	④
40%	5%	45%	10%

| 정답해설 |
동학 농민군은 반봉건적·반외세적 성격을 가진 '폐정 개혁안 12개조'를 주장하였다. 동학 농민군의 요구는 갑오개혁에서 일부 수용되어 신분 제도가 폐지되고 과부의 재가가 허용되는 등의 제도적 개혁 조치가 이루어졌다.
ㄱ. '청에 의존하는 생각을 버린다.'는 내용은 제2차 갑오개혁의 지침으로 활용된 홍범 14조(1894. 12.)의 일부이다.
ㄷ. 폐정 개혁안 12개조에 일본과 통하는 자를 엄벌한다는 내용이 포함되어 있는 것은 사실이나 친일 내각에 의해 진행된 갑오개혁에서는 반영되지 못하였다.

| 오답해설 |
ㄴ, ㄹ. 동학 농민 운동의 폐정 개혁안 12개조에는 청춘 과부의 재가 허용 및 7종 천인의 차별을 개선하여 백정의 평량갓을 없애는 내용이 명시되어 있다. 이는 제1차 갑오개혁에 반영(과부 재가 허용, 신분제 폐지, 칠반천역과 백정에 대한 차별 철폐)되었다.

12 단원통합 〉 고려와 조선의 과거 제도
오답률 30% | 답 ④

다음 (가), (나) 시기 해당 국가의 과거 제도에 대한 설명으로 옳은 것은?

> (가) 14년(1119) 7월에 국학에 처음으로 양현고(養賢庫)를 두고 인재를 양성하게 하였다. …… 왕이 유학 교육에 열의를 가져 담당 관리에게 조서를 내려 학교를 크게 세우도록 하고, 유학에 60명과 무학에 17명을 두고 가까운 신하들에게 그 사무를 감독하게 했으며 유명한 유학자를 골라 학관(學官)과 박사(博士)로 임명하고 경서의 뜻을 강론하여 그들을 가르치고 지도하게 하였다.
>
> (나) 지금 국왕께서 풍속을 바꾸려는 데에 뜻이 있으므로 신은 지극하신 뜻을 받들어 완악한 풍속을 고치고자 합니다. …… 『이륜행실(二倫行實)』로 말하면 신이 전에 승지가 되었을 때에 간행할 것을 청했습니다. 삼강이 중한 것은 아무리 어리석은 부부라도 모두 알고 있으나, 붕우·형제의 이륜에 이르러서는 평범한 사람들이 제대로 모르는 경우가 있습니다.

① (가) – 서얼 출신은 문과 응시에 제약이 존재하였다.
② (가) – 백정 농민이 제술과에 합격하는 경우가 많았다.
③ (나) – 정기 시험으로서 식년시가 매년 실시되었다.
④ (나) – 무과의 초시는 인구 비례에 의해 지역별 할당되었다.

| 선지별 선택률 |

①	②	③	④
15%	5%	10%	70%

| 정답해설 |
제시문 (가)의 '양현고'를 통해 '고려'의 과거 제도, (나)의 '이륜행실'을 통해 '조선'의 과거 제도에 관한 내용임을 알 수 있다. 고려 중기 예종 때 국자감에 장학 재단인 양현고를 두었고, 조선 중기 중종 때 윤리서인 『이륜행실도』를 편찬하였다.
④ 조선시대 문과와 무과의 초시는 인구 비례에 의해 지역별로 할당되었다.

| 오답해설 |
① 고려시대에는 서얼 출신에 대한 시험 응시의 제약이 없었으나 조선시대에 들어 서얼 출신은 문과 응시에 제약이 생겼다.
② 농민을 백정으로 칭한 시기는 고려이나, 농민들이 제술과(문과의 종류)에 합격하는 경우는 드물었다.
③ 조선시대에 정기 시험인 식년시는 3년마다 한 번씩 실시되었다.

| 더 알아보기 | 조선의 과거 제도

• 응시 자격: 양인 이상
• 문과 응시 제한: 탐관오리 아들, 재가 여성 자제, 서얼 등

- 시험 종류
  - 정기 시험: 식년시(3년마다 시행)
  - 부정기 시험: 증광시, 알성시(성균관에서 시행)
- 시험 구분 및 방식

구분		주관처	시험 방식	혜택
문과	소과	예조	• 초시 → 복시 • 생원과: 경전 시험 • 진사과: 문장 시험	• 성균관 입학 가능 • 하급 문관에 임명
	대과 (문과)		초시(지역 인구 비례) → 복시(성적 33인) → 전시(왕 주관 순위 결정)	문관에 임명, 홍패 수여, 양반
무과		병조	초시 → 복시(28인) → 전시	무관에 임명, 홍패 수여, 양반
잡과		해당 관청	• 초시 → 복시 • 시험 과목: 의과, 음양과, 율과, 역과	기술관(중인): 백패 수여

13 일제강점기 〉 일제의 식민 통치와 항일 민족 운동 〉 국가 총동원법
오답률 15% | 답 ③

다음의 정책이 시행되었던 시기에 볼 수 있는 장면으로 가장 옳지 않은 것은?

> 정부는 전시에 국가 총동원상 필요할 때는 칙령이 정하는 바에 따라 물자의 생산·수리·배급·양도·기타의 처분과 사용·소비·소지 및 이동에 관하여 필요한 명령을 내릴 수 있다.

① 식량 공출제와 배급제를 시행하였다.
② 학생들이 황국 신민 서사를 암송하였다.
③ 일제가 만주 사변을 일으키고 만주국을 수립하였다.
④ 국민 징용령을 근거로 한국인이 공장에 강제 동원되었다.

| 선지별 선택률 |

①	②	③	④
5%	10%	85%	0%

| 정답해설 |
제시문은 1938년 제정된 '국가 총동원법'이다. '국가 총동원법'이 시행되던 때는 민족 말살 통치 시기(1931~1945)로 당시 일본은 전쟁 수행에 필요한 물자와 인적 자원을 한반도에서 수탈하였다. 이러한 경향은 1937년 중·일 전쟁을 계기로 더욱 심화되어 황국 신민화 정책, 국가 총동원법, 지원병제, 징용령, 학도병제 등이 시행되었다.
③ 일본은 1931년 만주 사변을 일으키고 1932년에 만주국을 수립하였다. 이는 국가 총동원법 시행 이전의 사실에 해당한다.

14 근대의 역사 – 개항기 〉 일제의 침략과 국권 수호 운동 〉 신민회
오답률 30% | 답 ③

제시문의 밑줄 친 '이들'에 대한 설명으로 가장 옳은 것은?

> 이들의 목적은 한국의 부패한 사상과 습관을 혁신하여 국민을 유신케 하며, 쇠퇴한 발육과 산업을 개량하여 사업을 유신케 하며, 유신한 국민이 통일 연합하여 유신한 자유 문명국을 성립케 한다고 말하는 것으로서, 그 깊은 뜻은 열국 보호하에 공화 정체의 독립국으로 함에 목적이 있다고 함.

① 을사조약에 반발하며 일진회와 대립하였다.
② 고종이 퇴위당하자 의병 투쟁에 앞장섰다.
③ 의병 운동의 현대화를 위해 무관 학교를 설립하였다.
④ 회원 수가 수만에 이르며 전국적인 조직으로 발전하였다.

| 선지별 선택률 |

①	②	③	④
0%	0%	70%	30%

| 정답해설 |
제시문의 '유신', '공화 정체의 독립국' 등의 단서를 통해 밑줄 친 '이들'이 '신민회'임을 파악할 수 있다. 신민회(1907~1911)는 공화정 수립을 표방한 애국 계몽 단체로서 비밀 결사 조직이다. 신민회는 민족 자본의 육성과 교육 사업을 전개하였고, 해외 독립운동 기지 건설에 앞장서 만주에 삼원보와 신흥 강습소를 설립하였다.
③ 신민회는 의병 운동의 현대화를 위해 해외 독립운동 기지를 건설하고 무관 학교를 설립하였다.

| 오답해설 |
① 을사조약 체결에 반발하며 일진회와 대립한 단체는 1905년 설립된 헌정 연구회이다.
② 1907년 고종의 강제 퇴위 당시 정미 7조약으로 강제 해산당한 군인들이 주축이 되어 정미의병이 전개되었다.
④ 회원 수가 수만에 이르며 전국적인 조직으로 발전한 단체는 1927년에 결성된 신간회이다.

15 일제강점기 〉 민족 문화 수호 운동 〉 박은식
오답률 5% | 답 ①

다음 글을 저술한 인물에 대한 설명으로 옳은 것은?

> 대개 국교·국학·국어·국문·국사는 혼(魂)에 속하는 것이요, 전곡·군대·성지·함선·기계 등은 백(魄)에 속하는 것으로 혼의 됨됨은 백에 따라서 죽고 사는 것이 아니다. 그러므로 국교와 국사가 망하지 않으면 그 나라도 망하지 않는 것이다. 오호라! 한국의 백은 이미 죽었으나 소위 혼은 남아 있는 것인가?

① 대한민국 임시 정부의 2대 대통령으로 취임하였다.
② 파리 강화 회의에 신한 청년당 대표 자격으로 파견되었다.
③ 묘청의 난 때 국풍파가 패하여 낭가 사상이 소멸되었음을 주장하였다.
④ 독자적 조선 인식과 민족 정체성의 확립을 위한 조선학 운동을 주도하였다.

| 선지별 선택률 |

①	②	③	④
95%	0%	0%	5%

| 정답해설 |
제시문은 민족주의 역사학자 '박은식'의 『한국통사』 서문이다. 박은식은 이 글을 통해 민족의 정신인 '혼'을 강조하여 주체적인 관점에서 우리 역사를 서술하고 정립하고자 하였으며, 구한말에는 「유교구신론」을 발표하여 실천을 중시하는 양명학을 강조하였다.
① 박은식은 대한민국 임시 정부의 2대 대통령으로 취임하였다.

| 오답해설 |
② 파리 강화 회의에 신한 청년당 대표 자격으로 파견된 인물은 김규식이다.
③ 고려 묘청의 난 때 국풍파가 패하여 낭가 사상이 소멸되었음을 주장한 인물은 신채호이다.
④ 조선학 운동(1934)은 정약용 서거 99주기를 맞아 안재홍, 정인보, 문일평 등이 실학 등 조선의 역사를 재조명하고자 한 운동이다.

16 일제강점기 〉 일제강점기 사회 운동 〉 동학(천도교)
오답률 35% | 답 ④

다음 종교와 관련 있는 것을 〈보기〉에서 고른 것은?

> 때가 왔네 때가 왔네 다시 못 올 때가 왔네
> 뛰어난 장부에게 오랜만에 때가 왔네

용천검 드는 칼을 아니 쓰고 무엇하리
무수 장삼 떨쳐입고 이 칼 저 칼 넌즛 들어
호호망망 넓은 천지 한 몸으로 비켜서서
칼 노래 한 곡조를 때여 때여 불러내니
용천검 날랜 칼은 해와 달을 놀리고
게으른 무수 장삼 우주에 덮여 있네
만고 명장 어디 있나 장부 앞에 장사 없네
좋을시고 좋을시고 이내 신명 좋을시고

— 『용담유사』 —

〈보기〉

ㄱ. 3·1 운동의 추진을 주도하였다.
ㄴ. 만주 무장 투쟁을 가장 적극 지원하였다.
ㄷ. 나철과 오기호가 중심이 되어 창시되었다.
ㄹ. 잡지 〈신여성〉과 〈어린이〉를 발간하였다.

① ㄱ, ㄴ
② ㄱ, ㄷ
③ ㄴ, ㄷ
④ ㄱ, ㄹ

| 선지별 선택률 |

①	②	③	④
10%	0%	25%	65%

| 정답해설 |

제시문의 『용담유사』는 최제우가 지은 포교 가사집으로, 따라서 해당 종교가 '동학'임을 알 수 있다. 동학은 사람이 곧 하늘이라는 인내천 사상과 평등의 가치를 중시하였으며, 3대 교주 손병희 때 천도교로 개칭되었다.
ㄱ. 천도교는 3·1 운동의 주도 세력으로 참여하였다.
ㄹ. 천도교는 1920년대에 잡지 〈개벽〉, 〈신여성〉과 〈어린이〉를 발간하였으며, 소년 운동을 주도하였다.

| 오답해설 |

ㄴ, ㄷ. 나철과 오기호가 중심이 되어 창시한 종교는 단군을 섬기는 대종교이다. 대종교는 1910년대 북간도에 중광단을 결성하고 무장 투쟁을 지원하였다.

17 현대의 역사 〉 현대의 경제·사회·문화 발전 〉 경제 개발 5개년 계획

오답률 35% | 답 ④

다음 글에서 설명하는 시기의 경제상으로 옳은 것은?

정부는 수출 주도의 경제 성장 정책을 더욱 강화하기 위하여 중화학 공업에 자원을 대거 투입하는 중화학 공업화 정책을 선언하고, 이를 적극적으로 추진하였다.

① 저금리·저유가·저환율의 3저 호황을 맞이하였다.
② 산업화 정책의 상징인 경부 고속 국도가 개통되었다.
③ 칠레와 자유 무역 협정(FTA)을 체결하였다.
④ 석유 파동을 극복하기 위해 중동에 진출하였다.

| 선지별 선택률 |

①	②	③	④
0%	35%	0%	65%

| 정답해설 |

제시문은 박정희 정부의 유신 체제 출범(1972) 이후 본격 시행된 '제3·4차 경제 개발 5개년 계획(1972~1981)'에 대한 내용이다. 제3·4차 경제 개발 5개년이 시행되던 시기에는 중화학 공업 중심의 수출 정책이 추진되었으며, 수출 100억 달러를 달성(1977)한 시기도 이에 해당한다.
④ 1970년대 발생한 제1·2차 석유 파동의 경제 위기를 극복하기 위하여, 제4차 경제 개발 5개년 계획 당시에는 중동 건설 사업에 진출하였다.

| 오답해설 |

① 3저 호황은 전두환 정권 시기인 1980년대 중반 나타났던 저금리·저유가·저달러 현상이다. 3저 호황을 계기로 우리나라는 고도 성장을 계속해 나갈 수 있었다.
② 산업화 정책의 상징인 경부 고속 국도는 1960년대 제1·2차 경제 개발 5개년 계획(1962~1971) 시기에 개통(1970)되었다.
③ 칠레와의 자유 무역 협정(FTA)은 2004년 노무현 정부 시기에 체결되었다.

| 더 알아보기 | 경제 개발 5개년 계획

- 1960년대 1·2차 경제 개발 5개년 계획
  - 장면 정부 계획 → 박정희 정부 본격 시행
  - 대외 지향 수출 주도형 경공업 육성
  - 사회 간접 자본 건설(경부 고속 도로, 1970)
- 1970년대 3·4차 경제 개발 5개년 계획
  - 대외 지향 수출 주도형 중화학 공업 육성
  - 수출 자유 지역 선정(마산, 이리), 포항 제철소, 울산 조선소 등 건설
  - 수출 100억 달러 달성(1977)

18 현대의 역사 〉 민주주의의 시련과 발전 〉 4·19 혁명

오답률 10% | 답 ③

다음 선언문이 발표된 배경에 대한 설명으로 옳은 것은?

1. 마산, 서울 기타 각지의 학생 데모는 주권을 빼앗긴 국민의 울분을 대신하여 궐기한 학생들의 순진한 정의감의 발로이며 부정과 불의에 항거하는 민족 정기의 표현이다.
2. 데모를 공산당의 조종이나 야당의 사주로 보는 것은 고의의 곡해이며 학생들의 정의감에 대한 모독이다.
5. 3·15 선거는 부정 선거다. 공명 선거에 의하여 정·부통령을 재선거하라.

① 박종철이 고문으로 사망하였다.
② YH 무역에서 노동자가 사망하였다.
③ 이승만의 장기 집권을 저지하고자 하였다.
④ 신군부 세력에 대항하며 서울의 봄을 요구하였다.

| 선지별 선택률 |

①	②	③	④
5%	5%	90%	0%

| 정답해설 |

제시문의 '마산', '3·15 선거' 등의 단서를 통해 '4·19 혁명'에 대한 내용임을 알 수 있다. 참고로 제시문은 4·19 혁명 당시 대학 교수단이 발표한 시국 선언문이다.
③ 이승만 정부의 장기 집권을 위해 자행된 3·15 부정 선거에 대항하여 벌어진 시위에서 고등학생 김주열이 사망하자 시위가 전국적으로 번지며 4·19 혁명이 시작되었다. 이후 대학 교수들의 시국 선언이 이어지자 이승만 대통령은 하야를 선언하고 하와이로 망명하였다.

| 오답해설 |

① 박종철 고문치사 사건은 전두환 정권 말기에 대통령 직선제 개헌을 요구하며 벌어진 6월 민주 항쟁(1987)의 도화선이 되었다.
② 회사의 부당 폐업 조치에 항의하여 당시 야당인 신민당 당사에서 농성을 벌이다 노동자가 사망하게 된 YH 무역 사건(1979)은 부·마 항쟁과 더불어 유신 체제의 종말을 알리는 계기가 되었다.
④ 서울의 봄은 10·26 사태 이후부터 1980년 5월 17일 비상계엄 조치가 전국으로 확대되기 이전까지의 시기를 일컫는다. 1979년 10·26 사태로 박정희가 서거한 이후 같은 해 12월에 전두환을 중심으로 한 신군부 세력이 새롭게 집권하게 된다. 신군부의 집권에 반대하며 1980년 봄부터 '서울의 봄'이라 일컫는 대규모 민주화 시위가 발생하였으나, 이후 비상계엄이 확대 조치되고 5·18 민주화 운동(1980)이 발생하면서 신군부가 정권을 장악하게 되었다.

19 일제강점기 > 일제의 식민 통치와 항일 민족 운동 > 삼균주의
오답률 5% | 답 ④

다음의 글이 발표되어 강령으로 채택된 시기를 연표에서 옳게 고른 것은?

> 개인과 개인을 균등하게 하는 길은 무엇인가. 그것은 정치의 균등화요, 경제의 균등화요, 교육의 균등화이다. 보통 선거제를 실시하여 정권에의 참여를 고르게 하고 국유제를 실시하여 경제 조건을 고르게 하며 국비에 의한 의무 교육제를 실시하여 교육 기회를 고르게 함으로써 국내에서의 개인과 개인 사이의 균등 생활을 실현하는 것이다.

	(가)		(나)		(다)		(라)	
국권 피탈		3·1 운동		만주 사변		중·일 전쟁		8·15 광복

① (가)　　　② (나)　　　③ (다)　　　④ (라)

| 선지별 선택률 |

①	②	③	④
0%	5%	0%	95%

| 정답해설 |

제시문은 조소앙의 '삼균주의'에 대한 내용이다.

④ 삼균주의는 대한민국 임시 정부가 충칭에 정착한 이후인 1941년에 건국 강령으로 채택되었다. 따라서 중·일 전쟁(1937)의 발발과 8·15 광복(1945) 사이인 (라) 시기에 해당한다.

| 오답해설 |

- 국권 피탈(한·일 병합 조약, 경술국치): 1910년 8월 29일
- 3·1 운동: 1919년
- 만주 사변: 1931년
- 중·일 전쟁: 1937년
- 8·15 광복: 1945년

20 현대의 역사 > 북한의 역사와 통일을 위한 노력 > 통일을 위한 합의문
오답률 10% | 답 ①

다음의 남북 관계에 대한 사건들을 순서대로 옳게 나열한 것은?

> ㄱ. 통일 문제를 협의하기 위해 남북 조절 위원회를 설치하기로 합의하였다.
> ㄴ. 남북 사이의 화해와 불가침 및 교류·협력에 관한 합의서를 채택하였다.
> ㄷ. 한반도 에너지 개발 기구(KEDO)가 발족하였다.

① ㄱ - ㄴ - ㄷ　　　② ㄷ - ㄴ - ㄱ
③ ㄴ - ㄱ - ㄷ　　　④ ㄷ - ㄱ - ㄴ

| 선지별 선택률 |

①	②	③	④
90%	10%	0%	0%

| 정답해설 |

제시된 사건의 순서는 다음과 같다.

ㄱ. 1972년 박정희 정부 때 자주·평화·민족 대단결의 3대 원칙을 천명한 7·4 남북 공동 성명이 채택되었으며, 대화 기구로서 남북 조절 위원회가 설치되었다.

ㄴ. 1991년 노태우 정부 때 남북 사이의 화해와 불가침 및 교류·협력에 관한 내용을 담은 남북 기본 합의서가 채택되었다.

ㄷ. 1994년 북·미 제네바 회담 이후 한반도의 핵 문제 해결을 위해 김영삼 정부 때인 1995년 한반도 에너지 개발 기구(KEDO)가 설립되었다.

내를 건너서 숲으로
고개를 넘어서 마을로

어제도 가고 오늘도 갈
나의 길 새로운 길

– 윤동주, '새로운 길'

문제편 p.44

01	③	02	③	03	③	04	①	05	③
06	②	07	②	08	④	09	④	10	②
11	③	12	①	13	④	14	①	15	④
16	③	17	②	18	②	19	②	20	②

▶풀이시간: /14분 나의 점수: /100점

01 우리 역사의 기원과 형성 〉 국가의 형성 〉 고조선   오답률 11.8% | 답 ③

제시된 사건 이후 고조선에서 발생한 사실로 가장 옳은 것은?

> 원봉 3년 여름, 니계상 참이 사람을 시켜서 조선 왕 우거를 죽이고 항복했다. …… 이로써 드디어 조선을 평정하고 사군을 삼았다.
> 　　　　　　　　　　　　　　　　　　 － 『사기』 조선전 －

① 한반도 남부에 청동기 보급이 확대되었다.
② 연(燕)의 진개의 침입으로 중심지가 이동하였다.
③ 한반도에 한사군이 설치되고 60조법이 제정되었다.
④ 중국의 한과 한반도 남부의 진국 사이에서 중계 무역을 하였다.

| 선지별 선택률 |

①	②	③	④
5.9%	5.9%	88.2%	0%

| 정답해설 |
제시문의 '조선 왕 우거를 죽이고 항복했다.'를 통해 고조선이 한의 침입을 받아 멸망(기원전 108)하게 된 내용임을 알 수 있다.
③ 고조선 멸망 이후 고조선 지역에 한사군이 설치되고, 법 조항이 기존 8조에서 60여 조로 늘어나게 되었다.

| 오답해설 |
① 고조선 멸망 이후 유이민들이 한반도 남부로 이주하며 철기의 보급이 확대되었다. 참고로 고조선의 철기 문화는 전국 시대 이후 위만을 비롯한 중국 유이민들이 고조선으로 넘어오게 되면서 본격적으로 수용되었다.
② 위만 조선 이전의 고조선은 기원전 4~3세기경 요서 지방을 경계로 연나라와 대립할 만큼 국력이 강성하였으나, 연의 진개가 침략하여 고조선의 서쪽 땅 2,000여 리를 빼앗았다.
④ 중국에서 건너온 위만이 준왕을 몰아내고 왕위를 차지하며 위만 조선이 성립하였다. 이후 위만 조선은 지리적인 이점을 이용하여 동방의 예나 남방의 진이 직접 중국의 한과 교역하는 것을 막고, 중계 무역의 이득을 독점하려 하였다. 이러한 중계 무역으로 한나라와 갈등을 빚게 되고, 한의 침입으로 고조선은 멸망하게 되었다.

02 고대의 역사 〉 고대의 문화 〉 자장   오답률 29.4% | 답 ③

밑줄 친 '그'에 대한 설명으로 옳은 것은?

> 그가 연못가를 지날 때 홀연 신인이 나타나 묻기를 "그대 나라에 어떤 어려운 일이 있습니까?"라고 하였다. 그는 "우리나라는 북쪽으로 말갈과, 남쪽으로는 왜국과 인접해 있고, 또 고구려, 백제 두 나라가 변경을 차례로 침략하는 등 외국의 노략질이 심합니다."라

> 고 대답하였다. 그러자 신인이 말하기를 "본국에 돌아가 9층탑을 세우면 이웃 나라들이 항복하고 주변의 아홉 나라가 조공하여 왕업이 길이 흥할 것이요."라 하였다.
> 　　　　　　　　　　　　　　　　　　 － 『삼국유사』 －

① 화랑도의 규율인 세속 오계를 지었다.
② 「무애가」를 짓고 아미타 신앙을 전파하였다.
③ 당에서 유학 후 계율종을 정립하였다.
④ 왕권 전제화를 뒷받침하는 화엄 사상을 강조하였다.

| 선지별 선택률 |

①	②	③	④
5.8%	11.8%	70.6%	11.8%

| 정답해설 |
제시문은 신라 선덕 여왕 때 건립한 '황룡사 9층 목탑'에 대한 내용으로, 밑줄 친 '그'가 황룡사 9층 목탑 건립을 건의한 승려 '자장'임을 알 수 있다.
③ 자장은 신라의 대국통으로 있으면서 계율종을 정립하였다.

| 오답해설 |
① 화랑이 지켜야 할 세속 오계를 지은 인물은 원광이다.
② 「무애가」를 짓고 아미타 신앙을 전파하며 불교의 대중화를 꾀한 인물은 원효이다.
④ 통일 이후의 전제 왕권 강화와 사회 갈등을 통합으로 이끄는 화엄 사상을 강조한 인물은 의상이다.

03 고대의 역사 〉 고대의 정치 〉 장보고와 흥덕왕   오답률 29.4% | 답 ③

밑줄 친 '왕' 대의 모습으로 가장 적절한 것은?

> 그가 돌아와 왕을 찾아보고 말하기를 "중국에서는 널리 우리나라 사람을 노비로 삼으니, 청해진을 만들어 적으로 하여금 사람들을 약탈하지 못하도록 하기를 원하나이다."라고 하였다. …… 대왕은 그에게 군사 만 명을 거느리고 해상을 방비하게 하니, 그 후로는 해상으로 나간 사람들이 잡혀가는 일이 없었다.
> 　　　　　　　　　　　　　　　　　　 － 『삼국사기』 －

① 국학을 태학감으로 개칭하였다.
② 각간 위홍이 향가집 『삼대목』을 편찬하였다.
③ 귀족들의 사치 풍조를 막기 위해 사치 금지령을 반포하였다.
④ 웅주를 기반으로 김헌창이 국호를 장안으로 하여 난을 일으켰다.

| 선지별 선택률 |

①	②	③	④
0%	5.9%	70.6%	23.5%

| 정답해설 |
제시문의 '청해진을 만들어'를 통해 청해진 건설을 건의한 '장보고'와 당시의 왕 '흥덕왕'에 대한 내용임을 알 수 있다. 따라서 밑줄 친 '왕'은 신라 하대의 '흥덕왕'이다. 참고로 장보고는 흥덕왕과 신무왕 재위 당시 활약하였다.
③ 흥덕왕은 귀족들의 사치 풍조를 막기 위해 사치 금지령을 반포하였다.

| 오답해설 |
① 신라 중대 경덕왕은 기존의 국학을 태학감으로 개칭하였다.
② 신라 하대 진성 여왕 시기에 각간 위홍이 향가집 『삼대목』을 편찬하였으나, 현존하지 않는다.
④ 신라 하대 헌덕왕 시기에 웅주를 기반으로 김헌창이 국호를 장안으로 하여 난을 일으켰다.

04 중세의 역사 – 고려 > 중세의 정치 > 고려시대의 주요 사건
오답률 5.9% | 답 ①

다음 고려시대에 발생한 사건들을 시기 순서대로 옳게 나열한 것은?

> ㄱ. 금이 건국된 뒤, 고려가 금을 사대하기로 결정하였다.
> ㄴ. 최충헌이 봉사 10조라는 사회 개혁안을 제시하였다.
> ㄷ. 망이와 망소이가 공주 명학소에서 난을 일으켰다.
> ㄹ. 사림원을 설치하고 개혁 정치를 추진하였다.

① ㄱ – ㄷ – ㄴ – ㄹ
② ㄱ – ㄴ – ㄷ – ㄹ
③ ㄷ – ㄱ – ㄴ – ㄹ
④ ㄷ – ㄴ – ㄱ – ㄹ

| 선지별 선택률 |

①	②	③	④
94.1%	0%	0%	5.9%

| 정답해설 |
① 제시된 사건의 순서는 다음과 같다.
ㄱ. 이자겸의 주도로 금과의 군신 관계 수락(고려 중기, 인종, 1125)
ㄷ. 공주 명학소에서 망이 · 망소이의 난 발생(무신 집권기, 정중부, 1176)
ㄴ. 최충헌이 명종에게 봉사 10조 제시(무신 집권기, 최충헌, 1196)
ㄹ. 사림원 설치 및 개혁 정치 추진(원 간섭기, 충선왕, 1298)

05 중세의 역사 – 고려 > 중세의 경제 > 시정 전시과
오답률 35.3% | 답 ③

제시된 (가) 토지 제도에 대한 설명으로 옳은 것은?

> 비로소 직관(職官) · 산관(散官) 각 품(品)의 [(가)]을/를 제정하
> 였는데, 관품의 높고 낮은 것은 논하지 않고, 다만 인품만 가지고
> 그 등급을 결정하였다.
> ― 『고려사』 ―

① 전 · 현직 관리를 대상으로 경기 지방에 한하여 지급하였다.
② 18과로 나누어 직 · 산관을 대상으로 지급하고, 한외과가 없어졌다.
③ 4색 공복을 기준으로 관품과 인품을 병용하여 전지와 시지를 지급하였다.
④ 전직 관리에 대한 토지 지급을 중단하고 수신전과 휼양전 명목도 폐지하였다.

| 선지별 선택률 |

①	②	③	④
5.9%	11.8%	64.7%	17.6%

| 정답해설 |
제시문의 '직관(현직) · 산관(전직)', '인품'을 통해 (가)가 경종 때 제정된 '시정 전시과'임을 알 수 있다. 참고로 시정 전시과는 광종 때 제정된 4색 공복을 기준으로 지급하였으므로, '관품의 높고 낮은 것은 논하지 않고'라는 『고려사』의 표현은 잘못된 문장이다.
③ 시정 전시과는 4색 공복을 기준으로 관품과 인품을 병용하여 전지와 시지를 지급하였다.

| 오답해설 |
① 전 · 현직 관리를 대상으로 경기 지방에 한하여 지급한 토지 제도는 고려 말 시행된 과전법이다.
② 18과로 나누어 직 · 산관을 대상으로 지급한 토지 제도는 시정 전시과(경종)와 개정 전시과(목종)이다. 한편 한외과가 없어진 토지 제도는 문종 때 시행된 경정 전시과이다.
④ 전직 관리에 대한 토지 지급을 중단하고 수신전과 휼양전 명목도 폐지한 제도는 조선 초 세조 때 시행된 직전법이다.

06 중세의 역사 – 고려 > 중세의 사회 > 향도
오답률 25% | 답 ②

다음 자료의 (가)에 대한 설명으로 옳은 것을 〈보기〉에서 고른 것은?

> 『미수기언』에 이르기를 "삼척에 매향안이 있는데, '충선왕 2년에
> 향나무 2백 50그루를 묻었다.'고 하였다. …… 여기에서 [(가)]
> (이)라는 이름이 시작되었는데, 후에 이들이 상여를 메었다."고 하
> 였다.

① 풍수지리 사상을 기반으로 활동하였다.
② 본래 신앙 조직이었으나 공동 노동 조직화되었다.
③ 향촌 사족들의 여론을 수렴하는 기능을 담당하였다.
④ 최초로 농민 주도의 자치 행정 기능을 수행한 조직이다.

| 선지별 선택률 |

①	②	③	④
6.3%	75%	6.3%	12.4%

| 정답해설 |
제시문의 '매향', '상여를 메었다.'를 통해 (가)가 '향도'임을 알 수 있다.
② 향도는 본래 농민 중심의 불교 신앙 조직이었으나, 고려 후기에 이르러 마을의 공동 노동을 위한 조직으로 변화하였다.

| 오답해설 |
① 향도는 불교 신앙 조직이다.
③ 향촌 사족들의 여론 수렴 기능을 담당한 것은 조선시대의 서원이다.
④ 최초로 농민 주도의 자치 행정 기능을 수행한 조직은 동학 농민 운동 당시 폐정 개혁안 시행을 위해 만들어진 집강소이다.

07 단원통합 > 조선시대의 정치와 문화
오답률 6.2% | 답 ②

다음 (가), (나) 정책을 시행한 왕 대에 발생한 역사적 사실로 옳은 것은?

> (가) 의정부의 서사(署事)를 나누어 6조에 귀속시켰다. …… 처음
> 에 왕은 의정부의 권한이 막중함을 염려하여 이를 혁파할 생
> 각이 있었지만, 신중하게 여겨 서두르지 않다가 이때에 이르
> 러 단행하였다. 의정부가 관장한 것은 사대문서와 중죄수 심
> 의뿐이었다.
> (나) 6조는 각기 모든 직무를 먼저 의정부에 품의하고, 의정부는
> 가부를 헤아린 뒤에 왕에게 아뢰어 (왕의) 전지를 받아 6조에
> 내려보내어 시행한다.

① (가) – 강희맹이 시흥 지방의 농법을 정리하였다.
② (가) – 유럽과 아프리카까지 그려진 「혼일강리역대국도지도」를 제작하였다.
③ (나) – 우리나라의 고유한 자연을 사실적으로 표현하려는 진경산수화가 제작되었다.
④ (나) – 척신 정치의 잔재를 어떻게 청산할 것인가를 둘러싸고 사림 세력이 갈등을 겪게 되었다.

| 선지별 선택률 |

①	②	③	④
6.2%	93.8%	0%	0%

| 정답해설 |
(가) 국왕 중심의 정치 체제 구현을 위해 의정부의 기능을 약화시킨 '태종' 때의 '6조 직계제'에 대한 내용이다. 참고로 '처음에 왕은 의정부의 권한이 막중함을 염려하여 이를 혁파할 생각이 있었지만'의 부분을 통해 본 6조 직계제가 세조가 아닌 태종임을 파악하여야 한다.
(나) 왕권과 신권의 조화를 꾀한 '세종' 시기의 '의정부 서사제'에 대한 내용이다.
② 조선 초 태종 때 유럽과 아프리카까지 그려진 세계 지도 「혼일강리역대국도지도」가 제작되었다.

| 오답해설 |
① 강희맹이 시흥 지방의 농법을 정리한 『금양잡록』은 성종 때 간행되었다.
③ 정선의 「인왕제색도」와 같이 우리나라의 고유한 자연을 사실적으로 표현하려는 진경산수화가 제작된 시기는 조선 후기이다.
④ 척신 정치의 잔재를 어떻게 청산할 것인가를 둘러싸고 갈등을 겪은 후 동인과 서인으로 분당한 시기는 선조 시기에 해당한다.

08 근세의 역사 – 조선 전기 〉 근세의 문화 〉 이황과 이이
오답률 0% | 답 ④

밑줄 친 '그'에 대한 설명으로 가장 옳은 것은?

> 그의 사상은 사림이 구체제를 비판하고 훈척과 투쟁하던 시기를 바탕으로 하고 있다. 또한 왕 스스로가 인격과 학식을 수양하기 위해 부단히 노력해야 한다는 점을 강조하였다. 그의 사상이 일본에 전파되면서 일본에서는 그를 '동방의 주자'라고 부르기도 하였다.

① 제자들이 기호학파를 형성하였다.
② 일반민을 도덕 실천의 주체로 보았다.
③ 아홉 번 장원 급제하여 구도장원공으로 불렸다.
④ 『성학십도』, 『주자서절요』 등을 저술하였다.

| 선지별 선택률 |

①	②	③	④
0%	0%	0%	100%

| 정답해설 |
제시문의 '동방의 주자'를 통해 밑줄 친 '그'가 조선 중기 주리론을 집대성한 성리학자 '이황'임을 알 수 있다. 이황은 『성학십도』를 통해 왕 스스로 성학을 깨우칠 것을 강조하였으며, 그의 사상은 일본 성리학 발전에도 큰 영향을 끼쳤다.
④ 『성학십도』, 『주자서절요』 등은 이황의 대표 저서이다.

| 오답해설 |
① 기호학파를 형성한 송시열, 김장생 등은 이이의 제자들이다.
② 일반민을 도덕 실천의 주체로 본 학파는 강화학파로, 정제두를 중심으로 형성되었다.
③ 과거 시험에 아홉 번 장원 급제하여 구도장원공으로 불린 인물은 이이이다.

09 근대 태동기의 역사 – 조선 후기 〉 근대 태동기의 경제 〉 조선 후기의 경제 상황
오답률 37.5% | 답 ④

다음에 제시된 그림이 제작될 당시의 경제 상황을 설명한 내용으로 옳지 않은 것은?

① 공인이라는 어용상인이 등장하였다.
② 모내기법이 확산되어 벼와 보리의 이모작이 가능해졌다.
③ 객주나 여각을 중심으로 금융업, 운송업 등이 발달하였다.
④ 금은 세공품, 그릇 등을 제조하는 소(所) 수공업이 발달하였다.

| 선지별 선택률 |

①	②	③	④
12.5%	6.2%	18.8%	62.5%

| 정답해설 |
제시된 그림은 정선의 「인왕제색도」로서 조선 후기에 유행한 진경산수화이다. 조선

후기에는 진경산수화뿐 아니라 서민의 일상생활을 그린 풍속화, 서양의 기법이 반영된 그림 등이 유행하였다.
④ 금은 세공품, 그릇 등을 제조하는 소(所) 수공업은 고려시대에 해당한다.

10 근대 태동기의 역사 – 조선 후기 〉 근대 태동기의 문화 〉 유형원
오답률 31.2% | 답 ②

다음과 관련된 인물의 주장으로 옳은 것을 〈보기〉에서 모두 고른 것은?

> 농부 한 사람마다 1경(頃)을 받아 점유한다. …… 4경마다 군인 1명을 뽑는다. 농부 네 사람 중에서 씩씩하고 튼튼한 사람 1명을 골라 군인으로 삼고, 농부 세 사람은 보인(保人)으로 삼는다. 유생으로서 처음 입학한 자는 2경, 내사에 들어간 자는 4경과 병역을 면제한다.
>
> – 『반계수록』 –

〈보기〉
ㄱ. 양반과 천민의 차별을 인정하였다.
ㄴ. 사농공상은 직업적으로 평등해야 한다.
ㄷ. 청에서 행해지는 국제 무역에 참여해야 한다.
ㄹ. 자영농을 중심으로 군사와 교육 제도를 재정비해야 한다.

① ㄱ, ㄴ
② ㄱ, ㄹ
③ ㄴ, ㄷ
④ ㄷ, ㄹ

| 선지별 선택률 |

①	②	③	④
25%	68.8%	0%	6.2%

| 정답해설 |
제시문은 중농학파 실학자 '유형원'이 제시한 '균전론'이다.
ㄱ, ㄹ. 유형원의 균전론은 신분 간 차등에 의한 토지의 분배를 주장하였다. 또한 유형원은 양반 문벌 제도를 비판하면서도 양반과 천민의 차별을 인정하였으며, 토지 분배에 따른 자영농 육성과 군사와 교육 제도 정비를 동시에 꾀하고자 하였다.

| 오답해설 |
ㄴ. 사농공상의 직업적 평등을 주장한 인물은 중상주의 실학자 유수원이다.
ㄷ. 무역선을 파견해 청에서 행해지는 국제 무역에 참여해야 한다고 주장한 인물은 중상주의 실학자 박제가이다.

11 근대의 역사 – 개항기 〉 근대 국가 수립 운동 〉 갑신정변
오답률 6.7% | 답 ③

밑줄 친 '그들의 실패'와 관련된 내용으로 옳은 것은?

> 그들의 실패는 우리에게 무척 애석한 일이다. 내 친구 중에 이 사건을 잘 아는 이가 있는데, 그는 어쩌다 조선의 최고 수재들이 일본인에게 이용당해서 그처럼 큰 잘못을 저질렀는지 참으로 애석하다고 했다. 진실로 일본인이 조선의 운명과 그들의 성공을 위해 노력을 다했겠는가? 우리가 만약 국가 발전의 기미를 보였다면 일본인들은 백방으로 방해할 것이 자명한데 어찌 그들을 원조했겠는가.
>
> – 『한국통사』 –

① 일본이 청으로부터 요동반도를 할양받게 되었다.
② 개혁 추진을 위한 초법적 기구로 군국기무처를 설치하였다.
③ 청과 일본은 조선에 대한 상호 간의 동등한 파병권을 명시한 조약을 체결하였다.
④ 조선에 주둔하던 일본군 일부가 베트남으로 이동한 것이 배경이 되었다.

| 선지별 선택률 |

①	②	③	④
0%	0%	93.3%	6.7%

| 정답해설 |

제시문은 '갑신정변(1884)'의 실패에 대한 평론으로, 따라서 밑줄 친 '그들'은 일본에 의존하여 갑신정변을 주도한 '급진 개화파'임을 알 수 있다. 급진 개화파는 갑신정변 당시 14개조 개혁 정강을 통해 청에 대한 조공의 허례 폐지, 인민 평등권 제정과 문벌 폐지, 지조법의 시행, 보부상 단체인 혜상공국의 혁파, 규장각 폐지 등을 주장하였으나 청군의 개입 및 민중의 지지 결여 등으로 3일 만에 실패로 끝나게 되었다.
③ 청나라의 무력 개입으로 갑신정변이 3일 만에 끝나버린 후, 청과 일본은 조선에 대한 상호 간의 동등한 파병권을 명시한 톈진 조약을 체결하였다.

| 오답해설 |

① 일본은 청·일 전쟁에서 승리한 이후 청과 시모노세키 조약을 체결(1895)하여 청으로부터 요동반도를 할양받았다.
② 제1차 갑오개혁(1894) 당시 개혁 추진을 위한 초법적 기구로 군국기무처를 설치하였다.
④ 조선에 주둔하던 청군 일부가 베트남으로 이동한 것이 갑신정변의 배경으로 작용하였다.

오답률 TOP 1

12 근대의 역사 – 개항기 〉 개항 이후의 경제·사회·문화 〉 헐버트
오답률 54% | 답 ①

다음 인물의 활동으로 옳은 것은?

> 그는 1884년 대학을 졸업하고 그해 유니언 신학교에 들어갔다가 1886년 교사로 초청을 받고 D. A. 벙커 등과 함께 내한하여 외국어를 가르쳤다. 1905년 을사늑약 후 한국의 자주독립을 주장하여, 고종의 밀서를 휴대하고 미국에 돌아가 국무 장관과 대통령을 면담하려 했으나 실패하였다.

① 『사민필지』를 저술하였다.
② 원산 학사의 교사로 초빙되었다.
③ 광혜원의 설립에 깊이 관여하였다.
④ 개신교 선교사로서 배재 학당을 설립하였다.

| 선지별 선택률 |

①	②	③	④
46%	34%	0%	20%

| 정답해설 |

제시문의 인물은 1886년 설립된 육영 공원의 교사로 초빙된 미국인 '헐버트'이다. 헐버트는 을사늑약(1905)이 체결되자 고종의 특사로서 외교적 도움을 요청하고자 미국에 파견되기도 하였으나 목적을 달성하지는 못한다.
① 헐버트는 세계의 문화와 지리를 소개한 『사민필지』를 한글로 저술하였다.

| 오답해설 |

② 헐버트는 근대 최초 관립 학교인 육영 공원의 교사로 초빙되었다.
③ 광혜원의 설립에 관여한 인물은 미국인 알렌이다.
④ 개신교 선교사로서 배재 학당을 설립한 인물은 미국인 아펜젤러이다.

오답률 TOP 2

13 근대의 역사 – 개항기 〉 흥선 대원군의 개혁 정치와 문호의 개방 〉 위정척사 운동
오답률 53.3% | 답 ④

위정척사 운동을 다음 표와 같이 정리할 때, (가)~(라)에 들어갈 인물과 활동 내용으로 옳은 것은?

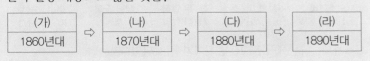

	주요 내용	주요 인물	활동 및 주장
① (가)	통상 반대	최익현	일본의 세력 확대에 맞서 척화주전론을 주장
② (나)	개화 반대	이항로	미국·러시아와의 수교 반대 상소
③ (다)	개항 반대	이만손	『조선책략』 유포 반대·영남 만인소
④ (라)	항일 의병	유인석	유생 의병장으로서 충주·제천 등지에서 활약

| 선지별 선택률 |

①	②	③	④
0%	0%	53.3%	46.7%

| 정답해설 |

④ 1890년대 을미사변과 단발령 시행을 계기로 항일 의병 활동을 전개한 유인석은 유생 의병장으로서 충주와 제천 등지에서 활약하였다.

| 오답해설 |

① 최익현은 1870년대 개항 반대 운동을 펼쳤다. 1860년대 통상 반대 운동을 전개한 이항로, 기정진 등은 서양 세력과의 수교를 반대하였다.
② 이항로는 1860년대 통상 반대 운동을 펼쳤다. 1870년대 개항 반대 운동을 전개한 최익현은 일본과의 수교를 반대하는 상소를 올렸다.
③ 이만손은 1880년대 개화 반대 운동을 전개하였으며, 『조선책략』의 유포에 반대하고 영남 만인소를 올렸다.

| 더 알아보기 | 위정척사 운동

위정척사 운동은 주리론과 인물성이론에 기반하여 서양의 문물을 배척하고 서양 세력을 물리칠 것을 주장한다. 이는 서양의 침입이 나타나던 흥선 대원군 시기부터 본격화되었다.

구분		주요 내용	대표 인물	활동 및 주장
1860년대	흥선 대원군 시기	통상 반대	이항로, 기정진	척화주전론
1870년대	강화도 조약 전후	개항 반대	최익현, 유인석	왜양일체론 (최익현: 5불가소)
1880년대	『조선책략』 유포	개화 정책 반대	이만손, 홍재학	영남 만인소, 만언 척사소
1890년대	을미사변 발생	항일 의병 운동	이소응, 유인석	의병 활동

14 근대의 역사 – 개항기 〉 근대 국가 수립 운동 〉 독립 협회
오답률 33.3% | 답 ①

다음의 글을 발표한 단체에 대한 설명으로 가장 적절한 것은?

> • 외국인에게 의지하지 말고, 관민이 힘을 합하여 전제 황권을 견고하게 할 것.
> • 외국과의 이권에 관한 조약은 각 대신과 중추원 의장이 합동 날인하여 시행할 것.
> • 국가 재정은 탁지부에서 전관하고, 예산과 결산을 국민에게 공포할 것.

① 일정 금액을 납부하면 누구나 회원으로 참여할 수 있었다.
② 황제권을 강화하고 구본신참의 원칙을 바탕으로 추진되었다.
③ 입헌 군주제 확립을 목적으로 활동하며 일진회와 대립하였다.
④ 시전 상인을 주축으로 결성되어 상권 수호 운동을 전개하였다.

| 선지별 선택률 |

①	②	③	④
66.7%	6.6%	26.7%	0%

| 정답해설 |

제시문은 독립 협회가 개최한 관민 공동회에서 결의한 '헌의 6조'이다. 헌의 6조에

서는 민권을 강조하며, 이권을 수호하고, 입헌 군주제 국가를 확립하는 것을 표방하였다. 이처럼 독립 협회는 국민 참정권 운동을 바탕으로 하는 자유 민권 보장 운동을 전개하였다.
① 독립 협회는 일정 금액을 납부하면 신분과 출신을 막론하고 누구나 회원으로 참여할 수 있었다.

| 오답해설 |
② 대한제국은 대한국 국제(1899)를 반포하여 황제권을 강화하고 구본신참의 원칙을 바탕으로 개혁을 추진하였다.
③ 국권 피탈 시기 활동하였던 애국 계몽 운동 단체인 헌정 연구회는 입헌 군주제 확립을 주장하였으며, 친일 단체인 일진회와 대립하였다.
④ 황국 중앙 총상회(1898)는 시전 상인을 주축으로 결성되어 상권 수호 운동을 전개하였다.

15 일제강점기 〉 일제의 식민 통치와 항일 민족 운동 〉 토지 조사 사업
오답률 6.7% | 답 ④

다음 정책에 대한 설명으로 옳지 <u>않은</u> 것은?

> 토지 소유자는 조선 총독이 정하는 기간 내에 주소·씨명, 명칭 및 소유지의 소재·지목·자번호·사료·등급·지적·수를 임시 토지 조사 국장에게 신고해야 한다.

① 농민이 오랫동안 누려왔던 전통적인 경작권은 부정되었다.
② 토지의 매매와 저당을 자유롭게 함으로써 일본인이 쉽게 토지에 투자할 수 있게 하였다.
③ 명의상 주인을 내세우기 어려운 동중·문중 토지의 상당수는 조선 총독부의 소유가 되었다.
④ 주로 조선인 대지주들의 토지를 대상으로 하였기에, 사업 결과로 이들이 가장 큰 타격을 입었다.

| 선지별 선택률 |

①	②	③	④
6.7%	0%	0%	93.3%

| 정답해설 |
제시문은 1910년대 일제가 시행한 '토지 조사 사업(1910~1918)'에 대한 내용이다.
④ 토지 조사 사업으로 가장 큰 타격을 받은 계층은 전통적인 경작권 등이 부정된 농민들이다. 대지주들 중에는 친일의 입장으로 돌아선 이가 많았다.

| 오답해설 |
①, ②, ③ 토지 조사 사업은 소유권만을 인정하기 때문에 농민이 오랫동안 누려왔던 전통적인 경작권이 부정되었다. 명의상 주인을 내세우기 어려운 동중, 문중 토지의 상당수는 조선 총독부의 소유가 되었으며, 이는 토지의 매매와 저당을 자유롭게 함으로써 일본인이 쉽게 토지에 투자할 수 있게 하였다.

16 일제강점기 〉 일제의 식민 통치와 항일 민족 운동 〉 서간도
오답률 20% | 답 ③

제시문의 밑줄 친 '이곳'에서 한인들이 전개한 활동으로 옳은 것은?

> 이 책은 우당 이회영 선생의 부인이 집필한 자전적 성격의 회상기이다. 선생의 가계와 혼인에 대한 내용, 신민회의 초기 활동 및 1910년 말 <u>이곳</u>으로의 이주, 이후 남편을 따라 독립운동에 투신하고, 북경과 국내 등지로 동분서주한 내력 등을 섬세한 필치로 서술하고 있다. 이 책은 우당 이회영 선생의 폭넓은 민족 운동의 범위를 대변하는 동시에 그들의 활동 내용을 보완할 수 있게 해준다.

① 이상설이 주도하여 서전서숙을 설립하였다.
② 망명 정부 조직인 대한 광복군 정부가 창설되었다.
③ 이동녕, 이상룡 등이 중심이 되어 경학사를 세웠다.
④ 군사 훈련을 목적으로 한 대조선 국민 군단을 조직하였다.

| 선지별 선택률 |

①	②	③	④
0%	20%	80%	0%

| 정답해설 |
제시문의 '이회영', '신민회', '1910년 말 이주' 등을 통해 밑줄 친 '이곳'이 '서간도'임을 알 수 있다. 참고로 우당 이회영 선생의 아내인 이은숙 여사가 집필한 저서는 『서간도 시종기』(1966)이다.
③ 신민회 회원들이 서간도로 이주하면서 독립운동 기지인 삼원보가 설립되고, 경학사와 부민단, 한족회 등의 단체가 조직되었다.

| 오답해설 |
① 이상설이 주도하여 서전서숙을 설립한 지역은 북간도이다.
② 이상설의 주도로 최초의 망명 정부인 대한 광복군 정부가 조직된 지역은 연해주의 블라디보스토크이다.
④ 박용만이 주도하여 군사 훈련을 목적으로 한 대조선 국민 군단이 조직된 지역은 미국 하와이이다.

17 일제강점기 〉 일제의 식민 통치와 항일 민족 운동 〉 조선 의용대
오답률 20% | 답 ②

밑줄 친 '이 부대'에 대한 설명으로 옳은 것은?

> 중국 한커우(漢口)에서 <u>이 부대</u>가 조직되었다. 부대는 1개 총대, 3개 분대로 편성되었는데 100여 명의 대원은 대부분 조선 민족 혁명당원이다. 총대장은 황포 군관 학교 제4기 출신인 진국빈이며, 부대는 대일 선전 공작과 대일 유격전을 수행함을 목적으로 하였다.

① 영국군과 연합 작전을 전개하였다.
② 일부 대원들은 한국광복군에 합류하였다.
③ 유격전을 펼치며 보천보 전투에서 활약하였다.
④ 조선 독립 동맹 산하의 군사 조직으로 활동하였다.

| 선지별 선택률 |

①	②	③	④
0%	80%	0%	20%

| 정답해설 |
제시문의 '한커우', '대원은 대부분 조선 민족 혁명당원', '황포 군관 학교', '대일 선전 공작과 대일 유격전을 수행'을 통해 밑줄 친 '이 부대'가 '조선 의용대'임을 알 수 있다. 조선 의용대(1938)는 중·일 전쟁(1937) 발발 이후 조선 민족 전선 연맹의 산하 부대로 중국 관내에 최초로 조직된 한인 무장 단체이다. 1940년대 들어 한국광복군이 창설되자 김원봉을 비롯한 조선 의용대원 일부는 한국광복군에 합류하였고 조선 의용대 화북 지대는 조선 의용군으로 개편되었다.
② 조선 의용대의 일부 대원들은 김원봉과 함께 한국광복군에 합류(1942)하였다.

| 오답해설 |
① 인도, 미얀마 전선에서 영국군과 연합 작전(1943)을 전개한 단체는 1940년 창설된 한국광복군이다.
③ 유격전을 펼치며 보천보 전투에서 활약한 단체는 동북 항일 연군과 조국 광복회이다.
④ 조선 독립 동맹(1942) 산하의 군사 조직은 조선 의용군이다.

18 현대의 역사 〉 대한민국 정부의 수립과 6·25 전쟁 〉 광복 직후의 사건들
오답률 0% | 답 ②

다음 (가)~(라) 시기에 있었던 사실로 옳은 것은?

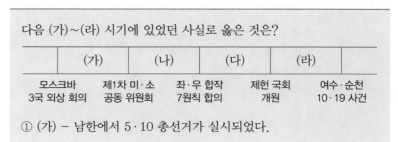

	(가)	(나)	(다)	(라)	
모스크바 3국 외상 회의		제1차 미·소 공동 위원회	좌·우 합작 7원칙 합의	제헌 국회 개원	여수·순천 10·19 사건

① (가) - 남한에서 5·10 총선거가 실시되었다.

② (나) – 이승만이 '정읍 발언'을 발표하였다.
③ (다) – 대통령에 이승만, 부통령에 이시영이 당선되었다.
④ (라) – 유엔 한국 임시 위원단이 파견되었다.

| 선지별 선택률 |

①	②	③	④
0%	100%	0%	0%

| 정답해설 |
• 모스크바 3국 외상 회의(1945. 12.)
• 제1차 미·소 공동 위원회(1946. 3.)
• 좌·우 합작 7원칙 합의(1946. 10.)
• 제헌 국회 개원(1948. 5.)
• 여수·순천 10·19 사건(1948. 10.)
② 1946년 제1차 미·소 공동 위원회가 결렬되자 이승만은 남한 단독 정부 수립을 언급한 '정읍 발언'을 발표하였다. 이후 통일 정부 수립을 위한 좌·우 합작 위원회가 성립되고 7원칙이 발표되었다.

| 오답해설 |
① 1948년 유엔 소총회의 결정에 따라 남한에서 5·10 총선거가 실시되었으며, 이는 (다) 시기에 해당한다.
③ 국회 간선제를 통해 대통령에 이승만, 부통령에 이시영이 당선된 시기는 (라)에 해당한다.
④ 1948년 5·10 총선거 실시를 위한 유엔 한국 임시 위원단이 파견된 시기는 (다)에 해당한다.

오답률 TOP 3

19 현대의 역사 〉 민주주의의 시련과 발전 〉 3선 개헌 오답률 40% | 답 ②

다음의 구호가 등장한 시기를 연표에서 고르면?

> 우리는 이제 3선 개헌을 강행하여 자유 민주에의 반역을 기도하는 어떤 명분이나 위장된 강변에도 현혹됨이 없이 헌정 20년간 모든 호헌 세력의 공통된 신념과 결단 위에서 전 국민의 힘을 뭉쳐 단호히 이에 대처하려 한다. 집권자에 의해서 자유 민주에의 기대가 끝내 배신당할 때, 조국을 수호하려는 전 국민은 요원의 불길처럼 봉기할 것이다. 우리는 날로 그 우방을 확장시키고 있고, 선악의 대결과 진부(眞否)의 결전에서 용솟음치는 결의를 가지고 있다. 자유 국민의 조국은 영원하다. 영원한 조국을 가진 국민은 용감하다. 전 국민이여! 자유 민주의 헌정 수호 대열에 빠짐없이 참여하라.

	(가)		(나)		(다)		(라)	
	4·19 혁명		한·일 국교 정상화		7·4 남북 공동 성명	10·26 사건		6월 민주 항쟁

① (가)   ② (나)   ③ (다)   ④ (라)

| 선지별 선택률 |

①	②	③	④
0%	60%	13.3%	26.7%

| 정답해설 |
제시문의 '3선 개헌을 강행하여 자유 민주에의 반역을 기도하는 어떤 명분이나 위장된 강변'을 통해 박정희 정부 시기인 1969년에 단행된 '6차 개헌'을 반대하는 주장을 담은 내용임을 알 수 있다.
② 3선 개헌(6차 개헌, 1969)은 한·일 국교 정상화(1965) 이후, 7·4 남북 공동 성명 발표(1972) 이전인 (나) 시기에 해당한다.

| 오답해설 |
• 4·19 혁명(1960)
• 한·일 국교 정상화(1965)
• 7·4 남북 공동 성명 발표(1972)

• 10·26 사건(1979)
• 6월 민주 항쟁(1987)

20 현대의 역사 〉 현대의 경제·사회·문화 발전 〉 노태우 정부
오답률 6.7% | 답 ②

다음 밑줄 친 '대통령' 재임 당시의 정책으로 옳은 것은?

> 대통령은 7·7 선언을 발표하여 민족자존과 통일 번영의 새 시대를 열어 나갈 것을 천명하였으며 북방 외교 대원칙을 선언하고 북방 대륙 국가들과의 관계 개선을 적극 추진하였다. 때맞춰 당시 미국과 소련 사이의 긴장 완화와 서울 올림픽 개최, 대(對)공산권 교역 증대 등의 유리한 여건에 힘입어 공산권 국가로는 처음으로 헝가리와 정식 수교하며 북방 외교가 본격적으로 활성화되었다.

① 국민 연금 제도를 도입하였다.
② 지방 자치제를 부분적으로 실시하였다.
③ 역사 바로 세우기 정책을 시행하였다.
④ 통일 주체 국민 회의에서 대통령을 선출하였다.

| 선지별 선택률 |

①	②	③	④
0%	93.3%	6.7%	0%

| 정답해설 |
제시문의 '7·7 선언', '북방 외교' 등을 통해 밑줄 친 '대통령'이 공산권 국가와의 수교를 추진하였던 '노태우'임을 알 수 있다.
② 노태우 정부 때 지방 자치제가 부분적으로 시행되었다. 참고로 지방 자치제를 전면적으로 실시한 것은 김영삼 정부 시기이다.

| 오답해설 |
① 국민 연금 제도는 전두환 정부 말기(1988) 때 도입되었다.
③ 역사 바로 세우기 정책의 일환으로 하나회를 해체하고 전두환, 노태우를 구속하였으며, 총독부 건물을 철거한 것은 김영삼 정부이다.
④ 통일 주체 국민 회의에서 대통령을 선출한 시기는 박정희 정부 때이다(유신 정권).

문제편 p.50

01	②	02	②	03	③	04	①	05	③
06	①	07	①	08	①	09	④	10	③
11	④	12	③	13	③	14	③	15	②
16	①	17	①	18	③	19	③	20	②

▶풀이시간: /14분 나의 점수: /100점

오답률 TOP 3

01 우리 역사의 기원과 형성 〉 국가의 형성 〉 고조선   오답률 49% | 답 ②

다음 제시된 사건 이전에 고조선에서 있었던 사실로 가장 옳은 것은?

> 조선 후(侯) 준이 분수를 모르고 왕을 칭하다가 연에서 망명한 위만의 공격을 받아 나라를 빼앗기자, 그 측근인 신하와 궁인들을 거느리고 한(韓) 땅에 들어가 스스로 한왕(韓王)이라고 불렀다.

① 한 무제가 고조선을 침입하였다.
② 고조선의 중심지가 이동하였다.
③ 고조선이 섭하를 살해하였다.
④ 준왕이 한반도 남부로 망명하였다.

| 선지별 선택률 |

①	②	③	④
0%	51%	7%	42%

| 정답해설 |
제시문은 위만이 고조선에 망명한 이후 기존의 준왕을 몰아내고 새로운 왕으로 등장한 시기에 해당한다(기원전 194).
② 위만 집권 이전 고조선은 연나라 진개의 침입을 받아 중심지가 요령 지방에서 한반도 북부 일대로 이동하였다.

| 오답해설 |
①, ③ 고조선이 한나라 사신 섭하를 살해하자 한 무제가 침입하여 전쟁이 발발하였다. 이는 위만 집권 이후에 해당한다.
④ 위만 집권 이후 준왕은 한반도 남부로 망명하게 되었다.

02 고대의 역사 〉 고대의 정치 〉 가야   오답률 35.7% | 답 ②

다음 (가), (나) 나라에 대한 설명으로 옳은 것은?

> • 법흥왕 9년,   (가) 의 왕이 사신을 보내 혼인을 청하였으므로, 왕이 이찬 비조부의 누이를 그에게 보냈다.
> • 법흥왕 19년,   (나) 의 왕 김구해가 왕비와 세 아들과 함께 나라의 재산과 보물을 가지고 와 항복하였다.

① (가) – 6세기에 한강 유역을 일시적으로 차지하였다.
② (가) – 대표 유적으로 고령 지산동 고분이 있다.
③ (나) – 고구려 장수왕의 공격을 받아 쇠퇴하였다.
④ (나) – 백제에게 칠지도를 전해 받았다.

| 선지별 선택률 |

①	②	③	④
21.4%	64.3%	14.3%	0%

| 정답해설 |
(가) 법흥왕과 동맹을 맺은 나라는 '대가야'이다.
(나) 법흥왕 때 신라에 항복한 나라는 '금관가야'이다.
② 대가야의 대표 유적으로는 고령 지산동 고분이 있다. 참고로 금관가야의 대표 유적으로는 김해 대성동 고분이 있다.

| 오답해설 |
① 백제는 6세기 성왕 시기에 한강 유역을 회복하였으나, 신라 진흥왕의 배신으로 상실하였다.
③ 금관가야는 고구려 광개토 대왕의 공격을 받아 쇠퇴하였다.
④ 근초고왕 시기 백제가 왜에 칠지도를 전해 주었다.

| 더 알아보기 | 가야

> 1. 변천 과정
> • 금관가야: 전기 가야 연맹(3~4세기)을 주도하였으나, 고구려의 공격으로 쇠퇴하였다. 이후 법흥왕 시기 신라에 항복(532)하였다.
> • 대가야: 후기 가야 연맹(5~6세기)을 주도하였으며, 6세기 신라와 결혼 동맹(법흥왕)을 맺었으나 진흥왕 시기 신라에 병합(562)되었다.
> • 한계: 백제와 신라의 압박으로 중앙 집권 국가로 발전하지 못한 채 가야 연맹이 해체되었다.
> 2. 경제·문화
> • 철이 풍부하여 덩이쇠를 화폐로 사용하고 철제 갑옷을 생산하였다.
> • 대표 유물: 수레바퀴형 토기
> • 대표 고분: 김해 대성동 고분군(금관가야), 고령 지산동 고분군(대가야)

오답률 TOP 1

03 고대의 역사 〉 고대의 정치 〉 고구려의 역사적 사건
오답률 57.1% | 답 ③

다음 사건을 순서대로 바르게 나열한 것은?

> ㄱ. 옥저를 복속하고 요동 지방으로 진출하였다.
> ㄴ. 도읍을 옮기고 선비족을 토벌하였다.
> ㄷ. 위나라 장군 관구검의 침략을 받아 환도성이 함락되었다.
> ㄹ. 전진(前秦)과 수교하고 순도에 의해 불상과 불경이 전래되었다.
> ㅁ. 서안평을 점령하고 낙랑을 축출하였다.

① ㄴ – ㄱ – ㄷ – ㄹ – ㅁ   ② ㄱ – ㄴ – ㄷ – ㅁ – ㄹ
③ ㄴ – ㄱ – ㄷ – ㅁ – ㄹ   ④ ㄱ – ㄴ – ㄷ – ㄹ – ㅁ

| 선지별 선택률 |

①	②	③	④
7.1%	50%	42.9%	0%

| 정답해설 |
③ 제시된 사건의 순서는 다음과 같다.
ㄴ. 고구려의 2대 왕이자 주몽의 아들인 유리왕은 도읍을 졸본에서 국내성으로 옮기고 선비족을 토벌하였다.
ㄱ. 1세기 태조왕은 옥저를 복속하고 요동 지방으로 진출하였다.
ㄷ. 3세기 동천왕 때 위의 관구검이 침입하여 환도성이 함락되었다.
ㅁ. 4세기 초 미천왕은 서안평을 점령하고 낙랑을 축출하여 한사군을 소멸시켰다.
ㄹ. 4세기 말 소수림왕은 전진과 수교하고 순도에 의해 불상과 불경이 전래되어 고대 국가의 사상적 통일에 기여하였다.

04 고대의 역사 > 고대의 문화 > 통일 신라의 지식인   오답률 35.7% | 답 ①

통일 신라 지식인들의 활동에 대한 다음 설명 중 옳은 것을 고른 것은?

> ㄱ. 김대문 – 『화랑세기』, 『한산기』 등을 저술하여 신라 문화를 주체적으로 인식하였다.
> ㄴ. 설총 – 신문왕에게 「화왕계」를 지어 올렸으며, 「답설인귀서」와 같은 글을 남겼다.
> ㄷ. 최치원 – 도당 유학생 출신으로서 『제왕연대력』과 같은 저술을 남겼다.
> ㄹ. 원효 – 5교 중 법성종을 정립하였으며, 『금강삼매경론』, 『화엄일승법계도』와 같은 저술을 남겼다.

① ㄱ, ㄷ   ② ㄱ, ㄹ
③ ㄴ, ㄷ   ④ ㄷ, ㄹ

| 선지별 선택률 |

①	②	③	④
64.3%	0%	21.4%	14.3%

| 정답해설 |
ㄱ. 김대문은 신라의 화랑에 대한 『화랑세기』 신라 한산주에 대한 『한산기』 등을 저술하여 신라의 문화를 주체적으로 인식하였다.
ㄷ. 도당 유학생 출신으로서 빈공과 수석을 차지하였던 최치원은 『제왕연대력』과 같은 저술을 남겼다.

| 오답해설 |
ㄴ. 설총이 신문왕에게 「화왕계」를 지어 올린 것은 옳은 내용이나, 「답설인귀서」는 강수가 남긴 글이다.
ㄹ. 원효가 법성종을 정립하고 『금강삼매경론』, 『대승기신론소』와 같은 저술을 남긴 것은 옳은 내용이나, 『화엄일승법계도』는 의상의 저술이다.

오답률 TOP 2

05 중세의 역사 – 고려 > 중세의 정치 > 문벌 귀족   오답률 50% | 답 ③

다음의 왕실 가계도가 등장하는 시기의 사실에 대한 설명으로 가장 옳지 <u>않은</u> 것은?

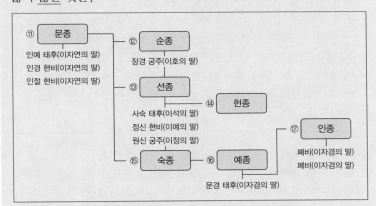

① 문헌공도를 비롯한 사학 12도가 성행하였다.
② 비취색의 순청자가 전성기를 맞이하였다.
③ 일반 백성들도 유교적 규범에 따라 혼례와 장례, 제사를 치르기 시작하였다.
④ 전시과의 토지 지급 기준이 현직 관리로 한정되었다.

| 선지별 선택률 |

①	②	③	④
0%	14.3%	50%	35.7%

| 정답해설 |
제시된 왕실의 가계도에 '이자겸의 딸'을 통해 경원 이씨 세력이 왕실의 외척으로 자리잡았던 '고려 중기'에 대한 내용임을 알 수 있다. 경원 이씨 세력 중 특히 이자겸

은 예종과 인종 시기(12세기)의 외척 문벌 귀족 세력으로 강력한 권력을 행사하였다.
③ 고려 초인 성종 이후부터 유교적 규범이 확산되었으나 백성들은 여전히 불교식 생활 풍습을 유지하였다.

| 오답해설 |
① 고려 중기에는 최충의 문헌공도를 비롯한 사학 12도가 성행하였으며, 대부분 고려 중기인 문종 시기에 설립되었다.
② 고려 중기에는 순청자가 유행(11세기)하였으며, 12세기 중엽부터는 상감 청자가 유행하기 시작했다.
④ 고려 중기에는 현직 관리에게만 토지를 지급한 경정 전시과(문종, 1076)가 시행되었다.

06 중세의 역사 – 고려 > 중세의 경제 > 토지 제도   오답률 45% | 답 ①

(가)~(라)에 대하여 옳게 설명한 것을 <보기>에서 모두 고른 것은?

> 고려는 개국 초부터 (가) 민전에 공개념을 부여하여 수확의 일부분을 전조로 수취하였는데, 그 (나) 수취권의 일부를 관직자에게 양도하여 생계를 보장해주었다. 그러나 태조 때에는 관료 제도가 정비되지 않은 탓에 관직자의 관품보다는 인품이나 공로에 따라서 차등을 두어 수조권을 지급하다가, 그 후 경종 때 관료 제도가 정비됨에 따라 (다) 관품의 고하(高下)에 맞춰 차등을 두는 합리적인 토지 분급 제도가 마련되었다. (라) 관직자들에게는 과(科)에 따라 전지와 시지가 지급되었다.

> <보기>
> (가) 사적 소유권이 보장되어 매매가 가능하였다.
> (나) 관료의 직역에 대한 대가로 지급되었다.
> (다) 토지에 대한 소유권을 지급한 제도이다.
> (라) 과전은 경기 지방에 한정하여 지급되었다.

① (가), (나)   ② (가), (다)
③ (나), (다)   ④ (다), (라)

| 선지별 선택률 |

①	②	③	④
55%	14.3%	23.6%	7.1%

| 정답해설 |
(가) 민전은 소유권 측면에서 사전(私田)으로 매매·상속·증여가 가능하였다.
(나) 수조권은 관료의 직역에 대한 대가로 지급되었다.

| 오답해설 |
(다) 경종 때 시행된 시정 전시과에 대한 내용으로, 시정 전시과는 소유권이 아닌 수조권을 지급하였다.
(라) 시정 전시과 당시 지급된 과전은 전국 토지를 대상으로 지급되었다. 고려 말 시행된 과전법이 경기 지방에 한해 수조권을 지급하였다.

07 중세의 역사 – 고려 > 중세의 사회 > 고려의 법률   오답률 35.7% | 답 ①

밑줄 친 ㄱ~ㄹ에 대한 설명으로 옳은 것은?

> 고려시대에는 ㄱ. 중국의 법률을 적용하였는데, 반역죄, 불효죄 등 사람의 기본 도리를 어길 경우 중죄로 다스렸다. ㄴ. 귀양형을 받은 자가 부모상을 당하였을 때는 유형지에 도착하기 전에 7일간의 휴가를 주어 부모상을 치를 수 있도록 하였다. 또한 ㄷ. 5개의 형벌 외의 제도도 존재하였으며, ㄹ. 관습법에 따라 처리하는 경우도 있었다.

① ㄱ - 주로 『당률』에 근거하였다.
② ㄴ - 조선시대에는 존재하지 않았다.
③ ㄷ - 궁형이 포함되어 있었다.
④ ㄹ - 일상 생활과 관련된 문제는 해당되지 않았다.

| 선지별 선택률 |

①	②	③	④
64.3%	0%	7.1%	28.6%

| 정답해설 |
① 고려시대에는 『당률』이 근거 법전이었다. 참고로 조선시대의 근거 법전은 『경국대전』과 『대명률』이다.

| 오답해설 |
② 귀향형은 조선 시대에도 존재하였다. 귀향형의 경우 고려에만 존재하였다.
③ 고려와 조선의 형벌은 모두 태·장·도·유·사의 5종이 시행되었으며, 궁형은 포함되지 않았다.
④ 고려시대에는 일상생활과 관련된 민법의 사항은 관습법에 따라 처리하였다.

08 중세의 역사 - 고려 〉 중세의 정치 〉 광종　　오답률 21.4% | 답 ①

밑줄 친 '왕'의 재위 기간에 있었던 사실로 옳은 것은?

> 왕은 중국에 36명의 승려를 파견하여 법안종을 배우도록 하였다. 또한 제관과 의통을 파견하여 천태학에 대한 관심을 보였다.

① 백관의 4색 공복을 제정하였다.
② 사심관 제도와 기인 제도를 시행하였다.
③ 문신월과법을 시행하여 문치주의를 완비하였다.
④ 신분 질서 확립을 위해 노비환천법을 실시하였다.

| 선지별 선택률 |

①	②	③	④
78.6%	0%	7.1%	14.3%

| 정답해설 |
제시문의 '법안종', '제관과 의통'의 단서를 통해 밑줄 친 '왕'이 고려 초의 '광종'임을 알 수 있다. 광종 때에는 승과 및 국사와 왕사 제도 등 다양한 불교 정책이 시행되었다. 또한 혜거가 법안종을 들여오고자 하였으며, 제관과 의통이 중국 천태종을 부흥시키는 등 불교와 관련된 사건이 많이 발생하였다.
① 고려 초 광종은 백관의 4색 공복(자색·단색·비색·녹색)을 제정하여 위계 서열을 정비하였다.

| 오답해설 |
② 호족을 견제하고자 사심관 제도와 기인 제도를 시행한 왕은 고려 태조이다.
③ 문신월과법을 시행하여 문치주의를 완비한 왕은 고려 성종이다.
④ 신분 질서 확립을 위해 노비환천법을 실시한 왕은 고려 성종이다. 참고로 광종은 노비안검법을 시행하였다.

09 근대 태동기의 역사 - 조선 후기 〉 근대 태동기의 정치 〉 병자호란
오답률 28.6% | 답 ④

다음 (가), (나)의 주장에 대한 설명으로 옳은 것은?

> (가) 화친을 맺어 국가를 보존하는 것보다 차라리 의를 지켜 망하는 것이 옳다고 하였으나 이것은 신하가 절개를 지키는 데 쓰이는 말입니다. …… 자기의 힘을 헤아리지 아니하고 경망하게 큰소리를 쳐서 오랑캐들의 노여움을 도발, 마침내는 백성이 도탄에 빠지고 종묘와 사직에 제사 지내지 못하게 된다면 그 허물이 이보다 클 수 있겠습니까.

> (나) 화의로 백성과 나라를 망치기가 …… 오늘날과 같이 심한 적이 없습니다. 중국은 우리나라에 있어서 곧 부모요, 오랑캐는 우리나라에 있어서 곧 부모의 원수입니다. 신하된 자로서 부모의 원수와 형제가 되어서 부모를 저버리겠습니까. 하물며 임란의 일은 터럭만한 것도 황제의 힘이어서 우리나라에 있어서는 먹고 숨 쉬는 것조차 잊기 어렵습니다.

① (가) - 윤집, 김상헌의 입장이다.
② (가) - (가)의 태도는 병자호란의 발발을 야기하였다.
③ (나) - 실학자들의 북학론으로 발전하였다.
④ (나) - (나)의 견해는 숙종 때 만동묘의 건립으로 이어졌다.

| 선지별 선택률 |

①	②	③	④
0%	21.4%	7.2%	71.4%

| 정답해설 |
제시문은 조선 후기 청의 침입으로 일어난 '병자호란(1636)' 발발 당시 대책을 두고 엇갈렸던 두 가지 주장에 대한 내용이다. 청의 군신 관계 요구에 대해 (가)는 이를 수용하자는 최명길 등의 '주화론', (나)는 이를 반대하는 윤집, 김상헌 등의 '주전론(척화론)'에 대한 주장임을 알 수 있다.
④ 성리학적 의리 명분론은 임진왜란 때 도움을 준 명에 대한 의리를 갚고 문화 수준이 떨어지는 오랑캐를 배척함을 주장하였다. 당시의 주전론과 북벌론이 이러한 주장에 입각해 있었으며, 임진왜란 참전에 대한 감사의 의미로 명 황실에 제사를 지내고자 숙종 시기에 대보단과 만동묘를 건립한 사건 역시 의리 명분론에 입각하고 있다.

| 오답해설 |
① 윤집, 김상헌은 당시의 대표적인 주전론(척화론)자이다.
② 주전론의 태도는 청을 자극하여 병자호란의 발발을 야기하였다.
③ 주화론의 입장이 실학자들의 북학론으로 발전하였다.

10 근세의 역사 - 조선 전기 〉 근세의 정치 〉 세조　　오답률 7.1% | 답 ③

밑줄 친 '왕'에 대한 설명으로 옳은 것은?

> 성삼문이 아버지 성승 및 박팽년 등과 함께 상왕의 복위를 도모하고자 중국 사신에게 잔치를 베푸는 날에 거사하기로 기약하였다. …… 일이 발각되어 체포되자, 왕이 친히 국문하면서 꾸짖기를 "그대들은 어찌하여 나를 배반하였는가?" 하니 성삼문이 소리치며 말하기를 "상왕을 복위시키려 했을 뿐이오. …… 하늘에 두 개의 해가 없듯이 백성에게도 두 임금이 있을 수 없기 때문이오."라고 하였다.

① 1·2차 왕자의 난을 진압하고 권력을 장악하였다.
② 공신들을 견제하기 위해 사림 조광조를 등용하였다.
③ 함길도 토착 세력이 일으킨 이시애의 난을 진압하였다.
④ 인목 대비 유폐와 영창 대군 사사를 명분으로 폐위되었다.

| 선지별 선택률 |

①	②	③	④
7.1%	0%	92.9%	0%

| 정답해설 |
제시문의 '성삼문', '상왕의 복위를 도모하고자'를 통해 밑줄 친 '왕'이 '세조'임을 알 수 있다. 계유정난을 통해 권력을 차지하고 왕위에 오른 세조(수양 대군)는 사육신(성삼문 등)이 주도한 단종 복위 운동을 진압하였다.
③ 세조 때 함길도 토착 세력이 일으킨 이시애의 난이 발생하였다.

| 오답해설 |
① 1·2차 왕자의 난을 진압하고 권력을 장악한 인물은 태종(이방원)이다.
② 공신들을 견제하기 위해 사림 조광조를 등용한 인물은 중종이다.

④ 인목 대비 유폐와 영창 대군 사사를 명분으로 폐위된 인물은 광해군이다.

| 더 알아보기 | 세조

권력의 장악 및 집권	• 계유정난 통해 권력 장악 → 이징옥의 난 진압 • 단종 복위 운동 진압: 사육신 주도
왕권 강화책	• 종친의 권한 증대 • 6조 직계제: 의정부 권한 약화 • 집현전 폐지, 경연 폐지, 유향소 폐지(이시애의 난 계기)
주요 정책	• 국방 정책: 보법, 5위제, 진관 체제 • 불교 정책: 간경도감 설치, 원각사지 10층 석탑 건립 • 통치 정책: 직전법 실시, 『경국대전』 편찬 시작

11 근세의 역사 - 조선 전기 > 근세의 정치 > 사간원   오답률 42.9% | 답 ④

다음은 조선시대 어느 관리의 가상 일과이다. 밑줄 친 '그'가 재직하는 관청에 대한 설명으로 옳은 것을 〈보기〉에서 고른 것은?

> 그가 재직하는 관청은 매일같이 정기적인 업무가 있는 관서가 아니었고, 왕의 동정을 살피고 잘못을 지적하는 간쟁과 정치에 대해 논박하는 것이어서 사안이 있을 때에만 모여서 그 일을 처리하면 되었다. 개별적인 업무 분담이 있는 것도 아니어서 그때 그때의 사안을 상하의 구분 없이 자유로운 분위기에서 토론하여 결정하였다. 그러므로 다른 관청과 달리 매우 자유롭고 때로는 한가하기까지 하였다. 그는 이처럼 자유로운 분위기에서 소신껏 발언할 수 있다는 것이 즐거웠다.

〈보기〉
ㄱ. 3정승으로 구성되어 국정을 총괄하였다.
ㄴ. 5품 이하 관리 임명에 대한 동의권을 행사하였다.
ㄷ. 왕명 출납을 담당하는 비서 기구로서 기능하였다.
ㄹ. 고려시대 중서문하성의 낭사와 임무가 유사하였다.

① ㄱ, ㄴ ② ㄱ, ㄹ
③ ㄴ, ㄷ ④ ㄴ, ㄹ

| 선지별 선택률 |

①	②	③	④
7.2%	21.4%	14.3%	57.1%

| 정답해설 |

제시문의 '간쟁', '논박'을 통해 밑줄 친 '그'가 '사간원'의 관리임을 알 수 있다. 사간원은 사헌부, 홍문관과 함께 3사를 이루며 정사를 비판하고 관리의 비리를 감찰하는 언론 기능을 담당하여 권력의 독점과 부정을 방지하는 역할을 하였다.
ㄴ. 사간원은 사헌부 관원과 함께 서경·간쟁·논박의 기능을 수행하는데, 이 중 서경권은 5품 이하 관리 임명에 대한 동의권을 말한다.
ㄹ. 고려 중서문하성의 낭사는 어사대의 관원과 함께 언론 기능을 수행하였다. 낭사는 사간원과, 어사대는 사헌부와 기능이 유사하다.

| 오답해설 |

ㄱ. 영의정·좌의정·우의정의 3정승으로 구성되어 국정을 총괄한 기구로는 조선 최고 권력 기구인 의정부가 있다.
ㄷ. 조선시대 왕명 출납을 담당한 비서 기구로는 조선시대의 승정원이 있다.

12 근대의 역사 - 개항기 > 흥선 대원군의 개혁 정치와 문호의 개방 > 병인양요와 외규장각 의궤   오답률 0% | 답 ③

다음 글의 밑줄 친 '도서'에 대한 탐구 활동으로 가장 적절한 것은?

> 재불 역사학자 박병선 박사는 프랑스로 유학가면서 외규장각 의궤를 찾기 위해 노력하였다. 프랑스인 동료로부터 국립도서관 베르

> 사유 별관에 한자로 된 책이 무더기로 있더라는 이야기를 듣고 그곳으로 찾아가 의궤 297권을 비롯한 관련 도서들을 발견했다. 그러나 프랑스 국립도서관 입장에서는 박병선 박사가 눈엣가시였고 그녀를 권고 사직시켰다. 프랑스 국적이었던 그녀는 "반역자", "한국의 스파이"라는 멸시를 들어야 했다.

① 『조선책략』의 내용을 분석해 본다.
② 어재연의 활약상에 대해 정리해 본다.
③ 정족산성과 문수산성에서 벌어진 전투를 조사해 본다.
④ 제너럴셔먼호 사건의 결과를 검색해 본다.

| 선지별 선택률 |

①	②	③	④
0%	0%	100%	0%

| 정답해설 |

제시문의 '프랑스', '의궤'를 통해 밑줄 친 '도서'가 병인양요 당시 프랑스가 약탈해 간 '외규장각 도서'임을 알 수 있다. 참고로 외규장각 도서는 2011년 영구 임대 형식으로 국내에 반환되었다.
③ 병인양요 당시 정족산성에서 양헌수가 활약하였으며, 문수산성에서는 한성근이 활약하였다.

| 오답해설 |

① 『조선책략』의 유포에 따라 조·미 통상 조약(1882)이 체결되었다.
② 어재연이 광성보에서 활약한 시기는 신미양요(1871)이다.
④ 제너럴셔먼호 사건(1866)은 신미양요의 원인이 되었다.

13 근대의 역사 - 개항기 > 근대 국가 수립 운동 > 강화도 조약 이후의 개화 정책   오답률 14.3% | 답 ③

강화도 조약 체결 직후 ㄱ~ㄹ에 대한 설명으로 옳은 것은?

> 일본과의 강화도 조약 체결을 계기로 조선은 문호를 개방하게 되었다. 이에 따라 조선 정부는 개화 정책을 추진하였고, 이를 위해 ㄱ. 개혁 기구를 설치하고, ㄴ. 새로운 인사를 등용하였다. 또한 군사력 강화를 위해 ㄷ. 군대 조직을 개편하고, 사절단으로서 ㄹ. 일본과 청에 사신단을 파견하였다.

① ㄱ - 개혁을 추진하기 위한 기구로 교정청을 설치하였다.
② ㄴ - 이항로, 기정진 등이 중용되었다.
③ ㄷ - 군사 조직을 2영과 별기군으로 개편하였다.
④ ㄹ - 일본에 수신사, 청에 조사 시찰단을 파견하였다.

| 선지별 선택률 |

①	②	③	④
7.2%	0%	85.7%	7.1%

| 정답해설 |

③ 1876년(강화도 조약 체결) 개항 이후 진행된 1880년대의 초기 개화 정책 추진 시기에 군사력 강화를 위해 2영과 별기군이 설치되었다.

| 오답해설 |

① 강화도 조약 체결 이후 설치한 개혁 기구는 통리기무아문(1880)이다. 교정청(1894)은 동학 농민 운동 시기 정부가 조직한 개혁 기구이다.
② 강화도 조약 이후 중용된 인사는 주로 개화파이다. 이항로와 기정진은 대표적인 위정척사 계열의 인사로 1860년대 병인양요 당시 척화 주전론을 주장하였다.
④ 강화도 조약 체결 이후 조선은 개화 정책 추진을 위해 해외 시찰단을 파견하였는데, 일본에 수신사, 청에 영선사를 파견하였다. 한편 조사 시찰단은 일본에 파견된 사절단이다.

14
일제강점기 > 일제의 식민 통치와 항일 민족 운동 > 6·10 만세 운동
오답률 14.3% | 답 ③

> 다음과 관련된 민족 운동에 대한 설명으로 옳은 것은?
>
> | 오전 8시 30분 종로 3가 단성사 앞에서 국장 행렬이 통과한 뒤 중앙고보생 30~40명이 만세를 부르며 격문 약 1,000여 장과 태극기 30여 장 살포
> | 오전 9시 30분 만세 시위를 주도하던 조선 학생 과학 연구회 간부 박두종이 현장에서 체포
> | 오후 1시 00분 훈련원 서쪽 일대에서 천세봉의 선창으로 만세 시위 발생
>
> ① 민중 대회로 확대시키려는 움직임이 있었다.
> ② 전개 과정에서 제암리 학살 사건이 발생하였다.
> ③ 순종의 인산일을 기하여 만세 시위로 시작되었다.
> ④ 일제가 허용하는 범위 내에서 자치권을 획득하자는 운동을 벌였다.

| 선지별 선택률 |

①	②	③	④
7.2%	7.1%	85.7%	0%

| 정답해설 |

제시문의 '국장 행렬', '중앙고보생', '조선 학생 과학 연구회', '만세 시위'를 통해 1926년 발생한 '6·10 만세 운동'임을 알 수 있다. 6·10 만세 운동은 민족주의와 사회주의의 연대로 이뤄졌으며, 학생 주도로 전개되었다.
③ 1926년 순종의 인산일을 기하여 6·10 만세 운동이 발생하였다.

| 오답해설 |

① 1929년 광주 학생 항일 운동이 벌어지자 신간회는 이를 민중 대회로 확대시키고자 하였다.
② 1919년 3·1 운동의 전개 과정에서 제암리 학살 사건이 발생하였다.
④ 1920년대 들어 일제가 허용하는 범위 내에서 자치권을 획득하자는 자치론이 제기되었다.

15
일제강점기 > 일제의 식민 통치와 항일 민족 운동 > 대한민국 임시 정부
오답률 14.2% | 답 ②

> 다음 글의 선언이 발표된 역사적 배경으로 옳은 것은?
>
> 신인 일치(神人一致)로 중외 협응(中外協應)하야 한성(漢城)에서 의(義)를 일으킨 이래 30여 일만에 평화적 독립을 3백여 주에 광복하고, …… 항구히 자주독립의 복리로 아(我) 자손 여민(子孫黎民)에게 세전(世傳)하기 위해 임시 의정원의 결의로 임시 헌장을 선포하노라.
>
> ① 일제가 중·일 전쟁을 일으키자 무장 세력들을 결집할 필요가 있었다.
> ② 조직적이고 체계적으로 독립운동을 지도할 조직의 필요성을 느끼게 되었다.
> ③ 자치 운동에 반대하는 비타협적 민족주의 세력이 사회주의 세력과의 연합을 모색하였다.
> ④ 만주로 돌아온 독립군들이 독립 전쟁을 효율적으로 수행하기 해 통합 운동을 전개하였다.

| 선지별 선택률 |

①	②	③	④
0%	85.8%	7.1%	7.1%

| 정답해설 |

제시문의 '임시 의정원의 결의로 임시 헌장을 선포'를 통해 '대한민국 임시 정부'의

설립과 관련된 내용임을 알 수 있다.
② 대한민국 임시 정부는 3·1 운동(1919) 이후 독립운동을 조직적으로 전개할 필요성에 따라 임시 의정원, 국무원, 법원 조직을 갖춘 민주 공화제 정부로 출범하였다. 한편 비밀 행정망 조직으로 연통제와 교통국을 두었으며, 미국에 구미 위원부를 설치하여 외교 활동을 전개하였다.

| 오답해설 |

① 대한민국 임시 정부는 일제가 중·일 전쟁(1937)을 일으키자 무장 세력들을 결집할 필요성을 느끼고 충칭에서 한국광복군을 창설(1940)하였다.
③ 자치 운동에 반대하는 비타협적 민족주의 세력이 사회주의 세력과의 연합을 모색하기 위해 '정우회 선언'이 발표되고, 신간회(1927)가 창립되었다.
④ 러시아 자유시에서 만주로 돌아온 독립군들은 독립 전쟁을 효율적으로 수행하기 위해 3부 통합 운동을 전개하였으며, 이를 통해 혁신 의회(1928)와 국민부(1929)가 조직되었다.

16
일제강점기 > 일제의 식민 통치와 항일 민족 운동 > 주요 독립운동 사건
오답률 21.4% | 답 ①

> 다음 보기를 시대순으로 가장 적절하게 나열한 것은?
>
> ㄱ. 소련 내에서 독립군들의 무장 해제를 요구하는 적색군으로부터 공격을 받아 큰 피해를 입었다.
> ㄴ. 양세봉의 조선 혁명군은 중국 의용군과 연합하여 영릉가 전투에서 승리하였다.
> ㄷ. 대한민국 임시 정부가 독립운동의 새로운 방향을 모색하기 위하여 국민 대표 회의를 개최하였다.
> ㄹ. 한국인 학생과 일본인 학생의 충돌을 계기로 광주 학생 항일 운동이 발생하였다.
>
> ① ㄱ - ㄷ - ㄹ - ㄴ
> ② ㄱ - ㄷ - ㄴ - ㄹ
> ③ ㄷ - ㄱ - ㄴ - ㄹ
> ④ ㄷ - ㄱ - ㄹ - ㄴ

| 선지별 선택률 |

①	②	③	④
78.6%	7.2%	7.1%	7.1%

| 정답해설 |

① 제시된 사건의 순서는 다음과 같다.
ㄱ. 1921년 소련 내에서 독립군들의 무장 해제를 요구하는 적색군으로부터 공격을 받아 큰 피해를 입은 자유시 참변이 발생하였다.
ㄷ. 1923년 대한민국 임시 정부는 국민 대표 회의를 개최하여 방향성을 논의하였다.
ㄹ. 1929년 한국인 학생과 일본인 학생의 충돌을 계기로 광주 학생 항일 운동이 발생하였다.
ㄴ. 1932년 양세봉의 조선 혁명군은 중국 의용군과 한·중 연합 작전을 전개하여 영릉가 전투에서 승리하였다.

17
근대의 역사 – 개항기 > 일제의 침략과 국권 수호 운동 > 개항기 경제
오답률 7.1% | 답 ①

> 다음 개항 이후의 경제 상황을 시간순으로 바르게 나열한 것은?
>
> ㄱ. 일본 상인들이 개항장 주변에서 거류지 무역을 전개하였다.
> ㄴ. 청 상인들이 양화진에서 상행위를 할 수 있게 되었다.
> ㄷ. 대한제국이 금본위 화폐를 시행하고자 하였다.
> ㄹ. 일본이 동양 척식 주식회사를 설립하였다.
>
> ① ㄱ - ㄴ - ㄷ - ㄹ
> ② ㄱ - ㄷ - ㄴ - ㄹ
> ③ ㄹ - ㄱ - ㄷ - ㄴ
> ④ ㄹ - ㄱ - ㄴ - ㄷ

| 선지별 선택률 |

①	②	③	④
92.9%	7.1%	0%	0%

| 정답해설 |

① 제시된 사건의 순서는 다음과 같다.
ㄱ. 강화도 조약(1876)의 체결 이후 일본 상인들이 개항장 주변에서 거류지 무역을 전개하였다.
ㄴ. 조·청 상민 수륙 무역 장정(1882)의 체결 이후 청 상인들이 양화진에서 상행위를 할 수 있게 되었다.
ㄷ. 대한제국 출범(1897) 이후 경제 정책으로서 금본위 화폐제를 시행하고자 하였다.
ㄹ. 1908년 일본이 약탈한 토지를 관리하기 위한 동양 척식 주식회사를 설립하였다.

---

18 현대의 역사 〉 대한민국 정부의 수립과 6·25 전쟁 〉 좌·우 합작 7원칙

오답률 42.9% | 답 ③

밑줄 친 '위원회'에 대한 설명으로 가장 옳은 것은?

> 본 위원회의 목적을 달성하기 위하여 기본 원칙을 아래와 같이 의정함.
> ……
> 3. 토지 개혁에 있어 몰수, 유조건 몰수, 체감 매상 등으로 토지를 농민에게 무상으로 분여하여 적정 처리하고, 중요 산업을 국유화하여 ……
> 4. 친일파 민족 반역자를 처리할 조례를 본 합작 위원회에서 입법 기구에 제안하여 …… 실시하게 할 것

① 유엔 감시하의 남북한 총선거 실시를 주장하였다.
② 남한만의 단독 정부 수립을 주장하였다.
③ 미·소 공동 위원회의 속개를 요청하였다.
④ 김구와 김규식 등의 인사들이 참여하였다.

| 선지별 선택률 |

①	②	③	④
14.3%	14.3%	57.1%	14.3%

| 정답해설 |

제시문은 '좌·우 합작 7원칙'으로, 밑줄 친 '위원회'는 '좌·우 합작 위원회'이다.
③ 광복 이후 여운형, 김규식 등이 주도하여 전개된 좌·우 합작 운동(1946~1947)의 일환으로 좌·우 합작 위원회가 결성되고, 좌·우 합작 7원칙이 발표되었다. 좌·우 합작 7원칙에는 모스크바 3상 회의의 원칙에 입각한 정부 수립, 미·소 공동 위원회의 속개 요청, 토지 분배의 원칙 천명, 친일 민족 반역자의 처단 등의 내용이 포함되어 있다.

| 오답해설 |

① 유엔 감시하의 남북한 총선거는 미·소 공동 위원회가 결렬되자 한반도 문제를 유엔으로 이관(1947. 9.)한 이후에 결정되었다.
② 정읍 발언을 통해 남한만의 단독 정부 수립을 주장한 인물은 이승만이다. 정읍 발언 이후 좌·우 합작 운동이 전개되어 통일 정부 수립을 추구하였다.
④ 좌·우 합작 운동에 김규식은 참여하였으나 김구는 불참하였다.

---

19 현대의 역사 〉 대한민국 정부의 수립과 6·25 전쟁 〉 정부 수립 과정

오답률 21.4% | 답 ③

해방 이후 대한민국 정부 수립 과정을 시대순으로 바르게 나열한 것은?

> ㄱ. 제주도 파병과 정부에 반대하는 군인들이 반란을 일으켰다.
> ㄴ. UN 소총회의 결의에 따라 총선거를 실시하였다.
> ㄷ. 치안대를 조직하고 조선 인민 공화국 수립을 선포하였다.
> ㄹ. 좌·우의 정치 세력이 힘을 합치려는 좌·우 합작 운동을 전개하였다.

① ㄱ - ㄴ - ㄷ - ㄹ	② ㄴ - ㄷ - ㄱ - ㄹ
③ ㄷ - ㄹ - ㄴ - ㄱ	④ ㄴ - ㄹ - ㄷ - ㄱ

| 선지별 선택률 |

①	②	③	④
0%	0%	78.6%	21.4%

| 정답해설 |

③ 제시된 사건의 순서는 다음과 같다.
ㄷ. 광복 직후 여운형을 중심으로 조선 건국 준비 위원회(1945. 8.)가 조직되어 치안대를 결성하였다. 이후 조선 인민 공화국 수립을 선포하였다.
ㄹ. 좌·우 합작 운동(1946~1947)에 따라 좌·우 합작 위원회가 결성(1946. 7.)되어 좌·우의 정치 세력이 힘을 합치려는 운동을 전개하였다.
ㄴ. 미국은 한반도 문제를 UN에 이관하고, 이후 UN 소총회의 결의에 따라 총선거를 실시(1948. 5.)하였다.
ㄱ. 대한민국 정부 수립(1948. 8.) 이후 제주도 파병과 정부에 반대하는 군인들이 여수와 순천에서 반란(1948. 10.)을 일으켰다.

---

20 현대의 역사 〉 민주주의의 시련과 발전 〉 5·18 민주화 운동

오답률 7.1% | 답 ②

다음과 관련된 민주화 운동에 대한 설명으로 가장 옳은 것은?

> 우리는 왜 총을 들 수밖에 없었는가? 그 대답은 너무나 간단합니다. 너무나 무자비한 만행을 더 이상 보고 있을 수만 없어서 너도 나도 총을 들고 나섰던 것입니다. 본인이 알기로는 우리 학생들과 시민들은 과도 정부의 중대 발표와 또 자제하고 관망하라는 말을 듣고 학생들은 17일부터 학업에, 시민들은 생업에 종사하고 있습니다. 그러나 정부 당국에서는 17일 야간에 계엄령을 확대 선포하고 일부 학생과 민주 인사, 정치인을 도무지 믿을 수 없는 구실로 불법 연행했습니다. 이에 우리 시민 모두는 의아해했습니다.

① 당시 정부의 굴욕적 외교 정책을 비판하였다.
② 당시의 학생들은 비상계엄령 해제를 요구하였다.
③ 이는 이후 정부의 6·29 민주화 선언으로 일단락되었다.
④ 부산 대학교 학생을 중심으로 유신 체제에 대한 저항 운동이 발생하였다.

| 선지별 선택률 |

①	②	③	④
0%	92.9%	7.1%	0%

| 정답해설 |

제시문의 '우리는 왜 총을 들 수밖에 없었는가', '17일 야간에 계엄령을 확대'를 통해 1980년 '5·18 광주 민주화 운동'에 대한 내용임을 알 수 있다.
② 5·18 광주 민주화 운동은 1980년 전두환 신군부와 5·17 비상계엄 확대 조치에 저항하며 발생하였으며, 시민군은 비상계엄령 해제를 요구하였다.

| 오답해설 |

① 1964년 박정희 정부(제3공화국) 시기에 추진된 한·일 국교 정상화에 대한 반발로 6·3 시위(1964)가 발생하였다.
③ 1987년 6월 민주 항쟁의 결과 국민의 대통령 선거 직선제 요구를 수용하는 6·29 선언이 발표되었다.
④ 유신 체제에 대한 저항으로 부산과 마산 지역을 중심으로 1979년 부·마 항쟁이 발생하였다.

실전동형 모의고사

문제편 p.56

01	③	02	③	03	③	04	②	05	③
06	③	07	①	08	④	09	④	10	②
11	③	12	④	13	①	14	③	15	③
16	①	17	②	18	③	19	②	20	③

▶풀이시간: /14분 나의 점수: /100점

01 우리 역사의 기원과 형성 〉 국가의 형성 〉 고구려   오답률 15.4% | 답 ③

다음 밑줄 친 '이 나라'에 대한 설명으로 옳은 것은?

> 좋은 땅이 없으므로 부지런히 농사를 지어도 식량이 충분하지 못하다. 큰 창고는 없고 집집마다 부경이라고 부르는 조그만 창고가 있다. 이 나라에는 왕이 있고, 벼슬로는 상가, 대로, 패자, 고추가, 주부, 우태, 승, 사자, 조의, 선인이 있다. 모든 대가들은 사자, 조의, 선인을 두었다.
>
> – 『삼국지』 –

① 무덤과 같이 초가에 흙방을 만들어 살았다.
② 흰옷을 즐겨 입었고, 순장 풍습이 존재하였다.
③ 10월에 지내는 제천 행사로서 동맹을 열었다.
④ 산과 내마다 각기 구분이 있어 함부로 들어가지 않는다.

| 선지별 선택률 |

①	②	③	④
0%	15.4%	84.6%	0%

| 정답해설 |
제시문의 밑줄 친 '이 나라'는 '고구려'이다. 고구려에는 부경이라는 창고가 집집마다 존재하였고, 상가, 고추가 등의 대가들이 존재하였다. 이러한 대가들은 사자, 조의, 선인이라는 관리를 두었다.
③ 고구려는 매년 10월에 동맹이라는 제천 행사를 열어 단합을 꾀하였다.

| 오답해설 |
① 토실이라는 무덤과 같이 초가에 만든 흙방에 살았던 국가는 삼한이다.
② 흰옷을 즐겨 입고, 순장 풍습이 존재한 국가는 부여이다.
④ 산과 내마다 각기 구분이 있어 함부로 들어가지 않는 책화의 풍습이 존재하였던 국가는 동예이다.

02 고대의 역사 〉 고대의 정치 〉 삼국의 발전   오답률 53.8% | 답 ③

다음 사건을 시기순으로 바르게 나열한 것은?

> ㄱ. 고구려의 온달이 아차산성에서 전사하였다.
> ㄴ. 신라는 대가야를 점령하고 창녕비를 세웠다.
> ㄷ. 신라가 백제와의 대야성 전투에서 패배하였다.
> ㄹ. 백제가 웅진성에서 사비성으로 도읍지를 천도하였다.

① ㄴ－ㄹ－ㄱ－ㄷ
② ㄴ－ㄹ－ㄷ－ㄱ
③ ㄹ－ㄴ－ㄱ－ㄷ
④ ㄹ－ㄴ－ㄷ－ㄱ

| 선지별 선택률 |

①	②	③	④
7.6%	15.4%	46.2%	30.8%

| 정답해설 |
③ 제시된 사건의 순서는 다음과 같다.
ㄹ. 6세기 백제 성왕이 웅진성에서 사비성으로 도읍지를 천도(538)하였다.
ㄴ. 6세기 신라 진흥왕이 대가야를 점령하고 창녕비(561)를 세웠다.
ㄱ. 6세기 말 고구려 영양왕 시기에 온달이 아차산성에서 전사(590)하였다.
ㄷ. 7세기 대야성 전투(642)에서 신라가 백제에게 패배하였다.

03 고대의 역사 〉 고대의 정치 〉 장보고   오답률 15.4% | 답 ③

다음 자료의 밑줄 친 '그'에 대한 설명으로 옳은 것은?

> 적산의 동쪽에 배를 정박하였다. 적산에는 절이 있는데 적산법화원이다. 본래 그가 처음 세웠다. 오랫동안 토지를 소유하고 있어서 식량을 충당하였다. 법화원에서는 겨울에 법화경을 강의하고, 여름에는 금광명경을 강의한다.

① 이두를 정리하고 「화왕계」를 작성하였다.
② 국호를 장안으로 정하고 반란을 일으켰다.
③ 흥덕왕에게 건의하여 청해진을 설치하였다.
④ 대야성을 함락시키고 신라 경애왕을 살해하였다.

| 선지별 선택률 |

①	②	③	④
7.7%	0%	84.6%	7.7%

| 정답해설 |
제시문의 '적산법화원'을 통해 밑줄 친 '그'가 '장보고'임을 알 수 있다. 장보고는 신라 하대에 청해진을 거점으로 강력한 해상 세력을 구축하였으며, 중국 산동반도에 법화원을 건립하고 일본 승려 엔닌의 귀국을 돕기도 하였다.
③ 장보고는 흥덕왕에게 건의하여 청해진을 설치하였다.

| 오답해설 |
① 이두를 정리하고 「화왕계」를 작성한 인물은 신라 중대의 설총이다.
② 웅주를 근거지로 반란을 일으켜 장안이라는 나라를 세우고 연호를 경운이라 한 인물은 김헌창이다. 신라 하대의 김헌창은 아버지 김주원이 왕이 되지 못한 사실에 불만을 품고 반란을 일으켰다.
④ 대야성을 함락시키고 신라 경애왕을 살해한 것은 후백제의 견훤이다.

오답률 TOP 3
04 중세의 역사 – 고려 〉 중세의 경제 〉 고려의 경제   오답률 61.5% | 답 ②

다음의 고려시대 경제 생활에 대한 설명으로 옳은 것을 고르면?

> ㄱ. 성종 때 의천의 건의에 따라 주전도감을 설치하여 해동통보 등을 주조하였다.
> ㄴ. 고려 후기에는 관청 수공업이 쇠퇴하면서 민간 수공업이 발달하였다.
> ㄷ. 최초로 종이 지폐인 저화가 발행되었다.
> ㄹ. 청천강 어귀의 벽란도는 송·요 등 외국과의 대외 무역이 활발해지면서 국제 무역항으로 번성하였다.

① ㄱ, ㄴ   ② ㄴ, ㄷ
③ ㄴ, ㄹ   ④ ㄷ, ㄹ

| 선지별 선택률 |

①	②	③	④
0%	38.5%	46.2%	15.3%

| 정답해설 |

ㄴ. 고려 전기에는 관청 수공업이나 소(所) 수공업과 같은 관 주도의 수공업이 활발하였으나, 고려 후기에는 민간에서 주도하는 민간 수공업과 사원 수공업이 발달하였다.

ㄷ. 고려 후기 공양왕 때 처음으로 저화가 발행되었다. 참고로 조선 태종 때에도 사섬서를 설치하고 저화를 발행하였다.

| 오답해설 |

ㄱ. 고려 숙종 때 의천의 건의로 주전도감을 설치하여 삼한통보, 해동통보, 동국통보와 같은 화폐를 주조하였다.

ㄹ. 송나라 상인뿐 아니라 아라비아 상인까지 왕래하였던 국제 무역항 벽란도는 예성강 어귀에 위치하였다.

05   근세의 역사 – 조선 전기 〉 근세의 정치 〉 기묘사화

오답률 15.4% | 답 ③

다음과 관련하여 발생한 사건에 대한 설명으로 가장 옳은 것은?

> 남곤은 유감을 품고서 조광조 등을 죽이려고 하였다. 이리하여 나뭇잎의 감즙(甘汁)을 갉아먹는 벌레를 잡아 모으고 꿀로 나뭇잎에다 '주초위왕(走肖爲王)' 네 글자를 많이 쓰고서 벌레를 놓아 갉아먹게 하기를 마치 한(漢)나라 공손(公孫)인 병이(病已)의 일처럼 자연적으로 생긴 것 같이 하였다. 남곤의 집이 백악산 아래 경복궁 뒤에 있었는데 자기 집에서 벌레가 갉아먹은 나뭇잎을 물에 띄워 대궐 안의 어구(御溝)에 흘려보내어 중종이 보고 매우 놀라게 하고서 고변하여 화를 조성하였다.

① 이를 계기로 연산군이 폐위되었다.
② 서인이 동인을 탄압하면서 발생하였다.
③ 사림들이 주도한 위훈 삭제가 배경으로 작용하였다.
④ 김종직이 부관참시 당하고 제자들이 피해를 입었다.

| 선지별 선택률 |

①	②	③	④
7.7%	0%	84.6%	7.7%

| 정답해설 |

제시문의 '조광조', '주초위왕'을 통해 '기묘사화(중종 14, 1519)'에 대한 내용임을 알 수 있다.

③ 중종 대에 중앙 정계에 진출한 사림 조광조는 급진적인 개혁을 추진하고, 공신들을 대상으로 한 위훈 삭제를 단행하였다. 하지만 훈구 세력이 위훈 삭제에 반발하며 조광조를 비롯한 당시 사림들을 제거하였다.

| 오답해설 |

① 폐비 윤씨의 죽음을 연산군이 알게 되면서 발생한 갑자사화(1504) 이후 연산군이 폐위되었다.

② 서인이 동인을 탄압하면서 발생한 사건은 선조 시기의 정여립 모반 사건(1589)이다.

④ 김종직이 부관참시 당하고 제자들이 피해를 입은 사건은 연산군 때 벌어진 무오사화(1498)이다.

06   중세의 역사 – 고려 〉 중세의 문화 〉 의천

오답률 69.2% | 답 ③

다음 밑줄 친 '그'에 대한 설명으로 가장 적절한 것은?

> 문종의 넷째 아들로 태어나 11세에 출가하여 승려가 되었다. 그는 불교 개혁에 앞장서며 교단 통합 운동을 펼치는 등 고려 불교사에 큰 발자취를 남겼다. 훗날 그의 업적을 기리기 위해 기념비를 세웠는데, 김부식이 추모의 글을 썼다.

① 숙종에게 건의하여 건원중보 등의 화폐 발행을 주도하였다.
② 국청사를 근거지로 선종 중심의 교종 통합 운동을 전개하였다.
③ 편찬 사업을 위해 고려와 송·요의 불교 경전에 대한 주석서를 모았다.
④ 명예와 이익에 집착하는 당시 불교계를 비판하여 결사 운동을 전개하였다.

| 선지별 선택률 |

①	②	③	④
53.8%	7.7%	30.8%	7.7%

| 정답해설 |

제시문의 '문종의 아들로 태어나'를 통해 밑줄 친 '그'가 고려 중기 교종 중심의 불교 통합 운동을 전개한 대각 국사 '의천'임을 알 수 있다.

③ 의천은 고려와 송·요의 불교 경전에 대한 주석서를 모아 『신편제종교장총록』을 편찬하였다.

| 오답해설 |

① 의천은 숙종에게 건의하여 해동통보, 동국통보, 삼한통보 등의 화폐 발행을 주도하였다. 건원중보는 성종 때 만든 철전이다.

②, ④ 명예와 이익에 집착하는 당시 불교계를 비판하여 결사 운동을 전개하고, 송광사를 근거지로 선종 중심의 교종 통합 운동을 전개한 인물은 고려 후기의 승려 지눌이다. 참고로 의천은 국청사를 근거지로 하여 교종 중심의 선종 통합 운동을 전개하였다.

| 더 알아보기 | 대각 국사 의천의 업적

> • 교종 통합 운동
>   – 화엄종＋법상종(중심 사찰: 흥왕사)
>   – 교종 중심 통합 운동: 교종＋선종 통합, 천태종 창시(중심 사찰: 국청사), 의천 사후 교단 분열
> • 교장도감 설치, 『신편제종교장총록』, 『속장경(교장)』 편찬

07   단원통합 〉 신라·고려·조선시대의 지방 행정 제도

오답률 30.8% | 답 ①

다음 군사와 지방 제도의 시행을 시대적 순서에 따라 배열한 것은?

> ㄱ. 5도와 양계의 지방 행정 체제를 정비하였다.
> ㄴ. 향·부곡·소의 특수 행정 구역이 소멸되었다.
> ㄷ. 지방군으로서 10정을 설치하였다.
> ㄹ. 12목을 설치하고 향리제를 마련하였다.

① ㄷ – ㄹ – ㄱ – ㄴ   ② ㄹ – ㄷ – ㄱ – ㄴ
③ ㄷ – ㄹ – ㄴ – ㄱ   ④ ㄹ – ㄷ – ㄴ – ㄱ

| 선지별 선택률 |

①	②	③	④
69.2%	30.8%	0%	0%

| 정답해설 |

① 제시된 제도의 시행 순서는 다음과 같다.

ㄷ. 신라 중대 신문왕은 중앙군 9서당, 지방군으로서 10정을 설치하였다.

ㄹ. 고려 초 성종은 12목을 설치하고 지방관을 파견하였으며, 향리제를 마련하였다.
ㄱ. 고려 초 현종은 5도와 양계의 지방 행정 체제를 정비하였다.
ㄴ. 조선시대에 향·부곡·소의 특수 행정 구역이 일반 군현으로 승격되며 소멸되었다.

08 단원통합 〉 유물·유적의 제작 시기   오답률 30.8% | 답 ④

다음 (가)~(라)의 제작 시기를 순서대로 바르게 나열한 것은?

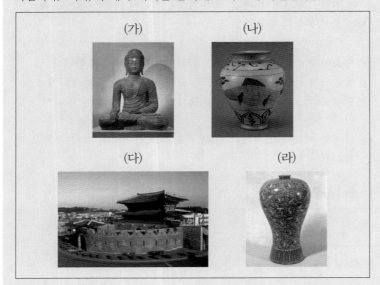

(가)　　　　　　(나)

(다)　　　　　　(라)

① (가) - (라) - (다) - (나)
② (가) - (나) - (다) - (라)
③ (가) - (다) - (라) - (나)
④ (가) - (라) - (나) - (다)

| 선지별 선택률 |

①	②	③	④
7.7%	23.1%	0%	69.2%

| 정답해설 |
④ 제시된 문화유산의 제작 순서는 다음과 같다.
(가) 고려 초 제작된 광주 춘궁리 철불(하남 해창동 철조 석가여래좌상)
(라) 고려 무신 집권 전후부터 후기까지 유행한 상감 청자(12세기 중엽)
(나) 고려 말에서 조선 초까지 유행한 분청사기(14세기 말)
(다) 조선 후기 정조 때 축조된 수원 화성

09 중세의 역사 – 고려 〉 중세의 정치 〉 최충헌   오답률 46.2% | 답 ④

제시문의 밑줄 친 '그'에 대한 설명으로 옳은 것을 〈보기〉에서 고르면?

그는 임금을 폐하고 세우는 것을 자기 마음대로 하였으며, 항상 조정 안에 있으면서 자기 부하들과 함께 가만히 정안(관리들의 근무 성적을 매긴 것)을 가지고 벼슬을 내릴 후보자로 자기 당파에 속하는 자를 추천하는 문안(문서의 초안)을 작성하고, 승선이라는 벼슬 아치에게 주어 임금께 아뢰게 하면 임금이 어쩔 수 없이 그대로 쫓았다. 그리하여 그의 아들 우(후에 이), 손자 항, 항의 아들 의의 4대가 정권을 잡아 그런 관행이 일반화되었다.

－『역옹패설』－

〈보기〉
ㄱ. 강화도로 천도하여 대몽 항쟁을 주도하였다.
ㄴ. 봉사 10조라는 사회 개혁안을 왕에게 제시하였다.
ㄷ. 반대 세력을 제거하기 위해 교정도감을 설치하였다.
ㄹ. 좌·우별초에 신의군을 추가하여 삼별초를 완비하였다.

① ㄱ, ㄴ   ② ㄱ, ㄹ   ③ ㄴ, ㄹ   ④ ㄴ, ㄷ

| 선지별 선택률 |

①	②	③	④
7.7%	38.5%	0%	53.8%

| 정답해설 |
제시문의 '임금을 폐하고', '아들 우, 손자 항, 항의 아들 의의 4대가 정권을 잡아'를 통해 밑줄 친 '그'가 고려 무신 '최충헌'임을 알 수 있다.
ㄴ. 최충헌은 기존 집권자 이의민을 제거한 후, 명종에게 봉사 10조라는 사회 개혁안을 올렸다.
ㄷ. 최충헌은 교정도감과 도방을 설치하여 권력을 장악하였고, 이를 기반으로 4대 60여 년간 정권을 장악하였다(최충헌 – 최우 – 최항 – 최의).

| 오답해설 |
ㄱ, ㄹ. 좌·우별초에 신의군을 추가하여 삼별초를 완비한 인물은 최우이다. 최우는 이후 몽골 항쟁 시기에 강화도로 천도하여 대몽 항쟁을 주도하였다.

10 근대의 역사 – 개항기 〉 근대 국가 수립 운동 〉 근대 개혁안
오답률 38.5% | 답 ②

다음 근대 개혁과 개혁안에 관한 세부 내용들을 시기순으로 바르게 나열한 것은?

ㄱ. 문벌을 폐지하고 인민 평등권을 제정한다.
ㄴ. 외국과의 이권에 관한 조약은 각 대신과 중추원 의장이 합동 날인하여 시행한다.
ㄷ. 7종 천인의 차별을 개선하고 백정이 쓰는 평량갓을 없앤다.
ㄹ. 조혼과 인신매매, 연좌제와 같은 기존의 악습을 철폐한다.

① ㄱ-ㄴ-ㄷ-ㄹ   ② ㄱ-ㄷ-ㄹ-ㄴ
③ ㄴ-ㄷ-ㄹ-ㄱ   ④ ㄴ-ㄷ-ㄱ-ㄹ

| 선지별 선택률 |

①	②	③	④
7.7%	61.5%	15.4%	15.4%

| 정답해설 |
② 제시된 개혁과 개혁안의 순서는 다음과 같다.
ㄱ. 갑신정변(1884) 당시 발표된 14개조 개혁 정강은 문벌을 폐지하고 인민 평등권을 제정하고자 하였다.
ㄷ. 동학 농민 운동(1894) 당시 발표된 폐정 개혁안 12개조에 따라 7종 천인의 차별을 개선하고 백정이 쓰는 평량갓을 없애고자 하였다.
ㄹ. 동학 농민 운동의 폐정 개혁안 12개조 발표 이후 시행된 제1차 갑오개혁(1894)에 따라 조혼과 인신매매, 연좌제와 같은 기존의 악습을 철폐하도록 하였다.
ㄴ. 독립 협회(1896~1898)의 헌의 6조에서 외국과의 이권에 관한 조약은 각 대신과 중추원 의장이 합동 날인하여 시행하도록 주장하였다.

11 근대의 역사 – 개항기 〉 근대 국가 수립 운동 〉 헌의 6조
오답률 46.2% | 답 ③

다음 문서가 발표된 이후에 나타난 역사적 사실로 옳은 것은?

• 국가 재정은 탁지부에서 전관(專管)하고, 예산과 결산을 국민에게 공표할 것
• 중대 범죄를 공판하되, 피고의 인권을 존중할 것
• 칙임관을 임명할 때에는 정부에 그 뜻을 물어서 중의에 따를 것

① 친위대와 진위대의 군대를 조직하였다.
② 서재필이 최초의 한글 신문을 창간하였다.
③ 지계를 발급할 목적으로 지계아문을 설치하였다.
④ 청과 일본을 연결하는 국제 전신망이 개설되었다.

| 선지별 선택률 |

①	②	③	④
30.8%	0%	53.8%	15.4%

| 정답해설 |

제시문의 '탁자부에서 전관', '피고의 인권을 존중' 등을 통해 독립 협회의 관민 공동회에서 발표된 '헌의 6조(1898)'에 대한 내용임을 알 수 있다. 당시 대한제국은 헌의 6조를 수용하여 중추원을 의회로 개편하고자 하였으나, 보수파의 반발로 무산되고, 독립 협회는 강제 해산되었다.

③ 대한제국은 독립 협회 해산(1898) 이후 대한국 국제(1899)를 반포하고, 지계를 발급할 목적으로 지계아문을 설치(1901)하였다.

| 오답해설 |

① 친위대와 진위대의 군대가 조직된 시기는 을미개혁(1895)이다.
② 최초의 한글 신문인 《독립신문》은 서재필이 1896년 창간하였다.
④ 조선에 최초로 전신이 도입된 시기는 1885년으로, 이후 청과 일본을 연결하는 국제 전신망이 개설되었다.

12 단원통합 〉 역사적 인물 간의 갈등   오답률 23.1% | 답 ④

다음 〈보기〉에 제시된 인물 간의 역사적 갈등 사실에 대한 설명으로 적절한 것은?

〈보기〉
ㄱ. 묘청과 김부식   ㄴ. 김상헌과 최명길
ㄷ. 김홍집과 김옥균   ㄹ. 이승만과 김구

① ㄱ - 개경 환도 결정을 둘러싸고 대립하였다.
② ㄴ - 청에 대한 형제 관계 수락 여부로 논쟁을 벌였다.
③ ㄷ - 각각 개화와 위정척사론에 입각하여 대립하였다.
④ ㄹ - 유엔 소총회의 단독 정부 수립 수용 여부를 놓고 대립하였다.

| 선지별 선택률 |

①	②	③	④
0%	0%	23.1%	76.9%

| 정답해설 |

④ 이승만(단독 정부론)과 김구(통일 정부론)는 광복 이후 유엔 소총회의 남한 단독 정부 수립 수용 여부를 놓고 대립하였다.

| 오답해설 |

① 묘청(서경파)과 김부식(개경파)은 고려 중기 서경 천도를 둘러싸고 대립하였다.
② 김상헌(주전론)과 최명길(주화론)은 병자호란 시기 청에 대한 군신 관계 수용 여부로 논쟁을 벌였다.
③ 김홍집(온건 개화파)과 김옥균(급진 개화파)은 근대 시기 개화의 범위와 속도를 둘러싸고 대립하였다.

13 일제강점기 〉 일제의 식민 통치와 항일 민족 운동 〉 의열단   오답률 38.5% | 답 ①

다음 선언을 지침으로 삼은 단체에 대한 설명으로 옳지 않은 것은?

강도 일본을 쫓아내려면 오직 혁명으로만 가능하며, 혁명이 아니고는 강도 일본을 쫓아낼 방법이 없는 바이다. …… 우리의 민중을 깨우쳐 강도의 통치를 타도하고 우리 민족의 신생명을 개척하자면 양병 10만이 폭탄을 한 번 던진 것만 못하며, 천억 장의 신문, 잡지가 한 번의 폭동만 못할지니라.……

① 단원 김익상은 종로 경찰서에 폭탄을 투척하였다.
② 김원봉, 윤세주 등이 만주 지린성에서 조직하였다.
③ 폭력 투쟁을 통한 민중 직접 혁명을 달성하려 하였다.
④ 단원들이 황푸 군관 학교에 입교하여 간부 교육을 받았다.

| 선지별 선택률 |

①	②	③	④
61.5%	15.4%	0%	23.1%

| 정답해설 |

제시문은 신채호가 작성한 '조선 혁명 선언(1923)'으로 '의열단'의 행동 강령이다. 만주 지린성에서 김원봉과 윤세주가 조직한 의열단은 신채호의 조선 혁명 선언을 통해 외교론, 실력 양성론, 자치론 등을 비판하고 폭력에 의한 민중 혁명을 주장하였다. 이러한 논조를 기반으로 의열단은 개인 폭력 투쟁을 통한 민중 직접 혁명을 달성하려 하였다. 그러나 1920년대 후반 이후 조직적 무장 투쟁의 필요성을 느끼고 의열단원들은 황포(황푸) 군관 학교에 입교하여 군사 교육을 받고, 이후 조선 혁명 간부 학교를 설립하였다.

① 의열단원 김익상은 조선 총독부에 폭탄을 투척하였다. 종로 경찰서에 폭탄을 투척한 인물은 김상옥이다.

| 더 알아보기 | 의열단원의 활동

- 박재혁: 부산 경찰서 투폭(1920)
- 최수봉: 밀양 경찰서 투폭(1920)
- 김익상: 조선 총독부 투폭(1921)
- 오성륜, 김익상: 황포탄 의거(다나카 저격 시도, 1922)
- 김상옥: 종로 경찰서 투폭(1923)
- 김지섭: 도쿄 궁성 이중교 폭파(1924)
- 나석주: 동양 척식 주식회사, 식산 은행 투폭(1926)

14 근대의 역사 – 개항기 〉 일제의 침략과 국권 수호 운동 〉 을사조약   오답률 53.8% | 답 ③

다음 문서와 관련된 설명으로 가장 적절한 것은?

대일본 제국 정부는 대한제국 황제 밑에 1명의 통감을 두되, 통감은 오직 외교에 관한 사항을 관리하기 위해 경성에 주재하고 친히 대한제국 황제 폐하를 알현하는 권리를 갖는다.

① 일본이 대한제국의 국외 중립 선언을 무시하고 체결하였다.
② 체결의 부당함을 알리고자 황현이 「절명시」를 남기고 자결하였다.
③ 대한제국 내의 외국 공사관들이 철수하게 되는 계기가 되었다.
④ 대한제국은 시정 개선에 관하여 통감의 지휘를 받게 되었다.

| 선지별 선택률 |

①	②	③	④
7.6%	23.1%	46.2%	23.1%

| 정답해설 |

제시문의 '통감을 두되'를 통해 통감부를 설치하고 책임자 통감을 파견한다는 의미를 파악할 수 있다. 따라서 제시문이 을사늑약(제2차 한·일 협약, 1905)에 대한 내용임을 알 수 있다.

③ 대한제국은 을사늑약 체결 이후 외교권을 상실하게 되었으며, 대한제국이 외교권을 상실하자 외국 공사관들이 국내에서 철수하였다.

| 오답해설 |

① 고종은 대외 중립을 선언하였으나 러·일 전쟁이 발발하자 일본은 이를 무시하고 한·일 의정서(1904) 체결을 강요하였다.
② 황현은 한·일 병합 조약(1910)이 체결되어 국권을 상실하자 「절명시」를 남기고 자결하였다.
④ 대한제국은 1907년 고종의 강제 퇴위 이후 체결된 한·일 신협약(1907)으로 인하여 시정 개선에 관하여 통감의 지휘를 받게 되었다.

오답률 TOP 1

15 일제강점기 > 일제의 식민 통치와 항일 민족 운동 > 이광수의 「민족적 경륜」
(자치론)
오답률 76.9% | 답 ③

다음의 주장이 발표된 시기로 옳은 것은?

> 지금의 조선 민족에게는 왜 정치적 생활이 없는가? …… 일본이 조선을 병합한 이래로 조선인에게는 모든 정치 활동을 금지한 것이 첫째 원인이다. …… 지금까지 해 온 정치적 운동은 모두 일본을 적대시하는 운동뿐이었다. 이런 종류의 정치 운동은 해외에서나 할 수 있는 일이고, 조선 내에서는 허용되는 범위 내에서 일대 정치적 결사를 조직해야 한다는 것이 우리의 주장이다.

	(가)	(나)	(다)	(라)	
조선 태형령 제정		3·1 운동 발생	조선 물산 장려회 조직	미쓰야 협정 체결	신간회 설립

① (가) ② (나) ③ (다) ④ (라)

| 선지별 선택률 |

①	②	③	④
23.1%	15.3%	23.1%	38.5%

| 정답해설 |
제시문은 1924년 이광수가 〈동아일보〉에 기고한 「민족적 경륜」에 대한 내용이다.
③ 「민족적 경륜」은 조선 물산 장려회 조직(1920)과 미쓰야 협정 체결(1925) 사이인 (다) 시기에 발표되었다.

| 오답해설 |
- 조선 태형령 제정(1912)
- 3·1 운동 발생(1919)
- 조선 물산 장려회 조직(1920)
- 미쓰야 협정 체결(1925)
- 신간회 설립(1927)

| 더 알아보기 | 「민족적 경륜」과 1920년대 상황

> 이광수는 「민족적 경륜」에서 자치론을 주장하였다. 1920년대 당시는 조선 물산 장려회(1920), 민립 대학 설립 기성회가 조직(1923)되어 민족주의 세력의 실력 양성이 본격화되었으나 그 성과를 거두지 못하고 타협적 민족주의자들의 자치론이 본격 확산되는 시기였다. 이에 비타협적 민족주의 계열과 사회주의자들은 6·10 만세 운동(1926)을 계기로 민족 유일당 운동을 전개하여 1927년 신간회를 설립하게 된다.

16 일제강점기 > 일제의 식민 통치와 항일 민족 운동 > 김구
오답률 15.4% | 답 ①

밑줄 친 '나'의 활동으로 옳은 것은?

> 아침 일찍 프랑스 공무국에서 비밀리에 통지가 왔다. 과거 10년간 프랑스 관헌이 나를 보호하였으나, 이번에 나의 부하가 일왕에게 폭탄을 던진 것에 대해서는 일본의 체포 및 인도 요구를 거절할 수 없다는 것이다. 중국 국민당 기관지 〈국민일보〉는 "한국인이 일왕을 저격했으나 불행히도 맞지 않았다."고 썼다.

① 한국 광복 운동 단체 연합회 결성을 주도하였다.
② 대한민국 임시 정부 초대 대통령에 선출되었다.
③ 5차 개헌 헌법에 근거하여 부주석으로 취임하였다.
④ 쌍성보·대전자령 등에서 일본군을 격파하였다.

| 선지별 선택률 |

①	②	③	④
84.6%	7.7%	7.7%	0%

| 정답해설 |
제시문의 '일왕에게 폭탄을 던진 것'은 '한인 애국단원' 윤봉길의 홍커우 의거이다. 한인 애국단은 김구가 대한민국 임시 정부에 활력을 불어넣기 위하여 조직(1931)한 의열 단체로, 따라서 제시문의 '나'는 '김구'이다.
① 김구는 1937년 한국 광복 운동 단체 연합회 결성을 주도하여 통합을 꾀하였다.

| 오답해설 |
② 대한민국 임시 정부 초대 대통령에 선출된 사람은 이승만이다.
③ 1944년 5차 개헌 헌법에 근거하여 대한민국 임시 정부의 부주석으로 취임한 인물은 김규식이다.
④ 1930년대 초 쌍성보·대전자령 등에서 일본군을 격파한 단체는 지청천이 이끈 한국 독립군이다.

17 현대의 역사 > 대한민국 정부의 수립과 6·25 전쟁 > 6·25 전쟁 당시의 전선
오답률 30.8% | 답 ②

아래의 지도에서 ㄱ~ㄹ은 6·25 전쟁의 전선 이동을 순서대로 나타낸 것이다. 이에 대한 설명으로 옳은 것은?

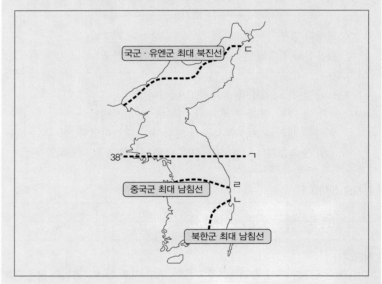

① ㄱ에서 ㄴ으로 변화하는 시기를 1·4 후퇴라고 한다.
② ㄴ에서 ㄷ으로 변화하는 시기에 인천 상륙 작전이 성공하였다.
③ ㄷ에서 ㄹ로 변화하는 시기에 휴전 협상이 시작되었다.
④ ㄹ 이후에 미국에서 애치슨 선언이 발표되었다.

| 선지별 선택률 |

①	②	③	④
7.7%	69.2%	15.4%	7.7%

| 정답해설 |
ㄱ. 6·25 전쟁 발발 이전의 38도선
ㄴ. 북한의 기습 남침 이후 후퇴한 낙동강 방어선
ㄷ. 인천 상륙 작전 이후의 국군과 유엔군의 최대 북진선
ㄹ. 중국군 개입 이후 후퇴한 전선
② ㄴ에서 ㄷ으로 변화하는 시기에 인천 상륙 작전이 성공하였다.

| 오답해설 |
① 1·4 후퇴는 ㄷ에서 ㄹ로 변화하는 시기에 발생하였다.
③ ㄹ 이후 시기에 휴전 협상이 시작되었다.
④ 미국의 애치슨 선언(1950. 1. 12.)은 6·25 전쟁 이전에 발표되었다.

18 현대의 역사 〉 민주주의의 시련과 발전 〉 김영삼 정부
오답률 23.1% | 답 ③

다음 담화문을 발표한 정부에 대한 설명으로 가장 옳은 것은?

> 저는 이 순간 엄숙한 마음으로 헌법 제76조 1항의 규정에 의거하여, 금융 실명 거래 및 비밀 보장에 관한 대통령 긴급 재정 경제 명령을 발표합니다. 아울러, 헌법 제47조 3항의 규정에 따라, 대통령의 긴급 재정 경제 명령을 심의·승인하기 위한 임시 국회 소집을 요청하고자 합니다.

① 삼청 교육대가 만들어졌다.
② 지방 자치제를 부분 실시하였다.
③ 역사 바로 세우기 정책을 시행하였다.
④ 중학교 입학 무시험 제도가 시행되었다.

| 선지별 선택률 |

①	②	③	④
7.7%	7.7%	76.9%	7.7%

| 정답해설 |
제시문의 '금융 실명 거래'를 통해 '김영삼 정부(문민정부, 1993~1998)' 시기에 실시된 '금융 실명제' 정책임을 알 수 있다.
③ 김영삼 정부는 역사 바로 세우기 정책의 일환으로 하나회를 해체하고 전두환, 노태우를 구속하였으며, 총독부 건물을 철거하였다.

| 오답해설 |
① 삼청 교육대는 전두환 신군부 시기에 만들어졌다.
② 지방 자치제는 노태우 정부 시기에 부분적으로 실시하였으며, 김영삼 정부 때 전면 실시되었다.
④ 중학교 입학 무시험 제도(1969)는 1960년대 박정희 3공화국 시기에 시행되었다.

| 더 알아보기 | 민주화 이후의 정부

노태우 정부 (1988~1993)	• 특징: 여소 야대 → 3당 합당으로 여대 야소로 변화 • 외교 - 북방 외교 정책(공산권과 수교) - 남북한 UN 동시 가입(1991), 남북 기본 합의서(1991) • 지방 자치제 부분 실시(1991) • 서울 올림픽 개최(1988)
김영삼 정부 (문민정부, 1993~1998)	• 경제 - 금융 실명제 실시(1993) - 시장 개방, OECD 가입(1996) - 외환 위기 발생(1997) • 전면적 지방 자치제 실시(1995) • 역사 바로 세우기 운동: 총독부 건물 철거, 전두환·노태우 구속, 하나회 척결
김대중 정부 (국민의 정부, 1998~2003)	• 특징: 최초 평화적 여·야 정권 교체 • 경제: 외환 위기 극복(금 모으기 운동, 노·사·정 위원회) • 대북 관계 - 햇볕 정책, 금강산 관광 시행 - 남북 정상 회담(2000), 6·15 남북 공동 선언 채택
노무현 정부 (참여정부, 2003~2008)	• 특징: 권위주의 청산 • 주요 사건 - 행정 수도 이전 시도 - 최초의 대통령 탄핵 심판(기각 처리) • 대북 관계: 제2차 남북 정상 회담 실시(2007), 10·4 남북 공동 선언 채택

19 일제강점기 〉 민족 문화 수호 운동 〉 신채호
오답률 30.8% | 답 ②

다음 내용을 작성한 인물에 대한 내용으로 옳은 것은?

> 역사란 무엇이뇨. 인류 사회의 아(我)와 비아(非我)의 투쟁이 시간에서 발전하여 공간까지 확대되는 심적 활동 상태의 기록이니, 세

> 계사라 하면 세계 인류의 그리되어 온 상태의 기록이며, 조선사라 하면 조선 민족이 그리되어 온 상태의 기록이니라. 그리하여 아(我)에 대한 비아(非我)의 접촉이 많을수록 비아(非我)에 대한 아(我)의 투쟁이 더욱 맹렬하여 인류 사회의 활동이 휴식할 사이가 없으며, 역사의 전도가 완결될 날도 없다. 그러므로 역사는 아(我)와 비아(非我)의 투쟁이다.

① 대한민국 임시 정부 2대 대통령으로 취임하였다.
② 신민회에 가담하여 독립운동 기지 건설을 촉구하였다.
③ 「오천년간 조선의 얼」을 통해 민족정신을 강조했다.
④ 광복 직후 조선 건국 준비 위원회를 조직하였다.

| 선지별 선택률 |

①	②	③	④
15.4%	69.2%	15.4%	0%

| 정답해설 |
제시문의 '아(我)와 비아(非我)의 투쟁'을 통해 '신채호'의 『조선상고사』에 대한 내용임을 알 수 있다. 신채호는 국권 피탈 시기에 〈대한매일신보〉에 「독사신론」을 지어 민족주의 역사학을 정립하고 식민 사관을 비판했으며, 「을지문덕전」을 간행하여 민족의 자주정신을 일깨웠다. 또한 폭력을 통한 독립운동을 강조한 「조선 혁명 선언(1923)」을 작성하기도 하였다.
② 구한말 신채호는 신민회에 가담하여 독립운동 기지 건설을 촉구하였다.

| 오답해설 |
① 대한민국 임시 정부 2대 대통령으로 취임한 인물은 박은식이다.
③ 「오천년간 조선의 얼」은 민족주의 사학자 정인보의 저술이다.
④ 광복 직후 조선 건국 준비 위원회를 조직한 인물은 여운형이다.

20 현대의 역사 〉 현대의 경제·사회·문화 발전 〉 유신 체제의 사회
오답률 30.8% | 답 ③

다음 밑줄 친 '정부' 시기의 사회 모습으로 옳은 것은?

> 정부는 경범죄 처벌법을 개정하여 '성별을 알아볼 수 없을 정도의 장발을 한 남자, 또는 미풍양속을 해하는 저속한 옷차림을 하거나 장식물을 달고 다니는 자'를 경범죄 유형으로 추가하였다. 정부는 이를 근거로 젊은이들의 장발과 미니스커트 착용을 대대적으로 단속하였다.

① 프로 야구와 프로 축구가 정식 출범하였다.
② 과외 전면 금지와 대학 졸업 정원제 정책이 시행되었다.
③ 농촌 현대화 사업을 위한 새마을 운동이 본격 전개되었다.
④ 동유럽 공산 국가들과의 수교를 목적으로 북방 외교 정책이 추진되었다.

| 선지별 선택률 |

①	②	③	④
30.8%	0%	69.2%	0%

| 정답해설 |
밑줄 친 '정부'는 장발과 미니스커트를 단속하며 국민의 자유를 통제했던 1970년대 '박정희 정부(유신 체제)'이다.
③ 농촌 현대화 사업인 새마을 운동은 박정희 정부 시기인 1970년대 본격화되었다.

| 오답해설 |
①, ② 프로 야구는 전두환 정부의 3S 정책의 일환으로 출범하였다. 과외 금지와 대학 졸업 정원제 역시 전두환 정부의 정책이다.
④ 노태우 정부 시기에 들어 동유럽 공산 국가들과의 수교를 목적으로 북방 외교 정책이 추진되었다.

문제편 p.62

01	①	02	①	03	③	04	③	05	②
06	②	07	③	08	②	09	②	10	②
11	①	12	①	13	②	14	③	15	③
16	②	17	②	18	③	19	①	20	②

▶ 풀이시간: /13분 나의 점수: /100점

01 우리 역사의 기원과 형성 > 국가의 형성 > 삼한   오답률 46.2% | 답 ①

제시문에서 설명하는 나라에 대한 설명으로 옳은 것은?

> 초가에 흙방을 만들어 산다. 마치 무덤과 같다. 해마다 5월이면 씨 뿌리기를 마치고 귀신에게 제사 지낸다. 떼지어 모여서 노래와 춤을 즐긴다. 술 마시고 노는데 밤낮을 가리지 않는다. 10월에 농사일을 마치고 나서도 이렇게 한다. 귀신을 믿기 때문에 국읍에 각각 한 사람씩 세워 천신의 제사를 주관하게 한다. 이를 천군이라 한다. 여러 날에는 각각 소도라고 하는 별읍이 있다.

① 목곽 주변에 도랑을 두른 주구묘를 설치하였다.
② 방직 기술이 발달하여 명주, 삼베가 유명하였다.
③ 무덤 입구에 쌀을 담은 항아리를 매달아 두었다.
④ 대가들은 대사자, 사자라고 불리는 관리를 거느렸다.

| 선지별 선택률 |

①	②	③	④
53.8%	15.4%	30.8%	0%

| 정답해설 |
제시문의 '5월, 10월', '천군', '소도' 등을 통해 초기 국가 '삼한'의 풍습에 관한 내용임을 알 수 있다. 삼한은 벼농사가 발달하였으며, 특히 삼한 중 변한에서는 철이 많이 생산되었다.
① 삼한에서는 목곽 주변에 해자 형식의 도랑을 두른 주구묘를 설치하기도 하였다.

| 오답해설 |
② 방직 기술이 발달하여 명주, 삼베가 유명한 국가는 동예이다.
③ 무덤 입구에 쌀을 담은 항아리를 매달아 죽은 자의 양식으로 두는 풍습을 가진 국가는 옥저이다.
④ 대가들이 대사자, 사자라고 불리는 관리를 거느린 국가는 부여이다.

02 고대의 역사 > 고대의 정치 > 발해   오답률 7.7% | 답 ①

다음 발해의 발전 과정에서 발생한 역사적 사실들을 순서대로 바르게 나열한 것은?

> ㄱ. 국호를 진에서 발해로 정하고 발해 군왕에 책봉되었다.
> ㄴ. 일본과 국교를 체결하여 우호 관계를 형성하였다.
> ㄷ. 건흥이라는 연호를 사용하였다.
> ㄹ. 수도를 중경 현덕부에서 상경 용천부로 천도하였다.

① ㄱ - ㄴ - ㄹ - ㄷ
② ㄱ - ㄷ - ㄴ - ㄹ
③ ㄴ - ㄱ - ㄷ - ㄹ
④ ㄴ - ㄹ - ㄷ - ㄱ

| 선지별 선택률 |

①	②	③	④
92.3%	0%	7.7%	0%

| 정답해설 |
① 제시된 사건의 순서는 다음과 같다.
ㄱ. 7세기 말 건국된 발해는 초대 고왕 시기에 국호를 진에서 발해로 정하여 당으로부터 발해 군왕에 책봉되었다.
ㄴ. 8세기 초 무왕 시기에 일본과 국교를 체결하여 우호 관계를 형성하였다.
ㄹ. 8세기 후반 문왕은 수도를 중경 현덕부에서 상경 용천부로 천도하였다.
ㄷ. 9세기 초 선왕은 건흥이라는 연호를 사용하였다.

오답률 TOP 3

03 고대의 역사 > 고대의 문화 > 고분   오답률 53.8% | 답 ③

다음 (가), (나) 고분 양식에 대한 설명으로 옳은 것은?

> 한강 유역에 있던 초기 한성 시기에는 [(가)] 무덤을 만들었는데, 서울 석촌동에 일부가 남아 있다. 웅진 시기에 이르러 굴식 돌방무덤 또는 널방을 벽돌로 쌓은 [(나)] 무덤 양식으로 바뀌었다. 이 무덤은 중국 남조의 영향을 받은 것이다. 사비 시기에는 규모는 작지만 세련된 굴식 돌방무덤이 주로 만들어졌다.

① (가) - 백제만의 고유한 고분 양식이다.
② (가) - 입구가 존재하지 않아 도굴이 어려운 편이다.
③ (나) - 벽과 천장에 사신도와 같은 벽화가 일부 남아 있다.
④ (나) - 정혜 공주 무덤과 유사한 천장 구조를 가지고 있다.

| 선지별 선택률 |

①	②	③	④
15.4%	23%	46.2%	15.4%

| 정답해설 |
(가) 백제 한성 시기에는 '돌무지무덤'이 유행하였으며, 석촌동 고분이 대표적이다.
(나) 웅진 시기에 중국 남조의 영향을 받은 양식은 '벽돌무덤'으로, 무령왕릉과 송산리 6호분이 대표적이다.
③ 웅진 시기에 제작된 송산리 6호분 무덤에는 벽과 천장에 사신도 등의 벽화가 그려져 있다. 다만 같은 벽돌무덤 양식인 무령왕릉에는 벽화가 남아 있지 않다.

| 오답해설 |
① 백제의 돌무지무덤은 초기 고구려의 무덤인 '계단식 돌무지무덤'과 유사한 양식을 가지고 있으며, 이를 통해 백제의 지배층이 고구려 계통임을 알 수 있다.
② 입구가 존재하지 않아 도굴이 어려운 무덤 양식은 신라 초기의 돌무지덧널무덤이다.
④ 발해의 정혜 공주 무덤은 모줄임천장 구조를 가지고 있으며, 이는 주로 고구려에서 제작된 굴식 돌방무덤에서 발견된다.

| 더 알아보기 | 고대의 고분

구분		특징	대표 유적
고구려	초기	돌무지무덤	장군총
	후기	• 굴식 돌방무덤 • 벽화: 초기에는 생활 모습이 담긴 벽화가 발견되다가 점차 상징적인 추상화로 변모 • 도굴이 쉬운 구조(입구 존재)	• 무덤: 무용총, 각저총, 쌍영총, 강서 대묘 등 • 벽화: 묘주도, 수렵도, 씨름도, 사신도 등
백제	한성 시기	• 돌무지무덤 • 고구려 초기 무덤과 유사	석촌동 고분군
	웅진 시기	• 굴식 돌방무덤 • 벽돌무덤: 중국 남조 방식 • 무령왕릉 – 벽돌무덤 양식 – 송산리 고분군 배수로 공사 중 발견(1971) – 무령왕릉 지석: 무덤 주인과 능 건립 연대 확인 가능(영동대장군 사마왕), 토지신이 언급되어 도교적인 성향을 보여줌	• 굴식 돌방무덤: 공주 송산리 고분군(벽화 발견) • 벽돌무덤: 무령왕릉(벽화 없음), 송산리 6호분(벽화 발견)
	사비 시기	굴식 돌방무덤	부여 능산리 고분군(벽화 발견)
신라	초기	• 돌무지덧널무덤 • 벽화가 발견되지 않음 • 입구가 없어 도굴이 어려움	천마총(천마도 발견), 황남대총, 호우총(호우명 그릇 발견)
	후기	굴식 돌방무덤	어숙묘(벽화 발견)
통일 신라		• 굴식 돌방무덤 • 불교의 영향으로 매장보다는 화장이 유행	김유신 무덤(12지 신상)
발해		• 굴식 돌방무덤: 고구려 방식 • 벽돌무덤: 당나라 방식	• 굴식 돌방무덤: 정혜 공주 무덤(모줄임천장, 돌사자상) • 벽돌무덤: 정효 공주 무덤(벽화 발견, 도교의 영향)

04 중세의 역사 – 고려 〉중세의 문화 〉지눌　　오답률 38.5% | 답 ③

제시문의 글을 남긴 승려에 대한 설명으로 옳은 것은?

> 마음 밖에서 부처를 찾아 헤매던 사람들이 선각자의 가르침을 통해 자신의 본성을 보게 되면, 여러 부처와 더불어 털끝만큼도 다르지 않은 본성이 본래부터 갖추어져 있음을 안다. 하지만 깨달은 본성이 부처와 다르지 않다 하더라도, 어려서부터 계속된 습성을 갑자기 버리기 어렵다. 곧 깨닫고 닦음에 의하여 점차 습성을 버리고 오랜 세월 지나는 동안 성인의 경지에 이르게 된다.

① 내외겸전을 주창하였다.
② 성상융회를 표방하였다.
③ 수선사 결사를 조직하였다.
④ 「무애가」를 지어 불교 대중화에 기여하였다.

| 선지별 선택률 |

①	②	③	④
23.1%	7.7%	61.5%	7.7%

| 정답해설 |
제시문은 고려 후기 '보조 국사 지눌'의 '돈오점수' 사상을 설명하고 있다. 선종 승려인 지눌은 깨달음을 강조하며 깨닫고 또 깨달을 것(돈오점수)을 주장하였다.
③ 지눌은 송광사를 거점으로 한 수선사 결사 운동을 통해 참선과 선 수행, 독경의 방법을 제시하였다.

| 오답해설 |
① 교관겸수와 내외겸전을 주창한 인물은 고려 중기의 의천이다.
② 성상융회를 표방한 인물은 고려 초의 균여이다.

---

④ 「무애가」를 지어 불교 대중화에 기여한 인물은 신라 중대의 원효이다.

| 더 알아보기 | 의천과 지눌

의천 (대각 국사)	• 교종 통합 운동(화엄종 + 법상종, 흥왕사 중심) – 교종 중심으로 선종 통합: 천태종 창시(국청사) • 교관겸수 · 내외겸전 주장 • 교장도감 설치, 『신편제종교장총록』 · 『교장』(속장경) 편찬 • 의천 사후 교단 분열
지눌 (보조 국사)	• 선종 중심으로 교종 통합: 조계종 정립과 발전(송광사) • 정혜쌍수 · 돈오점수 주장 • 『권수정혜결사문』 편찬: 독경 · 선 수행 · 노동 강조 • 수선사 결사

05 중세의 역사 – 고려 〉중세의 정치 〉충선왕　　오답률 15.4% | 답 ②

다음의 밑줄 친 '그'의 업적으로 옳은 것을 〈보기〉에서 모두 고르면?

> 그가 신진 사대부에 권력을 맡기고자 한 이유는 무엇보다도 기존의 권문세족을 억제하기 위해서였다. 그는 일찍이 볼모로 원나라에 갔다가 나이가 많은 부왕의 양위를 받아 즉위하였다. 그는 왕위에 오르자 사림원을 설치하여 개혁을 추진하고 옛 폐해에 젖은 정방을 폐지하였다. 젊고 뛰어난 인재를 등용하여 낡은 기성세력을 억제하려 하였던 것은 너무나 당연한 일이었다. 부왕이 재즉위한 지 10년 만에 세상을 떠나자 그가 다시 즉위하게 되었다.

〈보기〉
ㄱ. 연경에 만권당을 설치하였다.
ㄴ. 정동행성이문소를 폐지하였다.
ㄷ. 성균관을 순수 유학 교육 기관으로 개편하였다.
ㄹ. 각염법을 제정하여 소금의 전매 제도를 실시하였다.

① ㄱ, ㄴ　　　　　　　　② ㄱ, ㄹ
③ ㄴ, ㄷ　　　　　　　　④ ㄷ, ㄹ

| 선지별 선택률 |

①	②	③	④
0%	84.6%	15.4%	0%

| 정답해설 |
제시문의 밑줄 친 '그'는 부왕인 충렬왕의 왕위를 이어받아 즉위한 고려 원 간섭기의 '충선왕'이다. 충선왕은 사림원을 설치하고 정방을 폐지하는 업적을 세웠다.
ㄱ, ㄹ. 충선왕은 각염법을 제정하여 소금의 전매 제도를 실시하였으며, 원나라 연경에 만권당을 설치하여 학문의 교류를 추진하였다.

| 오답해설 |
ㄴ, ㄷ. 내정 간섭 기구 정동행성이문소의 폐지와 성균관을 순수 유학 교육 기관으로 개편한 왕은 공민왕이다.

06 중세의 역사 – 고려 〉중세의 경제 〉시정 전시과　　오답률 23.1% | 답 ②

제시문의 제도에 대한 설명으로 옳은 것은?

> 비로소 직관(職官) · 산관(散官)의 각 품(品)의 전시과를 제정하였는데 …… 다만 인품(人品)만 가지고 전시과의 등급을 결정하였다. …… 자삼(紫衫) 이상은 18품으로 나누었다.
> ……
> 이하 잡직 관리(雜吏)에게도 각각 인품에 따라서 차이를 두고 나누어 주었다. 그리고 이 해 전시과 등급에 들지 못한 자는 모두 전지 15결을 주었다.

① 세습 기반 토지인 수신전과 휼양전을 지급하였다.
② 4색 공복을 참작하여 관리들에게 토지를 분배하였다.
③ 성행(性行)의 선악과 공로의 대소에 따라 토지를 분배하였다.
④ 산직보다 실직을, 무관보다 문관을 우대하여 토지를 지급하였다.

| 선지별 선택률 |

①	②	③	④
0%	76.9%	7.7%	15.4%

| 정답해설 |
제시문의 '직관(현직)·산관(전직)', '인품', '자삼 이상은 18품으로 나누었다.'를 통해 경종 때 제정된 '시정 전시과'임을 알 수 있다.
② 시정 전시과는 4색 공복을 참작하여 전·현직 관리들에게 토지를 분배하였다.

| 오답해설 |
① 세습이 가능한 수신전과 휼양전은 고려 말 공양왕 때 제정된 과전법을 통해 과부와 고아들에게 지급되었다.
③ 성행(性行)의 선악과 공로의 대소에 따라 토지를 분배한 제도는 고려 태조 때 제정된 역분전이다.
④ 산직(전직)보다 실직(현직)을, 무관보다 문관을 우대하여 지급한 토지는 고려 목종 때 제정된 개정 전시과이다.

오답률 TOP 1

07 단원통합 〉 고려시대와 조선시대에 편찬된 서적　오답률 69.2% | 답 ③

다음 서적과 관련된 내용으로 옳은 것을 〈보기〉에서 모두 고른 것은?

〈보기〉
ㄱ. 『동국병감』 - 우리나라의 역대 전쟁사를 정리하였다.
ㄴ. 『향약구급방』 - 중국 의서와 국내 의서를 망라하여 편찬된 의학 백과사전이다.
ㄷ. 『해동역사』 - 중국과 일본의 자료를 참고하여 민족사 인식을 확대하였다.
ㄹ. 『금석과안록』 - 우리나라의 환경에 맞는 농법을 정리하였다.

① ㄱ, ㄴ
② ㄴ, ㄷ
③ ㄱ, ㄷ
④ ㄴ, ㄹ

| 선지별 선택률 |

①	②	③	④
23.1%	30.7%	30.8%	15.4%

| 정답해설 |
ㄱ. 『동국병감』은 조선 초 문종 때 우리나라의 역대 전쟁사를 정리한 저서이다.
ㄷ. 『해동역사』는 조선 후기에 한치윤이 저술한 역사서로서 중국과 일본의 자료를 참고하여 민족사 인식을 확대하였다.

| 오답해설 |
ㄴ. 『향약구급방』은 고려 고종 때 우리 풍토에 맞는 약재와 치료법을 정리·편찬한 현존하는 최고(最古)의 의학서이다. 중국 의서와 국내 의서를 망라하여 편찬한 의학서는 조선 세종 때 편찬된 『의방유취』이다.
ㄹ. 『금석과안록』은 19세기 김정희가 편찬하였으며, 북한산비가 진흥왕 순수비임을 고증하였다. 우리나라 환경에 맞는 농법을 정리한 농서는 조선 세종 때 편찬된 『농사직설』이다.

08 근세의 역사 – 조선 전기 〉 근세의 정치 〉 임진왜란
오답률 15.4% | 답 ②

다음 연표의 (가)~(라) 시기에 해당하는 사건을 〈보기〉에서 고른 것은?

(가)	(나)	(다)	(라)
부산성 함락	한양 함락	평양성 함락	정유재란 발발	노량 해전 승리

〈보기〉
(가) 신립이 이끄는 관군이 충주 전투에서 패하였다.
(나) 김시민의 활약으로 진주에서 왜군을 격파하였다.
(다) 이순신이 이끄는 수군이 옥포 해전에서 첫 승리를 거두었다.
(라) 명량 해전에서 승리하였다.

① (가), (나)
② (가), (라)
③ (나), (라)
④ (다), (라)

| 선지별 선택률 |

①	②	③	④
0%	84.6%	0%	15.4%

| 정답해설 |
(가) 1592년 왜군의 침략으로 부산·동래·상주가 차례로 함락(1592. 4.)되었다. 이후 충주성에서 신립이 이끄는 관군이 전투를 벌였으나 왜군에게 패배하였다(충주 탄금대 전투, 1592. 4.).
(라) 임진왜란 중 진행된 화의 교섭의 결렬로 1597년 정유재란이 발발하였다. 정유재란 시기 이순신은 13척의 배로 133척의 왜선을 격파하여 명량 해전(1597. 9.)을 승리로 거두었다. 하지만 이순신은 이후 노량 해전에서 왜군이 쏜 화살에 의해 전사하였다.

| 오답해설 |
(나) 김시민의 활약으로 진주에서 왜군을 격파한 시기(진주 대첩, 1592. 10.)는 평양성 함락 이후로 연표상 (다)에 해당한다.
(다) 이순신이 이끄는 수군이 첫 승리를 거둔 옥포 해전(1592. 5.)은 평양성 함락 이전으로 연표상 (나)에 해당한다.

| 더 알아보기 | 임진왜란 주요 사건

1592. 4.	• 왜군의 침략 • 부산성(정발)·동래성(송상헌)·상주(이일) 전투 • 충주 탄금대 전투(신립)
5.	• 한양 함락 • 옥포 해전(이순신이 이끄는 수군의 첫 승리) • 삼천포(사천) 해전(거북선의 최초 사용)
6.	평양성 함락
7.	• 한산도 대첩(이순신) • 이치 전투(권율)
10.	진주 대첩(김시민)
1593. 1.	평양성 탈환(조·명 연합군)
2.	행주 대첩(권율)
1596. 7.	칠천량 해전(원균의 패전)
1597. 9.	명량 대첩(이순신, 13척의 배로 왜선 133척 격파)
11.	노량 해전(이순신의 전사)

오답률 TOP 2

09 근대 태동기의 역사 – 조선 후기 〉 근대 태동기의 문화 〉 정약용
오답률 66.7% | 답 ②

다음 글의 글쓴이에 대한 설명으로 옳은 것은?

목자(牧者)가 백성(百姓)을 위하여 있는가, 백성이 목자를 위하여 있는가. 백성이라는 것은 곡식과 피륙을 제공하여 목자를 섬기고, 또 가마와 말을 제공하여 목자를 송영하는 것이다. 결국 백성은 피와 살과 정신까지 바쳐 목자를 살찌게 하는 것이니, 이것으로 보자면 백성이 목자를 위하여 존재하는 것이 아닌가.

– 『원목(原牧)』 –

① 중국 중심의 역사관에서 벗어나 우리 역사의 독자적 체계를 세웠다.
② 중앙 행정 개혁에 대한 저서를 남겼다.

③ 존언과 만물일체설로 지행합일 이론을 체계화하였다.

④ 성리학을 비판하다가 사문난적으로 몰리기도 하였다.

| **선지별 선택률** |

①	②	③	④
0%	33.3%	16.7%	50%

| **정답해설** |

제시문은 '정약용'이 저술한 『원목』이다. 이 글에서 정약용은 민본 사상을 바탕으로 백성을 위한 정치를 실시할 것을 주장하였다. 중농학파 정약용은 여전론과 정전제를 제시하였으며, 기예론을 통해 기술의 중요성을 강조하였고, 의학서인 『마과회통』을 통해 종두법을 처음으로 소개하였다.

② 정약용은 『경세유표』를 저술하여 중앙 행정 개혁에 대하여 기술하였다.

| **오답해설** |

① 지전설을 제시하여 중국 중심의 역사관에서 벗어나 우리 역사의 독자적 체계를 세운 인물은 홍대용이다.

③ 존언과 만물일체설로 지행합일 이론을 체계화한 인물은 양명학자 정제두이다.

④ 성리학을 비판하다가 사문난적으로 몰린 대표적 인물로는 윤휴와 박세당이 있다.

10 근대 태동기의 역사 – 조선 후기 〉 근대 태동기의 사회 〉 신향과 구향
오답률 33.3% | 답 ②

다음과 같은 상황에서 밑줄 친 (가), (나) 세력의 움직임으로 옳은 것을 〈보기〉에서 고른 것은?

> 사족의 향촌 지배를 해체시키는 데 결정적인 동기를 만든 것은 신구 세력 간의 갈등, 곧 향전이었다. 향전은 사족 간에도 발생하였지만, 기본적으로는 (가) 기존의 향권을 장악하고 있던 사족(구향)에 대한 (나) 새로운 성장 계층(신향)의 도전에 의해 야기된 것이었다. 이른바 신향 세력은 기존의 사족 지배 체제에서 소외되었던 양반층이나 서얼 그리고 사회 경제적인 발전을 기초로 성장한 요호부민층, 중인층이 포함된 새로운 세력이었다.

① (가) – 군현 단위로 향약을 확대하여 향촌에 대한 지배권을 강화하였다.

② (가) – 동족 마을을 형성하고 문중 중심의 서원 및 사우를 건립하였다.

③ (나) – 관권과 결탁하여 중앙 집권화 정책과 부국강병을 추진하였다.

④ (나) – 중소 지주 출신이자 향리의 자제로서 과거 시험을 통해 관직에 진출하였다.

| **선지별 선택률** |

①	②	③	④
8.3%	66.7%	25%	0%

| **정답해설** |

② 조선 후기에는 기존 향촌의 지배층인 '사족(구향)'들과 경제력을 바탕으로 새롭게 성장한 '부농(신향)' 간의 갈등이 존재하였다. 사족들은 동족 마을을 형성하고 문중 중심의 서원 및 사우를 건립하였으며, 부농층은 관권과 결탁하여 지배력의 확대를 꾀하였다.

| **오답해설** |

① 조선 후기의 사족들은 촌락 단위의 동약을 확대하여 향촌에 대한 지배권을 강화하고자 하였다.

③ 부농들이 관권과 결탁한 것은 옳은 내용이나, 중앙 집권화 정책과 부국강병을 추진한 세력은 조선 초의 훈구파이다.

④ 고려 말 신진 사대부들은 중소 지주 출신이자 향리의 자제로서 과거 시험을 통해 관직에 진출하였다.

11 근대의 역사 – 개항기 〉 흥선 대원군의 개혁 정치와 문호의 개방 〉 신미양요
오답률 8.3% | 답 ①

다음 사건에 대한 설명으로 옳은 것은?

> 미국이 제너럴셔먼호 사건을 구실로 광성보를 침공하였다. 어재연이 이끄는 조선군은 격렬히 항전했지만, 미군에 패하고 말았다. 그러나 조선 정부는 굴복하지 않았고, 결국 미군은 물러갔다.

① 이후 전국 여러 곳에 척화비가 세워지게 되었다.

② 로즈 제독이 이끄는 군대가 강화도를 공격하였다.

③ 원산과 인천이 개항되어 일본과의 무역이 시작되었다.

④ 미군은 정족산성을 공격해 조선군의 수(帥)자기를 약탈했다.

| **선지별 선택률** |

①	②	③	④
91.7%	8.3%	0%	0%

| **정답해설** |

제시문은 흥선 대원군 집권 시기 미국이 제너럴셔먼호 사건을 구실로 일으킨 '신미양요(1871)'에 대한 내용이다.

① 미국이 침입한 신미양요 이후 흥선 대원군은 전국 여러 곳에 척화비를 세웠다.

| **오답해설** |

② 프랑스 로즈 제독이 이끄는 군대가 강화도를 공격한 사건은 병인양요(1866)이다.

③ 원산과 인천은 강화도 조약 체결(1876) 이후 개항되었다.

④ 신미양요(1871) 당시 미군은 광성보를 공격해 어재연 장군의 수자기를 약탈했다.

12 근대의 역사 – 개항기 〉 흥선 대원군의 개혁 정치와 문호의 개방 〉 임오군란
오답률 16.7% | 답 ①

제시된 사건의 결과로 옳은 것을 〈보기〉에서 고른 것은?

> 군량이 지급되지 않은 지 이미 반년이 지났는데 마침 호남의 세금을 거둔 배 수 척이 도착하자, 서울 창고를 열어 군량을 먼저 지급하라는 명이 떨어졌다. 선혜청 당상관 민겸호의 하인이 선혜청 고직(庫直, 창고지기)이 되어 그 군량을 지급하였다. 그가 쌀에 겨를 섞어서 지급하고 남은 이익을 챙기자 많은 백성이 크게 노하여 그를 구타하였다. 민겸호가 그 주동자를 잡아 포도청에 가두고 그를 곧 죽일 것이라고 선언하였다. 수많은 군중은 더욱 분함을 참지 못하고 칼을 빼어 땅을 치며, "굶어 죽으나 처형당하나 죽기는 마찬가지다. 그렇다면 차라리 죽일 사람이나 죽여서 억울함을 풀지 않겠는가."라고 하였다.
>
> — 『매천야록』 —

〈보기〉

ㄱ. 일본 경비병이 서울에 상주하게 되었다.

ㄴ. 혜상공국의 폐지 등을 주장한 정변이 발생하였다.

ㄷ. 양화진에 청국인 상점을 허용하는 조약이 체결되었다.

ㄹ. 조선 정부의 배상금 지불을 명시한 한성 조약이 체결되었다.

① ㄱ, ㄷ   ② ㄱ, ㄹ   ③ ㄴ, ㄷ   ④ ㄴ, ㄹ

| **선지별 선택률** |

①	②	③	④
83.3%	16.7%	0%	0%

| **정답해설** |

제시문의 '군량이 지급되지 않은 지 이미 반년', '쌀에 겨를 섞어서 지급하고 남은 이익을 챙기자'를 통해 '임오군란(1882)'에 대한 내용임을 알 수 있다.

ㄱ. 임오군란 이후 조선과 일본 사이에서 제물포 조약이 체결되어 일본 공사관 보호를 위해 일본 경비병이 서울에 상주하게 되었다. 또한 제물포 조약에는 조선이

일본에 배상금을 지불하며, 사죄를 위해 사신을 파견할 것 등의 내용을 담고 있다.
ㄷ. 임오군란 이후 조선과 청 사이에 조·청 상민 수륙 무역 장정이 체결되어 한성과 양화진에 청국인 상점을 허용하게 되었다.

| 오답해설 |
ㄴ, ㄹ. 혜상공국 폐지, 흥선 대원군의 귀국, 지조법 개혁, 내시부 폐지 등은 갑신정변(1884) 당시 발표한 혁신정강 14개조의 내용이다. 한편 갑신정변의 결과 조선과 일본은 조선 정부의 배상금 지불을 명시한 한성 조약을 체결하였다.

---

13 근대의 역사 – 개항기 〉 근대 국가 수립 운동 〉 동학 농민 운동

오답률 0% | 답 ②

다음 강령을 내세운 이들의 당시의 행보로 옳은 것은?

> 1. 사람을 죽이지 말고 물건을 해하지 말라.
> 2. 충효를 다하며 세상을 구하고 백성을 편안케 하라.
> 3. 일본 오랑캐를 쫓아 버리고 왕의 정치를 깨끗이 하라.
> 4. 군대를 몰고 서울로 들어가 권세가와 귀족을 없애라.
>
> — 『대한계년사』 —

① 우정총국 개국 축하연을 이용해 정변을 일으켜 정권을 장악하였다.
② 폐정 개혁안 12개조를 실현할 목적으로 전라도에 농민 자치 기관을 설치하였다.
③ 정부의 개화 정책에 대한 불만으로 궁에 난입하고 일본 공사관을 습격하였다.
④ 정부의 탄압을 피해 계(契) 조직이나 기독교 등의 종교 조직을 이용하여 활동했다.

| 선지별 선택률 |

①	②	③	④
0%	100%	0%	0%

| 정답해설 |
제시문은 '동학 농민 운동(1894)' 당시에 발표된 동학 농민군 '4대 강령'이다. 동학 농민군은 1차 봉기 당시 백산에 집결하여 보국안민과 제폭구민을 내용으로 하는 4대 강령을 발표하였다.
② 동학 농민 운동 당시 청군과 일본군이 개입하자 동학 농민군과 조선 정부는 전주 화약을 체결하고, 동학 농민군의 폐정 개혁안 12개조를 시행하기 위해 전라도에 농민 자치 기구인 집강소를 설치하였다.

| 오답해설 |
① 급진 개화파 세력이 우정총국 개국 축하연을 이용해 정변을 일으켜 정권을 장악한 사건은 1884년 발생한 갑신정변이다.
③ 구식 군인 및 하층민들이 정부의 개화 정책에 대한 불만으로 궁에 난입하고 일본 공사관을 습격한 사건은 1882년 발생한 임오군란이다.
④ 동학 농민 운동의 패배 이후 잔여 세력들이 정부의 탄압을 피해 계(契) 조직이나 서학당, 영학당 등의 기독교 종교 조직을 이용하여 활동했다.

---

14 근대의 역사 – 개항기 〉 일제의 침략과 국권 수호 운동 〉 정미의병

오답률 41.7% | 답 ③

다음 내용이 발표된 이후 전개된 상황으로 옳은 것을 〈보기〉에서 모두 고른 것은?

> 짐이 생각건대 쓸데없는 비용을 절약하여 이용후생에 응용함이 급무라. 현재 군대는 용병으로서 상하의 일치와 국가 안전을 지키는 방위에 부족한지라. 훗날 징병법을 발표하여 공고한 병력을 구비할 때까지 황실 시위에 필요한 자를 빼고 모두 일시에 해산하노라.

〈보기〉

ㄱ. 평민 출신 의병장이 처음 등장하여 의병이 신분 한계를 극복하기 시작하였다.

ㄴ. 일본은 의병 토벌 작전을 전개하여 의병 부대의 근거지를 초토화시켰다.
ㄷ. 각국 영사관에 의병을 국제 공법상 전쟁 단체로 인정해 달라는 통문을 보냈다.
ㄹ. 이소응, 유인석과 같은 의병장이 활약하였으나 자진 해산하였다.

① ㄱ, ㄴ
② ㄱ, ㄹ
③ ㄴ, ㄷ
④ ㄷ, ㄹ

| 선지별 선택률 |

①	②	③	④
0%	8.4%	58.3%	33.3%

| 정답해설 |
제시문의 '필요한 자를 빼고 모두 일시에 해산'을 통해 1907년 '대한제국 군대 해산'과 관련된 내용임을 알 수 있다. 헤이그 특사 파견을 빌미로 고종이 강제 퇴위당하고 순종이 즉위하자 일본은 조선과 정미 7조약(한·일 신협약, 1907)과 그 부수 비밀 각서를 체결하여 대한제국의 군대를 해산시켰다. 해당 조치로 해산된 군인들은 정미의병에 합류하였으며, 이후 13도 창의군이 결성되어 서울 진공 작전을 계획하였으나 실패하였다.
ㄴ. 정미의병(1907) 이후 일본은 의병 토벌 작전(남한 대토벌 작전, 1909)을 전개하여 의병 부대의 근거지를 초토화시켰다.
ㄷ. 정미의병 당시 이인영은 각국 영사관에 의병을 국제 공법상 전쟁 단체로 인정해 달라는 통문을 보냈다.

| 오답해설 |
ㄱ. 평민 출신 의병장이 처음 등장한 의병 운동은 을사의병(1905)으로, 대표적으로 신돌석이 있다.
ㄹ. 이소응, 유인석과 같은 의병장이 을미의병(1895) 당시 활약하였으나 고종의 해산 권고 조칙으로 자진 해산하였다.

---

15 일제강점기 〉 일제의 식민 통치와 항일 민족 운동 〉 연해주

오답률 41.7% | 답 ③

밑줄 친 '이곳'에서 한인들이 전개한 활동으로 옳은 것은?

> 국권 피탈 이후 많은 한국인들은 일제의 눈을 피해 이곳으로 이주하였다. 하지만 일본이 만주 사변과 청·일 전쟁으로 도발하자, 일본군이 이곳을 침략하기 위해 한국인을 첩자로 이용한다는 소문이 떠돌기 시작했다. 이것이 강제 이주의 구실이 되어 이곳의 한인들은 화물 열차에 실려 중앙아시아로 끌려갔다.

① 서전서숙을 나온 김약연이 명동 학교를 세웠다.
② 이상설이 주도하여 대한 국민 의회를 조직하였다.
③ 최초의 망명 정부 형태의 조직인 대한 광복군 정부가 조직되었다.
④ 이동녕, 이회영 등을 중심으로 삼원보를 개척하여 독립운동 기지로 삼았다.

| 선지별 선택률 |

①	②	③	④
8.3%	16.7%	58.3%	16.7%

| 정답해설 |
제시문의 '강제 이주', '중앙아시아로 끌려갔다.'를 통해 밑줄 친 '이곳'이 1930년대 소련에 의해 한인들이 강제 이주당한 '연해주'임을 알 수 있다. 1910년대 연해주 지역에서는 신한촌에서 권업회, 성명회와 같은 조직이 결성되고, 대한 광복군 정부, 대한 국민 의회와 같은 임시 정부들이 설립되었다.
③ 연해주 블라디보스토크에 이상설의 주도로 최초의 망명 정부 형태의 조직인 대한 광복군 정부가 조직되었다.

| 오답해설 |
① 서전서숙을 나온 김약연이 명동 학교를 세운 곳은 북간도이다.
② 대한 국민 의회가 연해주 지역에 설립된 것은 옳은 내용이나, 대한 국민 의회가

설립된 시기는 3·1 운동 이후로 이상설이 사망(1917)한 이후이다.
④ 이동녕, 이회영 등을 중심으로 삼원보를 개척하여 독립운동 기지로 삼은 곳은 서간도이다.

16 일제강점기 〉 일제의 식민 통치와 항일 민족 운동 〉 간도 참변
오답률 25% | 답 ②

다음의 사건이 발생한 시기를 연표에서 옳게 고른 것은?

용정촌에서 40리 가량 떨어져 있는 한 마을은 왜군이 야간에 습격하여 청년을 모조리 죽였으니 밤마다 죽는 사람이 2, 3명씩 되었다. 당시의 참사를 현지에 있던 미국인 선교사 마틴은 다음과 같이 기록하고 있다. "10월 31일, 연기가 자욱하게 낀 찬랍파위 마을에 가보았다. 사흘 전 새벽에 무장한 일개 대대가 이 기독교 마을을 포위하고 남자라면 늙은이, 어린이를 막론하고 끌어내어 때려 죽이고 ……"

(가)	(나)	(다)	(라)
독립 의군부 조직	대한 광복군 정부 수립	국민 대표 회의 개최	6·10 만세 운동	쌍성보 전투

① (가) ② (나) ③ (다) ④ (라)

| 선지별 선택률 |

①	②	③	④
16.7%	75%	0%	8.3%

| 정답해설 |
제시문의 '용정촌', '왜군이 야간에 습격', '10월'의 단서를 통해 1920년 10월부터 1921년 5월까지 이어진 '간도 참변'에 대한 내용임을 알 수 있다. 간도 참변은 봉오동 전투와 청산리 대첩에서 패한 일본이 독립군 소탕을 핑계로 한인촌에 학살과 방화 등 보복을 자행한 사건이다.
② 간도 참변의 발생은 대한 광복군 정부 수립(1914)과 국민 대표 회의 개최(1923) 사이 시기인 (나)에 해당한다.

| 오답해설 |
• 독립 의군부 조직: 1912년
• 대한 광복군 정부 수립: 1914년
• 국민 대표 회의 개최: 1923년
• 6·10 만세 운동: 1926년
• 쌍성보 전투(한국 독립군, 지청천): 1932년

17 일제강점기 〉 민족 문화 수호 운동 〉 나운규의 '아리랑'
오답률 33.4% | 답 ②

다음 밑줄 친 '영화'가 처음 개봉되었던 당시에 볼 수 있는 모습으로 가장 적절한 것은?

대학을 다니다 3·1 운동의 충격으로 정신 이상자가 된 영진에게는 아끼는 여동생이 있었다. 그런데 일본 경찰의 앞잡이 노릇을 하며 일제에 아부하는 기호가 어느 날 여동생을 덮치려고 하자 영진은 기호에게 낫을 휘두르게 된다. 일본 순경에게 붙잡힌 영진은 수갑을 찬 채 끌려가는데, 이때 주제가가 흐르며 영화가 끝난다. 주인공 영진의 모습이 마치 나라를 잃고 정처 없이 헤매는 한민족과 같다고 생각한 관객들은, 영화의 주제가인 '신아리랑'에 눈물을 흘리며 빠져들게 되었다.

① 이광수의 「무정」 출간 소식을 알리는 학생
② 카프(KAPF)에서 활동하는 신경향파 작가
③ 전차 개통식에 참여하는 한성 전기 회사 직원
④ 손기정이 올림픽에서 획득한 금메달을 지켜보는 시민

| 선지별 선택률 |

①	②	③	④
16.7%	66.6%	0%	16.7%

| 정답해설 |
제시문의 밑줄 친 '영화'는 1920년대 나운규가 제작한 '아리랑(1926)'이다.
② 1920년대에는 사회주의에 영향을 받아 카프(KAPF, 조선 프롤레타리아 예술가 동맹)에서 활동하는 신경향파 작가들이 활발하게 활동하였다.

| 오답해설 |
① 이광수의 「무정」은 3·1 운동 이전인 1917년에 발표되었다.
③ 한성에서 전차가 개통한 시기는 1899년으로 이는 일제강점기 이전이다.
④ 손기정은 1936년 베를린 올림픽 마라톤에서 금메달을 획득하였다.

| 더 알아보기 | 일제강점기 예술 활동

연극	• 신파극 유행 • 극예술 협회, 토월회, 극예술 연구회
영화	나운규: 아리랑(1926)
음악	안익태: 한국 환상곡(1936)
체육	손기정: 베를린 올림픽 금메달(1936)
문학	• 1910년대: 이광수, 최남선 • 1920년대 – 사회주의: 신경향파, 카프, 프로 문학 – 민족주의: 국민 문학, 한용운(「님의 침묵」) • 1930~1940년대 – 저항 문학: 윤동주, 이육사, 심훈 등 – 친일 문학: 최남선, 이광수

18 현대의 역사 〉 민주주의의 시련과 발전 〉 유신 체제
오답률 41.7% | 답 ③

제시문에서 비판하는 체제에 대한 설명으로 옳은 것은?

1. 굶어 죽을 자유 말고 먹고 살 권리 찾자.
2. 배고파서 못 살겠다. 기아 임금 인상하라!
3. 유신이란 간판 걸고 국민 자유 박탈 마라.
4. 남북 통일 사탕발림 영구 집권 최후 수단
5. 재벌 위한 경제 성장 정권 위한 국민 총화
6. 왜놈 위한 공업화에 민중들만 죽어난다.
– 전국 민주 청년 학생 총연맹, 「민중·민족·민주 선언」 –

① 초대 대통령에 한해 대통령의 중임 제한을 없앴다.
② 국가 보위 비상 대책 위원회에서 신헌법을 제정하였다.
③ 대통령은 국회 의원 3분의 1을 추천하는 권한을 가졌다.
④ 대통령은 대통령 선거인단에서 간선제로 선출되었다.

| 선지별 선택률 |

①	②	③	④
8.3%	16.7%	58.3%	16.7%

| 정답해설 |
제시문의 '유신', '영구 집권', '전국 민주 청년 학생 총연맹'을 통해 박정희 정부 당시인 1972년 10월에 실시된 계엄령 선포와 12월 유신 헌법 공포 이후 성립된 '유신 체제(제4공화국)'를 비판하는 주장임을 알 수 있다.
③ 박정희는 유신 헌법을 통해 대통령의 중임 제한을 없애고, 통일 주체 국민 회의를 통한 대통령 간접 선거로 사실상 영구 집권을 가능하게 하였다. 또한 국회 의원 3분의 1을 추천할 수 있는 권한과 긴급 조치권을 제정하는 권한 등을 가지게 되었다.

| 오답해설 |
① 초대 대통령에 한해 대통령의 중임 제한을 없앤 것은 이승만 정부 시기 진행된 사사오입 개헌(1954)이다.
② 국가 보위 비상 대책 위원회는 1980년 전두환 신군부 집권 당시에 발족시킨 조직으로, 이를 통해 7년 단임의 대통령제를 골자로 한 8차 개헌(1980) 헌법이 제

정되었다.
④ 대통령 선거인단에서 대통령이 간선제로 선출된 것은 1980년 전두환 신군부가 주도한 8차 개헌 이후이다.

19 현대의 역사 > 민주주의의 시련과 발전 > 박정희 정부 시기의 역사적 사건
오답률 8.3% | 답 ①

다음 사실들을 순서대로 옳게 나열한 것은?

> (가) 시민들의 반대 시위에도 불구하고 한국 정부와 일본 정부가 한·일 기본 조약을 체결하여 국교를 정상화하였다.
> (나) YH 무역의 노동자가 과잉 진압으로 사망한 사건을 계기로 김영삼 신민당 총재가 의원직에 제명되었다.
> (다) 전태일이 근로 기준법의 준수를 요구하며 평화 시장 입구에서 온몸에 휘발유를 끼얹고 라이터로 분신 자살하였다.
> (라) 대통령의 3선을 가능하게 하는 개헌안이 국민 투표를 통해 확정되었다.

① (가) − (라) − (다) − (나)
② (가) − (라) − (나) − (다)
③ (나) − (라) − (가) − (다)
④ (라) − (나) − (다) − (가)

| 선지별 선택률 |

①	②	③	④
91.7%	8.3%	0%	0%

| 정답해설 |
① 제시된 사건의 순서는 다음과 같다.
(가) 박정희 정부의 굴욕 외교를 비판한 6·3 시위에도 불구하고 한국 정부와 일본 정부가 한·일 기본 조약을 체결(1965)하여 국교를 정상화하였다.
(라) 박정희 3공화국 시기인 1969년 대통령의 3선을 가능하게 하는 개헌안(6차 개정)이 국민 투표를 통해 확정되었다.
(다) 1970년 전태일이 근로 기준법의 준수를 요구하며 분신하였다.
(나) 유신 체제 말기인 1979년 YH 무역 사건과 김영삼 신민당 총재가 제명되는 사건이 발생하였다.

20 현대의 역사 > 현대의 경제·사회·문화 발전 > 브라운 각서
오답률 33.3% | 답 ②

다음 문서가 발표된 시기의 경제 상황으로 옳은 것은?

> 대한민국 외무부 장관 귀하
>
> 귀하께서는 대한민국 정부가 월남 공화국 정부로부터 월남에 대한 한국 전투 부대 증파에 관한 요청을 접수했음을 본인에게 통고했습니다. ……
> A. 군사 협조
> 1. 한국에 있는 한국군의 현대화 계획을 위하여 앞으로 수년 동안에 걸쳐 상당량의 장비를 제공한다.
> 2. 월남에 파견되는 추가 증파 병력에 필요한 장비를 제공하는 한편, 증파에 따른 모든 추가적 원화 경비를 부담한다. ……

① 연 수출 총액이 늘어나 100억 달러를 돌파하였다.
② 경공업 중심의 경제 개발 5개년 계획이 시행되었다.
③ 저금리·저유가·저달러의 3저 호황 국면에 직면하였다.
④ 유상 매수·유상 분배를 규정한 농지 개혁법이 제정되었다.

| 선지별 선택률 |

①	②	③	④
25%	66.7%	8.3%	0%

| 정답해설 |
제시문의 '월남에 대한 한국 전투 부대 증파', '한국군의 현대화 계획을 위하여 앞으로 수년 동안에 걸쳐 상당량의 장비를 제공한다.'를 통해 1960년대 '박정희 정부' 시기 체결된 '브라운 각서(1966)'에 관한 내용임을 알 수 있다. 박정희 정부 시기에 국군의 베트남 파병안이 통과되었으며, 이후 한국군의 증파를 대가로 미국이 경제 지원을 약속한다는 브라운 각서가 체결되었다.
② 1960년대에 경공업 중심의 제1·2차 경제 개발 5개년 계획이 시행되었다.

| 오답해설 |
① 수출 100억 달러 돌파는 1977년의 일이다.
③ 저금리·저유가·저달러의 3저 호황은 1980년대 중반의 일로, 이로 인해 경제가 안정되었다.
④ 유상 매수·유상 분배를 규정한 농지 개혁법은 이승만 정부 시기 제헌 의회에 의해 제정되었다(1949).

문제편 p.68

01	④	02	②	03	①	04	②	05	④
06	②	07	②	08	③	09	④	10	④
11	①	12	③	13	④	14	④	15	④
16	②	17	③	18	②	19	③	20	②

▶ 풀이시간: /15분 나의 점수: /100점

01 우리 역사의 기원과 형성 〉 선사 시대와 우리 역사 〉 선사의 유물과 유적
오답률 0% | 답 ④

(가)~(라)의 유물과 유적이 제작된 시기의 생활 모습으로 옳지 않은 것은?

(가)   (나)

(다)   (라)

① (가) – 남성은 바깥일, 여성은 집안일을 담당하였다.
② (나) – 화덕이 중앙에 위치한 움집이 만들어졌다.
③ (다) – 일부 저습지에서 벼농사를 시행하였다.
④ (라) – 토테미즘과 샤머니즘이 처음 출현하였다.

| 선지별 선택률 |

①	②	③	④
0%	0%	0%	100%

| 정답해설 |
(가) 청동기 시대의 울주 반구대 바위그림
(나) 신석기 시대의 조개껍데기 가면
(다) 청동기 시대의 고인돌
(라) 구석기 시대의 주먹 도끼
④ 애니미즘과 토테미즘, 샤머니즘은 신석기 시대에 처음으로 출현하였다.

| 오답해설 |
① 청동기 시대에는 남성이 바깥일, 여성은 집안일을 담당하며 직업이 분화하였다.
② 신석기 시대에는 화덕이 중앙에 위치한 반지하 원형 형태의 움집이 만들어졌다.
③ 청동기 시대에는 일부 저습지에서 벼농사를 시행하였다.

02 고대의 역사 〉 고대의 정치 〉 장수왕
오답률 37.5% | 답 ②

다음 (가), (나)의 비문이 건립된 왕 대에 대한 설명으로 옳지 않은 것은?

(가) 신라가 사신을 보내 왕에게 말하기를, '왜인이 그 국경에 가득 차 성을 부수었으니, 노객은 백성된 자로서 왕에게 귀의하여 분부를 청한다.'고 하였다. 10년(400) 경자에 보병과 기병 5만을 보내, 신라를 구원하게 하였다.

(나) 고구려 대왕이 상왕공(相王公)과 함께 동쪽 오랑캐 신라 매금(寐錦)을 만나 영원토록 우호를 맺기 위해 이곳에 왔으나, 신라 매금이 오지 않아 실행하지 못하였다. 이에 고구려 대왕은 태자 공과 전부 대사자 다우환노에게 명하여 이곳에 머물러 신라 매금을 만나게 하였다.

① 백제를 공격하여 한강을 차지하였다.
② 만주의 후연과 숙신을 격파하였다.
③ 신라와 백제가 동맹을 체결하였다.
④ 고구려는 중국의 남북조와 교류하였다.

| 선지별 선택률 |

①	②	③	④
0%	62.5%	37.5%	0%

| 정답해설 |
(가) 고구려 광개토 대왕 때 신라에 원군을 보내 왜군을 격퇴하는 내용을 담은 광개토 대왕릉비문이다.
(나) 고구려 장수왕 시기의 정복 사업을 보여주는 중원 고구려비문이다.
광개토 대왕릉비와 중원 고구려비 모두 5세기 '장수왕' 때 건립되었다.
② 고구려가 만주의 후연과 숙신을 격파한 시기는 광개토 대왕 때이다.

오답률 TOP 1
03 고대의 역사 〉 고대의 정치 〉 문무왕
오답률 63% | 답 ①

제시문의 [㉠] 왕에 대한 사실로 옳은 것은?

김유신이 김춘추와 축국(蹴鞠)을 하다가 김춘추의 옷고름을 밟아 떨어뜨렸다. 김유신은 자신의 집으로 김춘추를 데리고 와서는 주연을 베풀며 맏누이인 보희에게 옷고름을 달게 했다. 하지만 보희는 마침 일이 있어서 나오지 못하고 동생인 문명 왕후가 대신 나와서 바느질을 하였다. 김춘추는 그녀의 어여쁜 모습에 반하여 곧 청혼을 하여 결혼하였고, 그녀는 곧바로 임신해서 아들을 낳았다. 그가 바로 뒷날 [㉠] 왕이다.

① 태자 시기에 백제 정벌에 참여하였다.
② 김흠돌의 난을 진압하여 왕권을 강화하였다.
③ 독서삼품과가 실시되어 많은 6두품이 등용되었다.
④ 당은 웅진과 계림에 도독부를 설치하고 도독에 임명하였다.

| 선지별 선택률 |

①	②	③	④
37%	37.5%	0%	25.5%

| 정답해설 |
제시문에서 김유신의 여동생과 김춘추 사이에서 낳은 아들이라는 사실을 통해 '㉠

왕'이 신라의 삼국 통일을 달성한 '문무왕'임을 알 수 있다.
① 문무왕은 태종 무열왕(김춘추) 말기 태자 시절 백제 정벌에 참여하였으며, 이후 고구려를 멸망시키고 나·당 전쟁을 승리로 이끄는 등의 업적을 세웠다.

| 오답해설 |
② 김흠돌의 난을 진압하여 왕권을 강화한 인물은 신문왕이다.
③ 독서삼품과는 신라 하대 원성왕 시기에 처음 시행되었다.
④ 당이 계림 도독부의 도독으로 문무왕을 임명한 사실은 옳은 내용이나, 웅진 도독부의 도독으로는 부여 융(의자왕의 셋째 아들)이 임명되었다.

04 고대의 역사 〉 고대의 사회 〉 골품제 오답률 25% | 답 ②

다음은 신라의 골품제에 대한 표이다. (가)~(라) 계층과 관련한 내용으로 가장 적절한 것은?

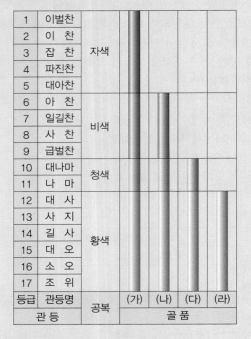

1	이벌찬					
2	이 찬	자색				
3	잡 찬					
4	파진찬					
5	대아찬					
6	아 찬					
7	일길찬	비색				
8	사 찬					
9	급벌찬					
10	대나마	청색				
11	나 마					
12	대 사					
13	사 지					
14	길 사	황색				
15	대 오					
16	소 오					
17	조 위					
등급	관등명	공복	(가)	(나)	(다)	(라)
관 등			골품			

① (가) – 5등급 대아찬 이상의 관직만을 차지하였다.
② (나) – 신라 말 중앙에서 배제되며 진골 귀족에 도전하였다.
③ (다) – 4중 아찬까지의 중위제를 적용·운영하였다.
④ (라) – 최치원, 최승우, 최언위가 해당 신분 출신에 해당한다.

| 선지별 선택률 |

①	②	③	④
12.5%	75%	12.5%	0%

| 정답해설 |
제시된 표는 신라 골품제의 골품별 관등 승진 상한선을 표현한 것으로, (가) 진골, (나) 6두품, (다) 5두품, (라) 4두품에 해당한다.
② 6두품 세력은 신라 말 중앙 정치에서 배제되자 지방 호족과 결탁하여 진골 귀족에 도전하였다.

| 오답해설 |
① 진골의 경우 승진의 상한선과 하한선이 모두 존재하지 않기에 높은 관직인 이벌찬, 대아찬 등을 비롯한 모든 관직을 차지할 수 있었다.
③ 4중 아찬까지 중위제를 적용한 신분은 6두품이다.
④ 신라 말 활약했던 최치원, 최승우, 최언위는 6두품 출신이다.

05 중세의 역사 – 고려 〉 중세의 문화 〉 고려시대의 문화
오답률 50% | 답 ④

다음 고려시대의 문화에 대한 내용 중 옳지 않은 것은?

① 고려 후기 일반 대중 사이에서 속요가 유행하였다.
② 경천사지 10층 석탑은 조선시대의 원각사지 10층 석탑에 영향을 주었다.

③ 상감 청자는 12세기 중엽부터 강화도로 천도한 13세기 중엽까지 주류를 이루었다.
④ 공포가 기둥 사이에도 짜여 있는 양식 중 가장 오래된 건물은 안동 봉정사 극락전이다.

| 선지별 선택률 |

①	②	③	④
12.5%	12.5%	25%	50%

| 정답해설 |
④ 공포가 기둥 사이에도 짜여 있는 것은 다포 양식이다. 안동 봉정사 극락전은 주심포 양식 건물 중 가장 오래되었다.

06 중세의 역사 – 고려 〉 중세의 문화 〉 고려시대 불상 오답률 25% | 답 ②

다음의 두 불상이 건립된 시기에 대한 설명으로 옳지 않은 것은?

① 해당 시기에는 지역적 특색이 반영된 불상이 건립되었다.
② 권문세족이 중앙 권력을 장악하였다.
③ 지방 세력이나 일반 백성들을 중심으로 한 신앙 공동체에서 불상 건립에 참여하였다.
④ 과거제가 실시되고, 12목을 설치하여 지방관을 파견하는 등 각종 제도가 마련되어 갔다.

| 선지별 선택률 |

①	②	③	④
0%	75%	0%	25%

| 정답해설 |
제시된 불상은 광주 춘궁리 철불과 논산 관촉사 석조 미륵보살 입상으로 모두 '고려 초(10세기)'에 만들어졌다.
② 권문세족은 고려 후기 원 간섭기의 지배 세력이다. 고려 초의 지배 세력은 문벌 귀족이다.

| 오답해설 |
① 고려 초에는 파격적이고 개성이 강하며 지역적 특색이 반영되어 있는 불상이 건립되었다.
③ 고려 초 신앙 공동체인 향도는 매향 활동이나 불상 건립에 참여하기도 하였다. 하지만 고려 후기에 이르러 향도는 마을의 노동 공동체 성격으로 변화하였다.
④ 고려 초 광종 때 쌍기의 건의로 과거제가 실시되고, 성종 때 12목을 설치하는 등 지방 제도가 정비되어 갔다.

| 더 알아보기 | 고려의 불상

- 영주 부석사 소조 아미타여래 좌상: 신라 양식 계승
- 논산 관촉사 석조 미륵보살 입상(미륵 신앙): 지역적 특색이 있는 거대 불상
- 안동 이천동 석불(마애여래입상): 지역적 특색이 있는 거대 불상
- 광주 춘궁리 철불(하남 하사창동 철조 석가여래좌상): 고려 초의 대형 철불

07 중세의 역사 – 고려 〉 중세의 정치 〉 거란의 침입　오답률 37.5% | 답 ②

다음 밑줄 친 '적들'이 침입했을 당시 고려의 대응으로 옳은 것은?

> 성이 결국 함락되었다. 적의 군사 6천 명을 남겨 지키게 하였다. 양규가 흥화진으로부터 군사 7백여 명을 이끌고 통주까지 와 군사 1천여 명을 수습하였다. 밤중에 곽주로 들어가서 지키고 있던 적들을 급습하여 모조리 죽인 후 성 안에 있던 남녀 7천여 명을 통주로 옮겼다.
>
> – 『고려사』 –

① 특수 부대인 광군을 조직하였다.
② 초조대장경을 조판하였다.
③ 강동성에서 김취려가 군사를 이끌고 활약하였다.
④ 신기군·신보군·항마군을 편성하고 동북 9성을 축조하였다.

| 선지별 선택률 |

①	②	③	④
25%	62.5%	0%	12.5%

| 정답해설 |
제시문의 '양규'를 통해 고려 초 '거란의 2차 침입(현종, 1010)'에 대한 내용임을 알 수 있다. 따라서 밑줄 친 '적들'은 '거란군'이다.
② 거란의 2차 침입 당시 고려는 대장경을 조판하여 부처의 힘으로 거란의 침입을 막고자 하였으며, 이때 제작된 대장경이 초조대장경이다.

| 오답해설 |
① 거란 침입을 대비한 특수 부대인 광군은 정종 때 조직되었으며, 이는 거란의 2차 침입 이전에 해당한다.
③ 강동성에서 김취려가 군사를 이끌고 활약한 사건은 강동성 전투(1218~1219)로, 고려와 몽골이 연합해 거란군을 물리친 사건이다. 이는 고려 후기에 해당한다.
④ 신기군·신보군·항마군으로 구성된 조직은 별무반으로, 고려 중기 숙종 때 윤관의 건의로 여진 정벌을 위해 설치된 특수 부대이다. 윤관은 별무반을 이끌고 여진을 정벌하고 동북 9성을 축조하였다.

08 중세의 역사 – 고려 〉 중세의 문화 〉 『제왕운기』　오답률 50% | 답 ③

다음의 밑줄 친 '이 책'이 쓰여질 무렵의 시대 상황으로 옳은 것은?

> 이 책의 상권은 중국의 역사를, 하권은 우리나라의 역사를 시로 서술하였다. 특히 하권은 2부로 되어 있는데, 전반부에서는 단군 조선부터 발해까지의 역사를 7언시로 노래하였다.

① 문벌 귀족이 과거와 음서를 통해 관직을 독점하였다.
② 전국 각지에서 하층민의 신분 해방 운동이 전개되었다.
③ 원의 일본 원정에 고려가 군대와 물자를 제공하였다.
④ 여진족이 금을 세운 후 고려에 군신 관계를 요구해왔다.

| 선지별 선택률 |

①	②	③	④
25%	25%	50%	0%

| 정답해설 |
제시문의 '상권은 중국의 역사', '하권은 우리나라의 역사', '7언시'를 통해 밑줄 친 '이 책'이 고려 '원 간섭기' 충렬왕 때 이승휴가 집필한 『제왕운기』임을 알 수 있다.
③ 원 간섭기 고려는 원의 일본 원정을 위해 군대와 물자를 제공하였다.

| 오답해설 |
① 문벌 귀족들이 과거와 음서를 통해 관직을 독점한 시기는 고려 중기로, 원 간섭기에는 권문세족이 집권하였다.
② 하극상이 만연하여 전국 각지에서 하층민의 신분 해방 운동이 전개된 시기는 고려 후기 무신 집권기이다.

④ 여진족이 금을 세운 후 고려에 군신 관계를 요구한 시기는 고려 중기 인종 때로, 당시 기득권 세력이었던 문벌 귀족 이자겸이 자신의 정권 유지를 위해 금의 사대 요구를 받아들였다.

09 근대 태동기의 역사 – 조선 후기 〉 근대 태동기의 경제 〉 조선 후기의 경제
오답률 62.5% | 답 ④

다음 모습이 나타나던 시기의 상황으로 가장 적절한 것은?

> 농민이 밭에 심는 것은 곡물만이 아니다. 모시, 오이, 배추, 도라지 등의 농사도 잘 지으면 그 이익이 헤아릴 수 없이 크다. 도회지 주변에는 파밭, 마늘밭, 배추밭, 오이밭 등이 많다. 특히 서도 지방의 담배밭, 북도 지방의 삼밭, 한산의 모시밭, 전주의 생강밭, 강진의 고구마밭, 황주의 지황밭에서의 수확은 모두 상상등전(上上等田)의 논에서 나는 수확보다 그 이익이 10배에 이른다.
>
> – 『경세유표』 –

① 씨앗을 이랑에 파종하는 농법이 처음으로 행해졌다.
② 시전과 관영 상점이 설치되어 상업이 번성하였다.
③ 지주와 전호 간에 정률 지대 방식의 계약이 처음으로 등장하였다.
④ 농민의 자유로운 영농이 가능해졌으나, 일부 지주는 직접 경영을 시도하였다.

| 선지별 선택률 |

①	②	③	④
25%	0%	37.5%	37.5%

| 정답해설 |
제시문의 모시와 담배 등의 상품 작물의 재배가 활발한 모습을 통해 '조선 후기'에 대한 내용임을 알 수 있다. 조선 후기에는 이앙법이 전국적으로 보급되어 노동력의 절감과 수확량의 증대를 가져왔으며, 쌀이 상품화되고, 상품 작물이 발달하여 인삼, 면화, 고추 등이 재배되었다.
④ 조선 후기에는 지대의 납부 방식이 타조법(정률 지대 방식, 지주 전호제)에서 도조법(정액 지대 방식)으로 바뀌었다. 이 과정에서 소작지를 영구히 경작할 수 있는 도지권이 성립되어 농민들은 조선 초기보다 자유로운 영농 활동을 펼칠 수 있었다. 다만 일부 양반 지주들은 노비 등을 고용하여 직접 농지의 경영을 시도하는 경우도 있었다.

| 오답해설 |
① 씨앗을 이랑에 파종하는 농법인 농종법은 조선 초에 이루어진 농법이다. 조선 후기에는 씨앗을 고랑에 파종하는 견종법이 처음으로 행해졌다.
② 관영 상점은 고려시대에 존재하였으며, 조선시대에는 존재하지 않았다.
③ 지주와 전호 간의 정률 지대 방식의 계약은 타조법(지주 전호제)으로, 주로 조선 전기에 이루어진 계약 방식이다. 조선 후기에는 정액 지대 방식인 도조법이 처음으로 등장하여 풍흉에 관계없이 매해 정해진 지대를 납부하게 되었다.

10 근세의 역사 – 조선 전기 〉 근세의 문화 〉 『동국통감』
오답률 12.5% | 답 ④

다음 역사서의 서문이 완성된 왕의 재위 기간에 발생한 사실로 옳은 것을 〈보기〉에서 고르면?

> 삼가 삼국 이하 여러 사책에서 뽑아내고, 중국 역사에서 가려낸 것을 더하여서 편년체를 취하여 사실을 기록하였습니다. 범례는 한결같이 『자치통감』에 의거하였고 『자치통감강목』의 필삭한 취지에 따라, 번다하고 쓸모없는 것은 삭제해서 요령만 남겨 두려고 힘썼습니다. 삼국이 함께 대치하였을 때는 삼국기(三國紀)라 칭하였고, 신라가 통합하였을 때는 신라기(新羅紀)라 칭하였으며, 고려시대는 고려기(高麗紀)라 칭하였고, 삼한 이상은 외기(外紀)라 칭하였습니다.

<보기>
ㄱ. 왕의 모범 사례를 모은 『국조보감』을 완성하였다.
ㄴ. 우리나라 약재에 대한 정보를 모은 『향약집성방』이 처음 간행되었다.
ㄷ. 길례·가례·군례·빈례·흉례 등의 국가 의례를 모아 정리하였다.
ㄹ. 국가의 토지 지배력을 강화할 목적으로 관수 관급제를 시행하였다.

① ㄱ, ㄴ
② ㄴ, ㄷ
③ ㄴ, ㄹ
④ ㄷ, ㄹ

| 선지별 선택률 |

①	②	③	④
0%	0%	12.5%	87.5%

| 정답해설 |

제시문은 조선 전기 '성종' 때 서거정 등이 우리나라의 역사를 정리한 『동국통감』이다. 편년체 통사의 형식을 취하고 있는 『동국통감』은 삼국기, 신라기, 고려기로 시기를 구분하고, 삼국 이전의 역사는 외기로 처리하였다.

ㄷ. 조선 전기 성종 때 길례·가례·군례·빈례·흉례 등의 국가 의례를 모은 『국조오례의』가 편찬되었다.

ㄹ. 조선 전기 성종 때 국가의 토지 지배력을 강화할 목적으로 관수 관급제를 시행하였다.

| 오답해설 |

ㄱ. 조선 전기 세조 때 왕의 모범 사례를 모은 『국조보감』을 완성하였다.

ㄴ. 조선 전기 세종 때 우리나라 약재에 대한 정보를 모은 『향약집성방』이 처음 간행되었다.

11 근세의 역사 – 조선 전기 〉 근세의 정치 〉 6조 직계제   오답률 0% | 답 ①

밑줄 친 '이 제도'에 대한 설명으로 옳은 것은?

6조의 장관인 판서가 의정부를 거치지 않고 직접 국가 중대사를 왕에게 보고하여 업무를 처리하도록 하는 이 제도가 시행되었다.

① 태종의 사간원 독립 기관화와 같은 맥락이다.
② 세종은 이를 통해 왕도 정치를 구현하고자 하였다.
③ 정도전은 이를 통해 재상 중심의 정치를 펼치려 하였다.
④ 왕권 강화를 꾀하고 붕당 대립을 시정하려는 목적으로 설치하였다.

| 선지별 선택률 |

①	②	③	④
100%	0%	0%	0%

| 정답해설 |

제시문의 밑줄 친 '이 제도'는 6조가 의정부를 거치지 않고 직접 왕에게 보고하여 업무를 처리하도록 하는 '6조 직계제'이다. 조선 초 태종과 세조 때 시행된 이 제도는 '왕권 강화'를 목적으로 시행되었다.

① 태종의 사간원 독립 기관화 정책은 당시 왕권 강화를 목적으로 하였다.

| 오답해설 |

② 세종은 6조가 의정부를 거치도록 하는 의정부 서사제를 통해 왕도 정치를 구현하고자 하였다.

③ 정도전이 추구한 재상 중심의 정치는 국정 운영을 신하가 중심이 되어 진행하는 것으로, 왕권 중심의 6조 직계제와는 그 목적이 다르다.

④ 6조 직계제가 왕권 강화를 꾀한 것은 옳은 내용이나, 조선 초기에 시행된 이 제도는 붕당 대립의 시정과는 관련이 없다. 붕당은 조선 중기인 선조 때 처음 등장하였다.

12 근대의 역사 – 개항기 〉 일제의 침략과 국권 수호 운동 〉 의병 운동
오답률 50% | 답 ③

다음 (가)~(다)의 의병에 관한 설명 중 옳은 것을 <보기>에서 모두 고른 것은?

(가) 새 내각은 단발령의 철폐와 의병의 해산을 권고하는 조칙을 냈으며, 이와 함께 각종 공세를 탕감하는 조치도 취함으로써 의병 봉기의 명분을 없애기에 노력하였다.

(나) 군대 해산 조칙이 내려진 당일 서울의 시위대 대대장 박승환이 자결했다는 소식을 듣고, 일본군과 시가전을 전개하면서 대일 항전을 개시하였다. 그 뒤 각 지방의 해산 군인들도 잇달아 봉기하였다.

(다) 장지연은 신문 사설을 통해 비분을 전하였고, 시민들은 조약을 체결한 대신들을 습격하기도 하였다. 그리고 전국적으로 항일 의병이 봉기하였다.

<보기>
ㄱ. (가) – (다) – (나) 순으로 의병 운동이 전개되었다.
ㄴ. (나) – 서울 진공 작전을 시도하였으나 실패하였다.
ㄷ. (다) – 홍주성의 민종식과 순창의 최익현이 봉기하였다.
ㄹ. (다) – (나) 시기에 비해 전투력이 한층 강화되었다.

① ㄱ, ㄴ
② ㄴ, ㄷ
③ ㄱ, ㄴ, ㄷ
④ ㄴ, ㄷ, ㄹ

| 선지별 선택률 |

①	②	③	④
50%	0%	50%	0%

| 정답해설 |

(가) 을미사변과 단발령을 계기로 일어난 을미의병(1895)이다.

(나) 정미 7조약으로 인해 강제 해산된 군인들이 합류하며 일어난 정미의병(1907)이다.

(다) 을사조약 체결에 저항하며 일어난 을사의병(1905)이다.

ㄱ. (가) – (다) – (나) 순으로 의병 운동이 전개되었다.

ㄴ. 정미의병 당시 13도 창의군이 결성되고 서울 진공 작전을 시도하였으나, 결국 실패로 끝났다.

ㄷ. 을사의병 때 홍주성의 민종식과 순창의 최익현, 그리고 울진과 평해에서 신돌석이 봉기하였다.

| 오답해설 |

ㄹ. 정미의병 당시 해산된 군인이 의병에 합류하여 이전 의병에 비해 전투력이 한층 강화되었다.

오답률 TOP 3

13 근대의 역사 – 개항기 〉 개항 이후의 경제·사회·문화 〉 〈독립신문〉
오답률 62% | 답 ④

다음 창간사를 발표한 신문이 창간될 당시의 상황에 대한 설명으로 가장 적절한 것은?

우리는 첫째, 편벽되지 아니한 고로 무슨 당에도 상관이 없고, 상하 귀천을 달리 대접하지 아니하고, 모두 조선 사람으로만 알고, 조선만을 위하여 공평히 인민에게 말할 터인데, 우리가 서울 백성만 위한 것이 아니라 조선 인민을 위하여 무슨 일이든지 대언하여 주려 함. 우리는 바른대로만 신문을 할 터인 고로, 정부 관원이라도 잘못하는 이 있으면 우리가 말할 터이요, 탐관오리들을 알면 세상에 그 사람의 행적을 펴일 터이요, 사사로운 백성이라도 무법한 일을 하는 사람을 찾아 신문에 설명할 터임.

또, 한쪽에 영문으로 기록하기는 외국 인민이 조선 사정을 자세히 모른즉, 혹 편벽된 말만 듣고 조선을 잘못 생각할까 보아 실상 사정을 알게 하고자 하여 영문으로 조금 기록함.

① 황제권을 강화한 대한국 국제가 반포되었다.
② 영국과 일본 사이에서 제1차 영·일 동맹이 체결되었다.
③ 고종은 헤이그에서 열린 만국 평화 회의에 특사를 파견하였다.
④ 김홍집 내각이 무너지고 이범진·이완용 내각이 새로 출범하였다.

| 선지별 선택률 |

①	②	③	④
25%	12%	25%	**38%**

| 정답해설 |

제시문의 '영문으로 조금 기록함' 등을 통해 대한제국 출범 이전 창간된 〈독립신문〉(1896)의 창간사임을 알 수 있다. 〈독립신문〉은 서재필이 정부의 지원을 받아 만든 최초의 민간 신문으로 한글과 영문으로 작성되었다.
④ 〈독립신문〉이 창간된 당시 조선은 고종이 러시아 공사관으로 피신한 아관 파천(1896)으로 자주성이 무너진 상황이었다. 또한 아관 파천으로 인하여 을미개혁을 주도하던 김홍집 내각(친일 내각)이 무너지고 이범진·이완용 중심의 친러 내각이 새로 출범하게 되었다.

| 오답해설 |

① 황제권을 강화한 대한국 국제는 1899년에 반포되었다.
② 러시아의 남하를 저지하기 위해 일본과 영국 사이에서 맺은 제1차 영·일 동맹은 1902년 체결되었다.
③ 고종이 헤이그에서 열린 만국 평화 회의에 특사를 파견한 시기는 1907년이다.

| 더 알아보기 | 〈독립신문〉과 독립 협회의 창립 전후 주요 사건

아관 파천(1896. 2.) → 〈독립신문〉 창간(1896. 4.) → 독립 협회의 창립(1896. 7.) → 대한제국 선포(1897) → 독립 협회의 해산(1898) → 대한국 국제 반포(1899)

14 일제강점기 〉 민족 문화 수호 운동 〉 조선 교육령   오답률 37.5% | 답 ④

다음 법령이 시행되던 시기에 발생한 사실로 옳은 것은?

(가) 제1조 조선에서의 조선인의 교육은 본령에 따른다.
　　제2조 교육은 교육에 관한 칙어(勅語)의 취지에 따라 충량한 국민을 육성하는 것을 본의로 한다.
　　제5조 보통 교육은 보통의 지식·기능을 부여하고 특히 국민된 성격을 함양하여 국어(일본어)를 보급함을 목적으로 한다.
　　제6조 실업 교육은 농업·상업·공업에 관한 지식·기능을 가르쳐 주는 것을 목적으로 한다.
　　제9조 보통학교의 수업 연한은 4년으로 한다. 단 지방 실정에 따라 1년을 단축할 수 있다.
(나) 제2조 국어를 상용하는 자의 보통 교육은 소학교령, 중학교령 및 고등여학교령에 의함.
　　제3조 국어를 상용치 아니하는 자에 보통 교육을 하는 학교는 보통학교, 고등보통학교 및 여자고등보통학교로 함.
　　제5조 보통학교의 수업 연한은 6년으로 함. 보통학교에 입학하는 자는 연령 6년 이상의 자로 함.
　　제7조 고등보통학교의 수업 연한은 5년으로 함. 고등보통학교에 입학하는 자는 수업 연한 6년의 보통학교를 졸업한 자 또는 조선 총독이 정하는 바에 의하여 이와 동등 이상의 학력이 있다고 인정된 자로 함.

① (가) - 농촌 진흥 운동이 시행되었다.
② (가) - 경성 제국 대학이 설립되었다.
③ (나) - 조선어 학회 사건이 발생하였다.
④ (나) - 원산 노동자 총파업이 전개되었다.

| 선지별 선택률 |

①	②	③	④
0%	25%	12.5%	**62.5%**

| 정답해설 |

(가) 보통학교의 교육 연한을 4년으로 정하여 차별적 학제를 표방한 일제의 '제1차 조선 교육령(1911)'이다. 제1차 조선 교육령은 제2차 조선 교육령이 공포되기 직전(1922)까지 시행되었다.
(나) 보통학교의 교육 연한을 6년으로 늘리고, 조선어를 필수 과목으로 지정한 일제의 '제2차 조선 교육령(1922)'이다. 제2차 조선 교육령은 제3차 조선 교육령이 공포되기 직전(1938)까지 시행되었다.
④ 1929년 원산 노동자 총파업이 전개되었으며, 이는 제2차 조선 교육령이 시행되던 시기이다.

| 오답해설 |

① 일제가 농민들을 회유할 목적으로 농촌 진흥 운동을 시행한 시기는 1930년대로, 이는 제2차 조선 교육령이 시행되던 시기이다.
② 경성 제국 대학은 1924년 일제가 식민지 엘리트를 양성하기 위해 설립하였으며, 이는 제2차 조선 교육령이 시행되던 시기이다.
③ 조선어 학회를 강제 해산시키는 조선어 학회 사건은 1942년 발생하였으며, 이는 제3차 조선 교육령이 시행되던 시기이다.

15 일제강점기 〉 일제의 식민 통치와 항일 민족 운동 〉 조선 태형령
오답률 50% | 답 ④

다음과 같은 법령이 시행되던 시기의 독립운동으로 옳은 것은?

제1조 3개월 이하의 징역 또는 구류에 처하여야 할 자는 그 정상에 따라 태형을 처할 수 있다.
제13조 본령은 조선인에 한하여 적용한다.

① 중국 관내 최초의 군사 조직이 우한에서 출범하였다.
② 국외의 지회와 수만의 회원을 확보한 최대의 민족 운동 단체가 창립하였다.
③ 언론 기관과 조선어 학회가 한글 보급을 통한 문맹 퇴치 운동을 펼쳤다.
④ 의병 계열과 애국 계몽 운동 계열이 통합하여 대구에서 비밀 결사가 조직되었다.

| 선지별 선택률 |

①	②	③	④
0%	25%	25%	**50%**

| 정답해설 |

제시문의 '태형', '조선인에 한하여'를 통해 '조선 태형령(1912년 제정)'임을 알 수 있다. 조선 태형령은 1910년대 헌병 경찰 통치(무단 통치)의 일환으로 시행된 제도이다.
④ 1915년 의병 계열과 애국 계몽 운동 계열이 통합하여 대구에서 비밀 결사 조직인 대한 광복회가 조직되었다.

| 오답해설 |

① 중국 관내 최초의 한인 군사 조직인 조선 의용대는 1938년 우한에서 출범하였다.
② 국외의 지회와 수만의 회원을 확보한 최대의 민족 운동 단체인 신간회는 1927년 창립하였다.
③ 〈동아일보〉, 〈조선일보〉 등 언론 기관과 조선어 학회가 한글 보급을 통한 문맹 퇴치 운동을 펼친 시기는 1930년대이다.

16 일제강점기 > 일제의 식민 통치와 항일 민족 운동 > 대한민국 임시 정부
오답률 60% | 답 ②

다음의 사건을 계기로 상하이에 조직된 단체에 대한 올바른 설명은?

> 그들(선교사들과 각국 외교관)은 이야기로 듣던 것보다 훨씬 더 참혹한 장면을 목격하였다. 제암리 교회 터에는 재와 숯처럼 까맣게 타버린 시체뿐이었고, 타들어간 시체 냄새로 속이 메슥거릴 정도였다. 곡식 창고와 가축들도 같이 타버렸다.

① 민중 대회 개최를 준비하다가 일제의 탄압으로 실패하였다.
② 한·일 관계 사료집을 간행하여 민족의 독립 의식을 고취시켰다.
③ 출범 초기 내부의 분열과 대립이 국민 대표 회의를 통하여 수습되었다.
④ 연통제와 교통국을 두어 독립군 활동을 직접 지휘하는 데 기여하였다.

| 선지별 선택률 |

①	②	③	④
0%	**40%**	25%	35%

| 정답해설 |

제시문의 '제암리 교회'를 통해 일제강점기 최대 민족 운동인 '3·1 운동(1919)'과 관련된 내용임을 알 수 있다. 3·1 운동은 무장 투쟁 운동이 활발히 전개되는 계기가 되었으며, 일제의 통치 방식이 무단 통치에서 문화 통치로 바뀌는 계기가 되었다. 또한 3·1 운동 이후 대한민국 임시 정부가 출범하게 되었다.
② 1919년 3·1 운동을 계기로 출범한 대한민국 임시 정부는 사료 편찬소를 두고 한·일 관계 사료집을 간행하여 민족의 독립 의식을 고취시키고자 노력하였다.

| 오답해설 |

① 광주 학생 항일 운동(1929)을 계기로 민중 대회 개최를 준비하다가 일제의 탄압을 받은 단체는 신간회이다.
③ 대한민국 임시 정부 출범 초기에 내부의 분열과 대립으로 국민 대표 회의(1923)를 개최한 사실은 옳은 내용이나, 갈등은 수습되지 못하고 침체를 겪었다.
④ 대한민국 임시 정부가 연통제와 교통국을 둔 사실은 옳은 내용이나, 이는 국내외를 연결하는 비밀 행정 조직망으로서 독립 운동 자금 모금과 정보 수집에 기여하였다. 대한민국 임시 정부는 당시 만주의 독립군 활동을 직접 지휘하지는 못하였다.

17 근대의 역사 – 개항기 > 일제의 침략과 국권 수호 운동 > 국권 피탈 조약
오답률 50% | 답 ③

대한제국과 일본이 체결한 각 조약의 내용에 대한 설명으로 옳은 것은?

> (가) 제2조 대한제국 정부는 대일본 제국 정부가 추천한 외국인 1명을 외교 고문으로 외부(外部)에서 초빙하여 외교에 관한 중요한 업무는 모두 그의 의견을 들어 시행할 것
> 제3조 대한제국 정부는 외국과의 중요한 조약 체결, 기타의 중요한 안건, 즉 외국인에 대한 특권 양여(讓與)와 계약 등의 일 처리에 관해서는 미리 일본 정부와 협의할 것
> (나) 제1조 한국 정부는 일본을 신임하여 '시정 개선'에 관한 충고를 받아들일 것
> 제2조 일본 정부는 한국 황실의 안전을 도모할 것
> 제3조 일본은 한국의 독립과 영토 보전을 보장할 것
> 제4조 제3국의 침략으로 한국에 위험 사태가 발생할 경우 일본은 이에 신속히 대처하며, 한국 정부는 이와 같은 일본의 행동을 용이하게 하기 위하여 충분한 편의를 제공하고, 일본 정부는 목적을 달성하기 위해 전략상 필요한 지역을 언제나 사용할 수 있도록 할 것

> (다) 제2조 한국 정부의 법령 제정 및 중요한 행정상의 처분은 미리 통감의 승인을 받을 것
> 제4조 한국 고등 관리의 임면은 통감의 동의로써 이를 행할 것
> 제5조 한국 정부는 통감이 추천한 일본인을 한국 관리로 임명할 것
> (라) 제2조 대일본 제국 정부는 대한제국과 타국 간에 현존하는 조약의 실행을 완수하는 임무를 맡고 대한제국 정부는 이후에 대일본 제국 정부의 중개를 경유하지 않고서 국제적 성질을 가진 하등의 조약이나 또는 약속을 하지 않기로 서로 약정함

① (가) – 일본은 이를 계기로 사법권을 강탈하였다.
② (나) – 러·일 전쟁이 발발하기 직전에 체결되었다.
③ (다) – 고종이 강제 퇴위된 후에 체결된 조약이다.
④ (라) – 부수 비밀 각서에 대한제국의 군대를 해산하기로 명시하였다.

| 선지별 선택률 |

①	②	③	④
0%	37.5%	**50%**	12.5%

| 정답해설 |

(가) 일본이 조선에 외교와 재정 고문을 파견하는 내용을 담은 '제1차 한·일 협약(1904. 8.)'이다.
(나) 전략적 요충지를 일본군이 사용할 수 있다는 내용을 담은 '한·일 의정서(1904. 2.)'이다.
(다) 통감의 동의를 거쳐 일본인을 한국 관리로 임명하고, 일본인 차관을 임명하는 내용을 담은 '한·일 신협약(정미 7조약, 1907)'이다.
(라) 외교권을 박탈하고 통감부를 설치하는 내용을 담은 '제2차 한·일 협약(을사늑약, 1905)'이다.
③ 한·일 신협약(1907)은 고종이 강제 퇴위된 후인 순종 시기에 체결된 조약이다.

| 오답해설 |

① 일본은 1909년 기유각서의 체결을 계기로 사법권을 강탈하였다.
② 한·일 의정서(1904. 2.)는 러·일 전쟁이 발발한 이후에 체결되었다.
④ 부수 비밀 각서에 대한제국의 군대를 해산하기로 명시한 조약은 한·일 신협약(1907)이다.

18 현대의 역사 > 대한민국 정부의 수립과 6·25 전쟁 > 귀속 재산 처리법
오답률 50% | 답 ②

다음 법령이 반포되었을 당시의 상황으로 옳은 것은?

> 제2조 본 법에서 귀속 재산이라 함은 …… 대한민국 정부에 이양된 일체의 재산을 지칭한다. 단, 농경지는 따로 농지 개혁법에 의하여 처리한다.
> 제3조 귀속 재산은 본 법과 본 법의 규정에 의하여 발하는 명령이 정하는 바에 의하여 국유 또는 공유 재산, 국영 또는 공영 기업체로 지정되는 것을 제외하고는 대한민국의 국민 또는 법인에게 매각한다.

① 친일 세력들의 청산을 시작하였다.
② 대통령의 선출 방식이 국회 간선제로 진행되었다.
③ 당시 해당 법령을 제정한 국회 의원의 임기는 4년이었다.
④ 조선 경비대를 설치하여 좌익 세력을 소탕하였다.

| 선지별 선택률 |

①	②	③	④
25%	50%	12.5%	12.5%

| 정답해설 |
제시문의 '귀속 재산'을 통해 '제헌 국회' 당시 총독부의 재산을 민간에 불하하고자 제정된 '귀속 재산 처리법(1949. 12.)'임을 알 수 있다.
② 귀속 재산 처리법은 제헌 헌법 당시 제정되었다. 제헌 헌법이 적용된 시기의 대통령 선출 방식은 국회 간선제이다.

| 오답해설 |
① 제헌 국회는 1948년 반민족 행위 처벌법을 제정하고 반민족 행위 특별 조사 위원회(반민 특위)를 설치하여 친일 세력들의 청산을 시작하였다. 하지만 이승만 정부의 방해 등으로 1년만인 1949년 9월 반민 특위가 해체되어 사실상 친일 세력을 제대로 청산하지 못하였다. 따라서 이는 귀속 재산 처리법 제정 이전에 해당한다.
③ 제헌 국회 의원의 임기는 2년이었다.
④ 조선 경비대는 대한민국 국군의 전신으로서 미군정 시기에 설치(1946. 1.)되어 좌익 세력을 소탕하는 임무를 수행하였다.

19 현대의 역사 〉 대한민국 정부의 수립과 6·25 전쟁 〉 6·25 전쟁 과정
오답률 12.5% | 답 ③

다음 보기를 시대순으로 적절하게 나열한 것은?

ㄱ. 1·4 후퇴 과정에서 국민 방위군의 간부들이 예산을 부정 착복하였다.
ㄴ. 이승만이 거제도의 반공 포로를 석방하였다.
ㄷ. 여수와 순천에서 남로당 계열 군인들이 반란을 일으켰다.
ㄹ. 국군이 평양을 점령하는 데 성공하였다.
ㅁ. 최초의 휴전 협정이 개성에서 개최되었다.

① ㄱ - ㄷ - ㄹ - ㄴ - ㅁ
② ㄱ - ㄹ - ㄷ - ㄴ - ㅁ
③ ㄷ - ㄹ - ㄱ - ㅁ - ㄴ
④ ㄷ - ㄱ - ㄹ - ㅁ - ㄴ

| 선지별 선택률 |

①	②	③	④
12.5%	0%	87.5%	0%

| 정답해설 |
③ 제시된 사건의 순서는 다음과 같다.
ㄷ. 정부 수립 직후 여수와 순천에서 10·19 사건(1948. 10.)이 발생하였다.
ㄹ. 6·25 전쟁 초기 국군이 평양을 점령(1950. 10.)하는 데 성공하였다.
ㄱ. 중국군의 개입 이후 1·4 후퇴 과정에서 국민 방위군 사건(1951. 1.)이 발생하였다.
ㅁ. 최초의 휴전 협정이 개성에서 개최(1951. 7.)되었다.
ㄴ. 휴전 협정 타결 직전 이승만이 거제도의 반공 포로를 석방(1953. 6.)하였다.

20 현대의 역사 〉 민주주의의 시련과 발전 〉 전두환 정부
오답률 25% | 답 ②

다음의 헌법이 적용되던 시기에 볼 수 있는 모습을 고르면?

• 대통령 중심제, 연좌제 금지, 임기 7년 단임제
• 간선제(대통령 선거인단에 의해 선출), 구속 적부심 부활, 헌법 개정 절차 일원화

① 금반지를 헌납하기 위해 줄을 서고 있는 부부
② 청바지와 운동화를 착용하고 등교하는 고등학생
③ 전남 도청 앞에서 총을 들고 민주화를 요구하는 시민들
④ 대통령 후보 단일화 결렬로 각각 출마하는 김영삼과 김대중

| 선지별 선택률 |

①	②	③	④
0%	75%	25%	0%

| 정답해설 |
제시문의 헌법은 대통령 선거인단에서 간선제로 대통령을 선출하고, 7년 임기의 단임제를 명문화한 '8차 개헌 헌법(1980. 10.)'으로 '전두환 정부' 시기에 적용되었다.
② 전두환 정부는 교복 자율화 정책을 시행하였다.

| 오답해설 |
① IMF 외환 위기가 발생하자 금 모으기 운동이 전개되었으며, 이는 김대중 정부 시기에 해당한다.
③ 5·18 민주화 운동 당시 광주 시민들은 전남도청 앞에서 총을 들고 민주화를 요구하였으며, 이는 1980년 5월에 발생하였다. 따라서 8차 개헌 직전의 일이다.
④ 김영삼과 김대중이 대통령 선거 후보 단일화 결렬로 단독 출마한 시기는 1987년으로, 이는 제9차 개정 헌법(현행 헌법, 1987)이 적용되던 시기이다.

| 더 알아보기 | 전두환 정부

• 정의 사회 구현 표방
• 강압책: 삼청 교육대 설립, 언론사 통폐합 실시 및 보도 지침
• 유화책
  - 3S 정책(Screen, Sport, Sex): 우민화 정책, 프로 야구단 창단
  - 교복 자율화, 야간 통행금지 해제

| 편저자 임진석

약력

現 에듀윌 공무원 한국사 교수
現 노량진 W학원 9급 한국사 강의
중앙선거관리위원회 초빙교수

저서

에듀윌 7·9급 공무원 한국사 기본서_감수
에듀윌 9급 공무원 한국사 6개년 기출문제집_감수

약력

現 에듀윌 공무원 한국사 교수
現 노량진 W학원 9급 한국사 강의
중앙선거관리위원회 초빙교수

저서

에듀윌 7·9급 공무원 한국사 기본서_감수
에듀윌 9급 공무원 한국사 6개년 기출문제집_감수

2022 에듀윌 소방공무원 실전동형 모의고사 한국사

발 행 일	2022년 1월 13일 초판
편 저 자	임진석
펴 낸 이	이중현
펴 낸 곳	(주)에듀윌
등록번호	제25100-2002-000052호
주 소	08378 서울특별시 구로구 디지털로34길 55
	코오롱싸이언스밸리 2차 3층

* 이 책의 무단 인용 · 전재 · 복제를 금합니다.　　　　ISBN 979-11-360-1457-3 (13350)

www.eduwill.net
대표전화 1600-6700

여러분의 작은 소리
에듀윌은 크게 듣겠습니다.

본 교재에 대한 여러분의 목소리를 들려주세요.
공부하시면서 어려웠던 점, 궁금한 점,
칭찬하고 싶은 점, 개선할 점, 어떤 것이라도 좋습니다.

에듀윌은 여러분께서 나누어 주신 의견을
통해 끊임없이 발전하고 있습니다.

에듀윌 도서몰 book.eduwill.net
• 부가학습자료 및 정오표: 에듀윌 도서몰 → 도서자료실
• 교재 문의: 에듀윌 도서몰 → 문의하기 → 교재(내용, 출간) / 주문 및 배송

에듀윌 소방공무원

실전동형 모의고사 | 한국사 10회

최신 기출문제와
1:1 유형 매칭

오답률 TOP 3 문항
& 선지별 선택률 수록

전 회차
무료 해설강의

기출재구성 모의고사
2회 추가 제공

1초 합격예측!
모바일 성적분석표

고객의 꿈, 직원의 꿈, 지역사회의 꿈을 실현한다

펴낸곳 (주)에듀윌   **펴낸이** 이중현   **출판총괄** 김형석
개발책임 진현주   **개발** 고원, 이세원
주소 서울시 구로구 디지털로34길 55 코오롱싸이언스밸리 2차 3층
대표번호 1600-6700   **등록번호** 제25100-2002-000052호
협의 없는 무단 복제는 법으로 금지되어 있습니다.

에듀윌 도서몰 book.eduwill.net
• 부가학습자료 및 정오표: 에듀윌 도서몰 → 도서자료실
• 교재 문의: 에듀윌 도서몰 → 문의하기 → 교재(내용, 출간) / 주문 및 배송

1위 21.2월

2022 에듀윌 한국사능력
2주끝장 심화

33개월 베스트셀러 1위
빅데이터로 초단기 1급 합격!

한국사능력검정시험 기본서/2주끝장/기출/우선순위50/초등

1위 22.1월

2022 에듀윌 조리기능사
5종목 통합 필기끝장

기본서 | 한식 양식 중식 일식 전 분야

59개월 베스트셀러 1위
한식 양식 중식 일식 전 분야 1위

조리기능사 필기/실기

1위 22.1월 1주

에듀윌 제과·제빵기능사
필기끝장

163회 베스트셀러 1위
혼자서도 초단기 합격!

제과제빵기능사 필기/실기

1위 21.10월

2022 에듀윌 SMAT 모듈A
1주끝장 비즈니스 커뮤니케이션

출간 전후 베스트셀러 1위
4년연속 주관처공식인증 교재

SMAT 모듈A/B/C

1위 22.1월

2021 에듀윌 ERP
정보관리사

인사 1급

10개월 베스트셀러 1위
핵심만 모아 단번에 합격

ERP정보관리사 회계/인사/물류/생산(1, 2급)

1위 22.1월

2021 에듀윌 **전산세무 1급**

이론편 + 실무편·최신 기출

52개월 베스트셀러 1위
독학으로 6주 합격

전산세무회계 기초서/기본서/기출문제집

1위 22.1월

에듀윌 상공회의소 한자 3급
2주끝장

40개월 베스트셀러 1위
일사천리 초단기 암기 비법

어문회 한자 2급 | 상공회의소한자 3급

1위 22.1월

에듀윌 ToKL 국어능력인증시험
2주끝장

66개월 베스트셀러 1위
2주 초단기 고급공략

ToKL 한권끝장/2주끝장

1위 22.1월

2022 에듀윌 KBS 한국어능력시험
한권끝장

8개월 베스트셀러 1위
기본부터재대로, 고등급 공략!

KBS한국어능력시험 한권끝장/2주끝장/문제집/기출문제집

1위 22.1월

에듀윌 한국실용글쓰기
2주끝장

78개월 베스트셀러 1위
수험생이 가장 많이 찾은 책

한국실용글쓰기

1위 22.1월 1주

2022 에듀윌 매경TEST
2주끝장 오의고사 4회분

444개월 베스트셀러 1위
꼭 나올 핵심만대로 2주합격

매경TEST 기본서/문제집/2주끝장

1위 22.1월

2022 에듀윌 TESAT
한권끝장

42개월 베스트셀러 1위
이론+기출 한권으로 올킬!

TESAT 기본서/문제집/기출문제집

1위 22.1월

2022 에듀윌 스포츠지도사
한권끝장

17개월 베스트셀러 1위
한권으로 5종 자격증 보장!

스포츠지도사 필기/실가구술 한권끝장

1위 22.1월

2022 에듀윌 산업안전기사
필기 한권끝장
이론편 + 기출문제편

前 출제위원 검증!
기출 기반 한달 합격

산업안전기사 | 산업안전산업기사

1위 21.12월

2021 에듀윌 위험물산업기사
필기 2주끝장

前 출제위원 검증!
무료특강+기출로 초단기 합격

위험물산업기사 | 위험물기능사

1위 22.1월

2021 에듀윌 무역영어 1급
한달끝장(2급 동시 대비)

17개월 베스트셀러 1위!
기출 기반, 기출 집중 교재

무역영어 1급 | 국제무역사 1급

1위 22.1월

2021 에듀윌 답만보는 운전면허
1종·2종 공통 필기시험

17개월 베스트셀러 1위
이 책에서 100% 출제!

운전면허 1종·2종

2022 에듀윌 IT자격증
EXIT 컴퓨터활용능력 1급 필기

EXIT 합격 서비스

컴퓨터활용능력 | 워드프로세서

1위 20.2월

취업에 강한 에듀윌 **시사상식**

01

월간시사상식 | 일반상식

1위 21.12월

에듀윌 공기업 **매일 1회씩 꺼내 푸는 NCS**

월간NCS | 매1N

1위 22.1월 1주

에듀윌 공기업 **NCS** 독학가능한 통합 기본서
의사소통능력+수리능력+문제해결능력

에듀윌 취업 독학 가능한 합격 서비스

NCS 통합 | 모듈형 | 피듈형

1위 20.7월 1주

에듀윌 공기업 **PSAT형 NCS 수리능력·자원관리능력 문제끝장**
자료해석 등의 400제

에듀윌 취업 수험서 합격 서비스

PSAT형 NCS 수문끝

에듀윌 공기업 NCS를 위한 **PSAT 기출완성** 의사소통능력

NCS에 딱! 맞는
PSAT 언어논리 집중!

PSAT 기출완성 | 6대 출제사 기출PACK

1위 21.10월

에듀윌 공기업 **코레일** 한국철도공사
NCS+전공 봉투모의고사
6·2회

NCS 봉투 베스트셀러 1위 에듀윌 합격 서비스

한국철도공사 | 서울교통공사 | 부산교통공사

1위 21.10월 1주

2021. 5월 NCS+법률 개정판
에듀윌 공기업 **국민건강보험공단**
NCS+법률 봉투모의고사
4·3회

국민건강보험공단 | 한국전력공사

1위 21.11월

2021년 상반기 기출 반영
에듀윌 공기업 **한국수력원자력 +5대 발전회사**
NCS+전공 봉투모의고사
6·2회

한수원 | 수자원 | 토지주택공사

1위 21.10월

이것이 '진짜' 행과연
에듀윌 공기업 **행과연** 행동과학 연구소
NCS 봉투모의고사
3회

행과연 | 기업은행 | 인천국제공항공사

1위 22.1월

2021 에듀윌 **대기업 인적성 통합 기본서**
수리·추리 영역 집중

대기업 합격의 관건,
수리·추리를 단 한 권으로!

대기업 인적성 통합 | GSAT

1위 22.1월

2021 최신판 에듀윌 **LG그룹 인적성검사**
온라인 특화 통합 기본서

47주 베스트셀러 1위
확 바뀐 온라인!! 100% 반영

LG | SKCT | CJ | L-TAB

1위 22.1월

에듀윌 **ROTC·학사장교 통합 기본서**

58개월 베스트셀러 1위
시험과목 변경 완벽 반영!

ROTC·학사장교 | 부사관

꿈을 현실로 만드는
에듀윌

공무원 교육
- 선호도 1위, 인지도 1위!
  브랜드만족도 1위!
- 합격자 수 1,495% 폭등시킨
  독한 커리큘럼

자격증 교육
- 합격자 수 최고 기록 공식 인증 3회 달성
- 가장 많은 합격자를 배출한
  최고의 합격 시스템

직영학원
- 직영학원 수 1위, 수강생 규모 1위!
- 표준화된 커리큘럼과 호텔급 시설
  자랑하는 전국 50개 학원

종합출판
- 4대 온라인서점 베스트셀러 1위!
- 출제위원급 전문 교수진이
  직접 집필한 합격 교재

학점은행제
- 96.9%의 압도적 과목 이수율
- 13년 연속 교육부 평가 인정 기관 선정

콘텐츠 제휴 · B2B 교육
- 고객 맞춤형 위탁 교육 서비스 제공
- 기업, 기관, 대학 등 각 단체에 최적화된
  고객 맞춤형 교육 및 제휴 서비스

공기업 · 대기업 취업 교육
- 브랜드만족도 1위!
- 공기업 NCS, 대기업 직무적성,
  자소서와 면접까지
  빈틈없는 온·오프라인 취업 지원

부동산 아카데미
- 부동산 실무교육 1위!
- 전국구 동문회 네트워크를 기반으로 한
  부동산 실전 재테크 성공 비법

국비무료 교육
- 고용노동부 인증 우수훈련기관
- 4차 산업, 뉴딜 맞춤형 훈련과정

에듀윌 교육서비스　**공무원 교육** 9급공무원/7급공무원/경찰공무원/소방공무원/계리직공무원/기술직공무원/군무원　**자격증 교육** 공인중개사/주택관리사/전기기사/세무사/전산세무회계/경비지도사/검정고시/소방설비기사/소방시설관리사/사회복지사1급/건축기사/토목기사/직업상담사/전기기능사/산업안전기사/위험물산업기사/위험물기능사/ERP정보관리사/재경관리사/도로교통사고감정사/유통관리사/물류관리사/행정사/한국사능력검정/한경TESAT/매경TEST/KBS한국어능력시험·실용글쓰기/IT자격증/국제무역사/무역영어　**직영학원** 공무원학원/기술직공무원 학원/군무원학원/경찰학원/소방학원/공인중개사 학원/주택관리사 학원/전기기사학원/취업아카데미　**종합출판** 공무원·자격증 수험교재 및 단행본/월간지(시사상식)　**공기업·대기업 취업 교육** 공기업 NCS·전공·상식/대기업 직무적성/자소서·면접　**학점은행제** 교육부 평가인정기관 원격평생교육원(사회복지사2급/경영학/CPA)/교육부 평가인정기관 원격사회교육원(사회복지사2급/심리학)　**콘텐츠 제휴·B2B 교육** 교육 콘텐츠 제휴/기업 맞춤 자격증 교육/대학 취업역량 강화 교육　**부동산 아카데미** 부동산 창업CEO과정/부동산 실전재테크과정/부동산 최고위과정　**국비무료 교육(국비교육원)** 전기기능사/전기(산업)기사/빅데이터/자바프로그래밍/파이썬/게임그래픽/3D프린터/웹퍼블리셔/그래픽디자인/영상편집디자인/전산세무회계/컴퓨터활용능력/ITQ/GTQ/실내건축디자인

교육문의 1600-6700　www.eduwill.net

- 한국리서치 '교육기관 브랜드 인지도 조사' (2015년 8월)
- 2022 대한민국 브랜드만족도 공무원·자격증·취업 교육 1위 (한경비즈니스)
- 2017/2020 공무원 온라인 과정 환급자 수 비교
- YES24 공인중개사 부문, 2022 에듀윌 공인중개사 1차 기본서 부동산학개론 (2022년 1월 월별 베스트) 그 외 다수
- 공인중개사 최다 합격자 배출 공식 인증 (KRI 한국기록원 / 2019년 인증, 2022년 현재까지 업계 최고 기록)